Thomas Rückerl

NLP in Stichworten

Ein Überblick für Einsteiger und Fortgeschrittene

Reihe
Pragmatismus & Tradition
Band 30
Herausgegeben
von Thies Stahl

Thomas Rückerl

NLP in Stichworten

Ein Überblick für Einsteiger und Fortgeschrittene

Junfermann Verlag • Paderborn
1994

Satz: La Corde Noire – Peter Marwitz

CIP-Titelaufnahme der Deutschen Bibliothek
Rückerl, Thomas:
NLP in Stichworten – ein Überblick für Einsteiger und Fortgeschrittene / Thomas Rückerl. – Paderborn, Junfermann, 1994.
ISBN 3-87387-080-0
NE:GT

ISBN 3-87387-080-0

Inhalt

Danksagung

Das vorliegende Buch ist in Teamwork entstanden. Es hat einen wechselhaften Prozeß durchlaufen, bevor es seine jetzige Form fand. Zunächst möchte ich mich bei Henry Walter für die großzügige Starthilfe bedanken; in seinem Hause wurde die Idee geboren, ein NLP-Lexikon zu schreiben. Dann danke ich meinem zeitweiligen Co-Autor Thies Stahl für die Fülle seiner verbalen Anregungen. Thies hypnotischen Texte und sein reichhaltiges Gedankengut zum Thema NLP haben dieses Buch massiv beeinflußt. Bei den Teilnehmern meiner Seminare möchte ich mich für das offene Feedback bedanken; es lehrte mich, die komplexen Zusammenhänge des NLP in verständlichen Worten darzustellen. Wagner-Breukel Consulting danke ich für die Flexibilität bei der gemeinsamen Termingestaltung; es lohnt sich, an Gewinner-Gewinner-Modelle zu glauben. Außerdem danke ich dem Leben für die Leoparden-Liebe; und Jörn, Mine und Anouschka danke ich für die guten Mahlzeiten, den V.I.E.L.-Geist und die tatkräftige Unterstützung bei der Fertigstellung des Buches; es ist gut, Freunde zu haben.

Zum Geleit

Das NLP wurde entwickelt, um die Geheimnisse erfolgreicher Kommunikation zu erforschen und dieses Wissen für alle Menschen erlernbar zu machen. Die beiden Schöpfer des NLP, Richard Bandler und John Grinder, lebten im Kalifornien der frühen siebziger Jahre, als sie dieses Projekt ins Leben riefen. Kalifornien war damals wie heute ein innovatives Zentrum der westlichen Psychologie. Der wissenschaftliche Zeitgeist war geprägt von Flower Power, Bewußtseins-Erweiterung und esoterischen Ideen. Die gesellschaftlichen Verhältnisse erlebten einen intensiven Umbruch. Viele Menschen öffneten sich für neue Lebensformen; rebellische Konzepte wurden toleriert, begrüßt oder sogar leidenschaftlich gesucht. Gleichzeitig ist das NLP eine sehr akademische Disziplin. John Grinder war ein junger Professor für Linguistik und Richard Bandler ein Informatik-Student, der nebenbei als Gestalttherapeut tätig war, als die beiden beschlossen, ein gemeinsames wissenschaftliches Projekt zu starten. Sie fragten sich, wie die großen Zauberer der Psychotherapie andere Menschen so sehr beeinflussen konnten, daß zwanghafte Gewohnheiten, heftige Ängste oder psychosomatische Beschwerden in kurzer Zeit geheilt wurden. Auf die Frage, auf welche Weise sie den Kommunikationsprozeß so erfolgreich gestaltet haben, kam von den Therapeuten meist eine ähnliche und wenig hilfreiche Antwort: „Das war Intuition. You have it in your guts!“ Mit dieser Antwort gaben sich Richard Bandler und John Grinder jedoch nicht zufrieden. Sie wollten wissen, woraus die sogenannte Intuition bestand.

Erfolgreiche Therapeuten verfügen über die theoretischen Erkenntnisse der psychologischen Wissenschaften, doch über dieses Wissen verfügen die weniger erfolgreichen Therapeuten ebenso. Deshalb mußte das Geheimnis der gelungenen Kommunikation etwas anderes sein. Um der Sache auf die Spur zu kommen, benutzten Bandler und Grinder die Methode des Master Modeling. Sie beobachteten einige Startherapeuten bei der Arbeit, insbesondere Virginia Satir, die große Lady der systemischen Familientherapie, Fritz Perls, den genialen Begründer der Gestalttherapie, und Milton Erickson, den legendären Meister der Hypnosetherapie. Dabei wurden Video- und Tonbandaufzeichnungen gemacht und bis ins kleinste Detail analysiert: Wie verhielten sie sich? Wie reagierten sie? Wann und wie sagten sie etwas? Wann und wie bewegten sie sich? Die Forschungsergebnisse waren faszinierend und oft verblüffend simpel. Sie wurden zusammengefaßt – gewissermaßen extrahiert – und so formuliert, daß jeder Mensch das erfolgreiche Verhalten nachvollziehen und erlernen kann. Diese Erkenntnisse bildeten die Grundlage des NLP. John Grinder und Richard Bandler begannen, ihr Wissen in Büchern und Seminaren weiterzugeben. Gemeinsam mit Leslie Cameron-Bandler, Judith DeLozier und Robert Dilts entwickelten sie aus dem gewonnenen Extrakt therapeutisch nützlicher Verhaltensweisen einen psychologischen Werkzeugkoffer, der von jedem Menschen in vielen Situationen eingesetzt werden kann. Er entpuppte sich als enorm effektiv und fand schnell Verbreitung, nicht nur im Bereich der Psychotherapie, sondern überall dort, wo menschliche Kommunikation wichtig ist.

Die Geschichte des deutschen NLP begann mit dem Hamburger Diplompsychologen Thies Stahl. Er verfügte bereits über Ausbildungen in Gesprächs-, Gestalt-, Hypnose-, und Familientherapie und reiste 1980 nach Kalifornien, um sich bei Grinder und Bandler weiterzubilden. Thies übersetzte das erste NLP-Buch ins Deutsche und gründete 1981 die Deutsche Gesellschaft für NLP. Seitdem verbreitet sich das extrahierte Wissen um die Strukturen von erfolgreichen Kommunikationsprozessen auch im deutschsprachigen Raum recht schnell. Die Zahl der Weiterbildungsangebote für NLP-Anwender wächst kontinuierlich. Das ursprüngliche Anwendungsgebiet des NLP war die Psychotherapie; die meisten NLP-Ausbildungen richten sich in erster Linie an eine therapeutisch arbeitende Zielgruppe. Jeder Psychotherapeut kann das NLP einsetzen, um seinen persönlichen Arbeitsstil zu optimieren. Darüber hinaus erlernen Menschen der verschiedensten Berufsgruppen wie zum Beispiel Ärzte, Zahnärzte, Heilpraktiker, Anwälte, Pädagogen, Journalisten, Manager, Verkäufer, Künstler, Trainer und Berater das Know How des NLP. Jeder Anwender wählt für sich aus dem großen Werkzeugkoffer diejenigen Aspekte heraus, die er bei seiner Arbeit am besten einsetzen kann. Das NLP ist ein offenes und lebendiges System. Wenn neue Techniken oder Modelle entwickelt werden, können sie mit dem bereits vorhandenen Wissen verknüpft und in den psychologischen Werkzeugkoffer integriert werden. So entstand im Laufe der Zeit eine enorme Vielzahl von Anwendungsmöglichkeiten.

NLP kann beispielsweise in der Schule und in der Erwachsenenbildung eingesetzt werden. Bandler und Grinder entdeckten, daß beim Erlernen der Rechtschreibung die inneren Strategien eine entscheidende Rolle spielen. Viele Menschen, die beim Buchstabieren Schwierigkeiten haben, verwenden auditive Schritte anstelle von visuellen. Ein NLP-trainierter Lehrer kann die Lern-Strategien seiner Schüler erkennen und gezielt darauf eingehen. Das Know How des NLP ermöglicht es, innere Prozesse zu erkennen und systematisch zu beeinflussen. Dieses Wissen kann in den unterschiedlichen Kontexten wirkungsvoll eingesetzt werden.

An den Universitäten interessieren sich Studenten und Professoren für die neuen Methoden des NLP. Es werden Untersuchungen durchgeführt und wissenschaftliche Arbeiten verfaßt. Auch die Wirtschaft entdeckte das NLP. Durch die Popularitätswelle des Management-Coaching entwickelte sich ein weiteres Anwendungsfeld, in dem mit Hilfe der NLP-Werkzeuge hervorragende Erfolge erzielt werden. Ein Management-Coach unterstützt Führungskräfte bei der Bewältigung von schwierigen Aufgaben. Effizientes Management-Coaching verlangt eine Vorgehensweise, die dem NLP entspricht: zielorientiert, schnell, funktional und pragmatisch. Auch im Arbeitsalltag kann das Know How des NLP auf vielfältige Weise eingesetzt werden; zum Beispiel zur Führung von Mitarbeitern, als verbales Rüstzeug für Verhandlungen und als wirkungsvolle Methode des Selbst-Management. In der Fortbildung tätige Trainer nutzen das NLP, um den Seminarteilnehmern zu vermitteln, wie man Kundenkontakte verbessert, Konflikte löst und die Zusammenarbeit im Team optimiert. Auch die Medien reagieren. In vielen Magazinen finden sich inzwischen Beiträge zum NLP. Die Verbreitung des NLP entwickelt eine rasante Eigendynamik. Wenn interessierte Laien mit dem NLP auf attraktive Weise konfrontiert werden, projizieren sie oft all ihre diffusen und zugleich sehr ressourcevollen Vorstellungen von den bisher unerforschten Möglichkeiten der Magie hinein. NLP kann sich wie eine großartige Projektionsfläche entfalten, und bietet darüber hinaus echte Möglichkeiten, die Kunst einer bewußten Lebensführung zu erlernen.

Die Sprache des NLP erscheint vielen Menschen jedoch als Mysterium. Das NLP lenkt unsere Aufmerksamkeit auf Prozesse, die normalerweise unbewußt ablaufen. So können wir Aspekte der Realität wahrnehmen, die wir gewöhnlich nicht bemerken. Diese ungewöhnliche Betrachtungsweise führt zur seltsamen Sprache des NLP. Wie jedes komplexe Fachgebiet hat auch das NLP ein eigenes Vokabular. Auf Menschen, die damit noch keine Erfahrung gesammelt haben, wirkt es fast wie eine Geheimsprache. „Können wir das kurz öko-checken? Gibt es noch Inkongruenzen, die reframed werden möchten? Ist es future-gepaced?" Solche Fragen sind für geübte NLP-Anwender praktische Werkzeuge, da sie viele wichtige Faktoren auf den Punkt bringen. Fehlen jedoch entsprechende Erfahrungen mit dem Jargon des NLP, können die eigenartigen Vokabeln auch unnötige Widerstände erzeugen. „Darf ich Ihnen einen gustatorischen Separator anbieten?", fragt der NLP-Freak. „Nein danke, lieber nicht", antwortet der irritierte Besucher. Hätte er gewußt, daß es sich dabei um Kaffee und Kuchen handelt, hätte er die Einladung sicher gern angenommen. Menschen begegnen dem NLP nicht nur mit Neugier, sondern auch mit Skepsis. „Verabschiede Deine auditiv-digitale Dissoziation und kalibriere Dich auf Deinen kinästhetischen Kanal!" empfiehlt der frischgebackene NLP-Coach seinem Klienten, woraufhin sich dieser in ein desorientiertes Fragezeichen verwandelt. Hätte der Coach stattdessen „Hör auf zu denken und spüre Deinen Körper!" als Verpackung seiner Botschaft gewählt, wäre die Kommunikation vermutlich erfolgreicher verlaufen. Der Sprachgebrauch des NLP bietet den Eingeweihten faszinierende Möglichkeiten, um unsichtbare Prinzipen und subtile Prozesse konkret zu erkennen und zu benennen. Gleichzeitig widerspricht die fremdartige Nomenklatur jedoch einem grundlegenden Prinzip im NLP – dem Pacing.

Als Richard Bandler und John Grinder die Geheimnisse der erfolgreichen Kommunikation aufdeckten, wollten sie dieses Wissen allen Menschen zugänglich machen. Deshalb erfanden sie einfache Namen wie Reframing, Chunking, Modeling, Time Line, Imprint, Beliefs, Moment of Excellence, Stuck State, Change History oder Future Pace. Für Amerikaner, die ja die originale Zielgruppe von Bandler und Grinder darstellten, sind diese Begriffe problemlos zu verstehen! Für viele deutsche Anwender hingegen sind die amerikanischen Begriffe ebenso unverständlich wie die lateinischen Bezeichnungen, die durch den akademischen Hintergrund ins NLP kamen. Was für amerikanische Anwender ein Pacing und somit eine Vereinfachung darstellt, schafft für deutschsprachige Anwender weitere Hindernisse auf dem Weg zum klaren Verständnis. Für sie besteht das NLP größtenteils aus Fremdworten.

Viele Schlüssel-Begriffe im NLP wurden von den verantwortlichen Übersetzern direkt aus dem Amerikanischen übernommen, weil die deutsche Sprache oft keine hunderprozentig passende Übersetzung bietet. So wäre „Reframing" mit „Neurahmen" nicht adäquat übersetzt; ebenso findet „Pacing und Leading" in „Spiegeln und Führen" nur eine sehr reduzierte Entsprechung. Um die feinen Konnotationen zu erhalten, entschied sich die deutsche NLP-Gemeinde bei vielen Vokabeln für die amerikanischen Originale anstelle von inadäquaten Plagiaten.

Der ursprüngliche Rohstoff des NLP war ein Extrakt aus hochwirksamen psychotherapeutischen Vorgehensweisen, die von der sogenannten Intuition gesteuert wurden. Mit anderen Worten: Noch nicht einmal die Therapeuten selbst waren sich darüber bewußt, was sie da eigentlich taten. Das NLP entstand also aus Wissen, das bisher nur im Unbewußten einiger Star-Therapeuten exclusiv abgebildet wurde. Richard Bandler und John Grinder brachten es ans Tageslicht und ermöglichten so den bewußten Zugriff auf die Weisheit des Unbewußten. Dafür wurden die einzelnen Elemente des erfolgreichen Verhaltens aus ihrem konkreten Kontext gelöst und auf einem höheren Abstraktionsniveau in Form von destillierten Konstrukten zusammengefaßt. Das NLP beschreibt die Strukturen subjektiven Erlebens, nicht die darin abgebildeten Inhalte! Es bietet Wahrnehmungsfilter zum Erkennen von Prinzipien und Prozessen; die konkreten Erscheinungen jedoch, die diese Prinzipien und Prozesse bewirken, spielen nur eine untergeordnete Rolle. Metaphorisch gesprochen geht es nicht um Autos, Schiffe oder Flugzeuge, sondern um Fortbewegungsmittel. Autos fahren auf Straßen, Schiffe schwimmen auf dem Wasser und Flugzeuge fliegen in der Luft. Sie sind sinnlich erfaßbar und können einem interessierten Menschen konkret beschrieben werden. Fortbewegungsmittel hingegen sind zunächst eine relativ leblose Wortschöpfung. Sie können sich jedoch als Autos, Schiffe oder Flugzeuge offenbaren. Erst wenn entsprechende Erfahrungen im Kopf des interessierten Menschen neurologische Verknüpfungen geschaffen haben, entpuppt sich das Prinzip des Fortbewegungsmittels als sinnvoller Begriff, um all die verschiedenen Autos, Schiffe oder Flugzeuge mit einem Wort zu erfassen. Außerdem gibt es Fahrräder, Züge, Helikopter, Schlauchboote, Motorräder und Omnibusse, die praktischerweise gleich miterfaßt werden, weil sie dem gleichen Zweck dienen; nämlich von einem Ort zu einem anderen Ort zu gelangen. Je mehr Fortbewegungsmittel zur Verfügung stehen, desto höher wird die Wahrscheinlichkeit, jeden gewünschten Ort mit Hilfe der optimalen Reisemöglichkeit erreichen zu können.

Ähnlich verhält es sich mit dem Vokabular des NLP. Es geht beispielsweise nicht nur um das Spiegeln der Körperhaltung oder das Aufgreifen von wörtlichen Zitaten, sondern um das Prinzip des Pacing. Es könnte sich unter anderem als Spiegeln der Körperhaltung oder als Aufgreifen von wörtlichen Zitaten zeigen, doch es kann auch durch Angleichen der Atmung, Bestätigen von Glaubensmodellen oder durch Reduzieren von Komplexität in Fachbüchern praktiziert werden. Beim Erlernen des NLP ist es wichtig, die zugrundeliegenden Prinzipien nicht mit den konkreten Erscheinungsformen zu verwechseln. Deshalb ist es empfehlenswert, mit den Vokabeln des NLP eigene Erfahrungen zu sammeln und die wesentlichen Prinzipien auf vielfältige Weise im täglichen Leben zu erkennen. Dieser Lernprozeß kann sehr einfach und inspirierend sein, wenn Sie die Vokabeln kreativ gebrauchen. Sie können zum Beispiel einen Separator setzen, indem Sie einen Spaziergang machen, ein Duschbad nehmen oder endlich mal wieder einen Friseur aufsuchen. Das Prinzip der Ressource findet sich in Form von Nahrung in Ihrem Kühlschrank, in Form von Scheinen in Ihrem Portemonnaie oder in Form von Fähigkeiten in Ihrer Persönlichkeit, wenn Sie zum Beispiel einen Autoreifen wechseln können, Steuerbescheide verstehen oder vor Gruppen selbstsicher auftreten können. Mit Ihrer persönlichen Ökologie könnten Sie in Kontakt kommen, wenn Sie zu wenig geschlafen haben, wenn Ihr Terminkalender aus allen Nähten platzt oder wenn Sie feststellen müssen, daß Sie Ihren Dispositionskredit bei der Bank überzogen haben. Einen Future Pace machen Sie, wenn Sie über die Zukunft nachdenken, telefonische Vereinbarungen treffen oder wenn Sie Ihren Urlaub planen.

Der kreative Umgang mit den Vokabeln des NLP im täglichen Leben führt zum Verständnis der zugrundeliegenden Prinzipien. Dies kann viele Aha-Erlebnisse bewirken. Interessanterweise entdecken die meisten Menschen beim Erlernen des NLP, daß sie es bereits seit Jahren praktizieren ohne es zu wissen. Wer jemals mit einem Auto, einem Schiff oder einem Flugzeug gereist ist, hat gleichzeitig Erfahrungen mit dem Prinzip des Fortbewegungsmittels gesammelt. NLP geschieht in jeder Kommunikation. Fähige Kommunikatoren folgen intuitiv den Prinzipien des NLP. Das Erlernen das NLP kann eine interessante Eigendynamik entwickeln, denn es wirft neues Licht auf Prozesse, die bisher im Dunkel stattfanden. Der Lernprozeß besteht zu einem großen Teil darin, sich die bereits vorhandenen Ressourcen bewußt zu machen und sie dann gezielt einzusetzen. So kann das eigene Verhalten gewürdigt, überprüft und bei Bedarf natürlich auch verändert werden; doch in erster Linie geht es um das Erkennen von vorhandenen Strukturen und um bewußtes Handeln.

Der Weg durch den Dschungel

Das vorliegende Buch gibt einen alphabetischen Überblick der wesentlichen Elemente des NLP. Es erklärt die Sprache und die Prinzipien des NLP in relativ einfachen Worten und kann sowohl Einsteigern als auch Fortgeschrittenen zur Orientierung dienen. Dieses Buch entwickelte sich aus der Idee, ein umfassendes NLP-Lexikon zu schreiben. Dann kam die Idee des Pacing hinzu; das Buch sollte lesefeundlich und für jeden verständlich sein. Ein wirklich adäquates NLP-Lexikon würde jedoch mindestens 1000 Buchseiten füllen. Es würde selbst NLP-trainierte Gehirne mit Informationen überfluten. Um die massive Informationsflut genießbar zu machen, wurde für dieses Buch eine prägnante Auswahl von Stichworten getroffen, die in kurzen Artikeln dargestellt sind. Die einzelnen Artikel sind in sich geschlossen. Sie sind teilweise redundant und erklären sich gegenseitig, doch sie bauen nicht aufeinander auf. Deshalb kann jeder Leser den abenteuerlichen Weg durch den Dschungel der Vokabeln auf seine eigene Weise gestalten. Die Artikel können in beliebiger Reihenfolge gelesen werden.

Der Jargon des NLP entwickelte sich, um ein vernetztes System so einfach wie möglich, doch so komplex wie nötig abzubilden. In diesem Buch wurde Komplexität reduziert, um das Lesen zu erleichtern. Trotzdem werden viele Leser vermutlich besonders zu Beginn der Lektüre auf vielleicht verwirrende Vokabeln stoßen. In solchen Fällen kann ein Blick auf den alphabetischen Index am Ende des Buches weiterhelfen. Falls Sie jedoch lieber im aktuellen Artikel weiterlesen möchten, können Sie dies ebenso beruhigt tun. Sie können davon ausgehen, daß viele Zusammenhänge im Laufe der Lektüre deutlich werden. Falls dabei Momente der Verwirrung auftauchen, wissen Sie vielleicht, daß dies sinnvolle Zustände beim Erforschen von komplexen Systemen sind. Nicht alle Elemente können immer sofort eindeutig zugeordnet werden. Das Mosaik offenbart seine Strukturen, sobald genug Informationen gesammelt wurden. Richard Bandler und John Grinder begrüßten die anfängliche Verwirrung ihrer Seminarteilnehmer beim Erlernen des NLP als willkommene Bereitschaft des Unbewußten, alte Strukturen in Frage zu stellen, Glaubenssysteme zu überprüfen und tatsächlich etwas Neues zu lernen. Die Elemente des NLP ergänzen sich im Laufe der Zeit zu einem faszinierenden System, das sich durch eigene praktische Erfahrungen zu einem nützlichen Repertoire von Kommunikations-Werkzeugen entwickeln kann.

Nomenklatur

Der Begriff „NLP-Anwender" bezeichnet in diesem Buch jeden Menschen, der die Werkzeuge des NLP gezielt einsetzt, um mit sich selbst und mit anderen Menschen besser zu kommunizieren. Hier gibt es keine Fehler und kein Versagen; jede Reaktion liefert wertvolles Feedback, um das zukünftige Verhalten besser auszurichten.

Der Begriff „Coach" bezeichnet einen NLP-Anwender, der in der Rolle des Coach einen anderen Menschen durch strukturierte Lernprozesse führt, um ihn bei der Erreichung von Zielen zu unterstützen. Ein Coach hat mit seinem Klienten eine Arbeitsvereinbarung getroffen, die besagt, daß psychische Interventionen auf ökologische Weise stattfinden können. Dieses Beziehungsmuster findet sich nicht nur beim Coaching von Managern, sondern ebenso in der Psychotherapie. Auch in der Praxis von Ärzten, Zahnärzten, Heilpraktikern oder Anwälten, im Schulunterricht, in der Erwachsenenbildung, beim Training von Leistungssportlern oder zur Führung von Mitarbeitern kann Coaching stattfinden. Entscheidend dabei ist das Bewußtsein des Coach im Sinne von Verantwortung, denn Veränderung ist nur gut, wenn sie ökologisch ist.

Selbstverständlich beinhalten „der Coach", „der Klient" und „der NLP-Anwender" auch die weibliche Form; das NLP ist für Frauen ebenso geeignet wie für Männer.

A

Als-Ob-Methode

Anker

Anmut

Arbeitsvereinbarung

Assoziiert

Auditiv

Augenbewegungen

Axiome des NLP

Als-Ob-Methode

Die Als-Ob-Methode ist ein nützliches Werkzeug im NLP. Wenn ein Mensch so tut, als ob er etwas bereits könnte, werden unbewußte Kräfte mobilisiert. Kreativität erwacht, Ressourcen organisieren sich und ein neuer Lernprozeß hat bereits begonnen. Mit Hilfe der Als-Ob-Methode wird ein imaginärer Bezugsrahmen geschaffen. Die Amerikaner sprechen vom „As-If-Frame". Dabei wird die geistige Vorstellungskraft aktiviert. Der Mensch geht in einen Zustand, der nicht durch äußere Wahrnehmungen, sondern durch innere Vorstellungen bestimmt wird. Je vollständiger der Zustand auf allen Wahrnehmungskanälen repräsentiert ist, desto intensiver wird die mentale Erfahrung sein. So zu tun als ob ist ein wirkungsvoller Schritt, um gewünschte Fähigkeiten zu erlernen. Kinder nutzen die Als-Ob-Methode, um sich spielerisch auf das zukünftige Leben als Erwachsene vorzubereiten. Sie tun so, als ob sie Mütter, Väter, Krankenschwestern, Tänzer, Fabrikbesitzer, Verkäufer, Sportler, Polizisten oder Lokomotivführer wären. Das spielerische Einüben von Fähigkeiten ist eine Lernform, die es sowohl in allen menschlichen Kulturen als auch im Tierreich gibt. Junge Leoparden tun zunächst so, als ob sie gefährliche Raubkatzen wären, um dadurch die Fähigkeiten zu erwerben, die ein erwachsener Leopard zum Überleben braucht. Lernen mit Hilfe der Als-Ob-Methode ist evolutionsgeschichtlich sinnvoll und bildet eine natürliche Ressource des Menschen.

Das NLP arbeitet konsequent zielorientiert. Dabei wird die Als-Ob-Methode für eine schnelle und systematische Zielformulierung eingesetzt. Im Coaching verweilt der Klient nicht unnötig lange im blockierenden Problem-Zustand. Er wird vom Coach möglichst bald in einen arbeitsfähigen Ziel-Zustand geführt. So kann er in Kontakt mit bisher unbewußten Ressourcen gelangen. Der imaginativ erlebte Zielzustand kann geankert werden. Er gibt der weiteren Vorgehensweise eine konkrete Richtung. Zunächst motiviert der Coach seinen Klienten, so zu tun, als ob er sein Problem bereits gelöst hätte: „Wie wird es sein, wenn Sie Ihr Problem bewältigt haben? Was werden Sie dann wahrnehmen? Tun Sie bitte einmal so, als ob Sie dieses Ziel bereits erreicht hätten ... jetzt!" Durch derartige Aufforderungen führt der Coach seinen Klienten aus dem ressourcearmen Problem-Zustand in einen ressourcevolleren Zustand. „Stellen Sie sich vor, Sie hätten die gewünschten Fähigkeiten bereits erlernt...!" Durch die Simulation von benötigten Fähigkeiten werden gleichzeitig kreative Wege für zukünftige Lernprozesse angedacht. „Einmal angenommen, Sie hätten die nötigen Erfahrungen bereits gesammelt...!" Solche Instruktionen bringen den Klienten in Kontakt mit Ressourcen, die ihm zuvor nicht zugängig waren. So können Lösungen entwickelt werden, die sonst jenseits seiner Vorstellungswelt lägen. Der Klient gewinnt durch die Imagination kreative Ideen, Glauben an den Erfolg und vor allem eine realistische Einschätzung von den Konsequenzen seines Zieles. Eine möglichst präzise innere Vorstellung des erwünschten Zieles ist ein erster wichtiger Schritt zur Realisierung. „Angenommen, ein Wunder geschieht und in zehn Sekunden wird es Ihnen besser gehen – woran werden Sie es bemerken? Was werden Sie wahrnehmen? Was werden Sie sehen, hören, fühlen, riechen, schmecken?" Durch das systematische Abfragen der Wahrnehmungskanäle bekommt der Klient eine konkrete sinnliche Repräsentation seines erwünschten Zustandes. Die mentale Vorstellung erzeugt neue neurologische Verbindungen im Gehirn des Menschen. Dadurch wird die Struktur für neues Verhalten angelegt. Ähnlich wie die genetische Information in einem Samenkorn die spätere Struktur einer Pflanze prägt, formen unsere Ideen, Wünsche und Ziele unser zukünftiges Verhalten. Je wohlgeformter unsere Vorstellungen von der Zukunft formuliert sind, desto besser sind die Chancen für eine reibungslose Realisierung.

Der Weg von der Als-Ob-Methode zurück in die Wirklichkeit kann mit Hilfe der Rückwärtsstrategie geebnet werden. Dadurch werden komplexe Aufgaben in konkrete Handlungsziele zerlegt und zeitlich in eine sinnvolle Reihenfolge gebracht. Der Einsatz der Rückwärtsstrategie wird auch als Pseudo-Orientierung in der Zeit bezeichnet. Dies kann in tiefer Trance geschehen oder bei vollem Bewußtsein. Zunächst hypnotisiert der Coach seinen Klienten in den gewünschten Zielzustand. Dies entspricht dem Einsatz der Als-Ob-Methode. Anschließend führt er ihn rückwärts durch die Zeit wieder in die Gegenwart. Die Prozeßinstruktion lautet folgendermaßen: „Stellen Sie sich bitte vor, Sie haben Ihr Ziel bereits erreicht... Was geschah kurz bevor Sie Ihr Ziel erreichten?... Und was geschah davor?... Und davor?" Ein weiterer Effekt bei der Verwendung der Rückwärtsstrategie ist die Gewinnung von Informationen im Öko-Check. Bisher unbemerkte Einwände gegen die geplante Realisierung können ins Bewußtsein gelangen. Wenn diese Einwände frühzeitig in die Zieldefinition integriert werden, steigen die Erfolgschancen bei der Realisierung. Die Rückwärtsstrategie ist eine systematische Vorgehensweise, um den Klienten nach der Als-Ob-Methode wieder in die aktuelle Situation zu führen und dabei zukünftige Taten realistisch zu organisieren.

Anker

Anker sind äußere Reize, die bei einem Menschen bestimmte innere Reaktionen bewirken. Beim Ankern werden äußere Reize mit inneren Zuständen verknüpft. Je nach Intensität, Häufigkeit und Dauer der Verknüpfung haben Anker eine unterschiedlich starke Wirkung. Wenn sie vom Organismus nicht mehr gebraucht werden, verlieren sie ihre Kraft (Löschung). Das Ankern ist ein wesentlicher Bestandteil der menschlichen Orientierung. Wir können nicht nicht Ankern! Bei der Gestaltung der inneren Landkarten im Kopf jedes Menschen werden unzählige Reize mit inneren Reaktionen neurologisch verknüpft. Anker wirken normalerweise unbewußt. Im NLP werden sie gezielt eingesetzt, um innere Zustände zu steuern. Ein bekanntes Beispiel für einen gezielt gesetzten Anker ist der Knoten im Taschentuch. Hier wird genau der Effekt genutzt, den auch die gezielten Anker im Coaching bewirken: Der Knoten ist ein äußerer Reiz, der im Gehirn des Menschen eine bestimmte Erinnerung aktiviert.

Der russische Physiologe Ivan Pawlov entdeckte, daß der Speichelfluß von Hunden durch die Betätigung eines Ankers aktiviert werden kann. Wenn Hunde wissen, daß sie bald Nahrung bekommen, setzt ein Reflex ein, und der Speichel beginnt zu fließen. Kurz bevor die Nahrung gegeben wurde, erklang eine Glocke im Labor. Die Hunde lernten im Laufe der Zeit, den Klang der Glocke als Einladung zum Essen zu verstehen. Sie reagierten auf das Geräusch mit Speichelfluß. Die Glocke ist ein auditiver Anker für den Zustand der Freß-Vorbereitung, das Geräusch bewirkt den Speichelfluß, weil es bei den Hunden eine Erinnerung aktiviert. Durch diese Entdeckung wurde die Technik des Ankerns unter der Bezeichnung Konditionieren zum Gegenstand wissenschaftlicher Forschungen. Das gleiche Prinzip wirkt auch bei Menschen. Es gibt psychologische Schulen, die das menschliche Verhalten als Ergebnis von generalisierten Konditionierungen verstehen. Der Vorgang des unbewußten Ankerns geschieht ständig im täglichen Leben. Zum Beispiel läuft im Radio das Lied, das Sie letztes Jahr im Urlaub oft gehört haben. Plötzlich werden Ihre Urlaubserinnerungen aktiviert. Ihr Unbewußtes hat auf den Anker reagiert und versetzt Sie in den entsprechenden Zustand. Sie fühlen sich wie im Urlaub! Der Effekt setzt interessanterweise auch dann ein, wenn Sie das Lied im Radio nicht bewußt bemerken. Ein Anker funktioniert also, ohne daß das Bewußtsein etwas dazu tun muß. Ein starker Anker, wie beispielsweise im Falle einer Spinnenphobie, wirkt sogar dann, wenn das Bewußtsein sich dagegen wehrt. Der Anblick einer Spinne ist für einen Spinnenphobiker ein zwingender Anker. Das Unbewußte reagiert phobisch; auch dann, wenn der Mensch beschließt, die Reaktion zu unterbinden. Anker beeinflussen unser Unbewußtes auf allen Wahrnehmungskanälen. Das Lied im Radio ist ein Beispiel für einen Anker, der über den auditiven Kanal wahrgenommen wird. Urlaubsfotos sind visuelle Anker. Der Geruch von Sonnencreme kann einen Menschen über den olfaktorischen Kanal in den Urlaubszustand führen; der Geschmack von Paella über den gustatorischen Kanal. Ein Kleidungsstück, das in einer spanischen Boutique gekauft wurde, kann ein visuell-kinästhetischer Anker sein. Je mehr Sinneskanäle durch den Anker aktiviert werden, desto intensiver wird der geankerte Zustand erlebt.

Im Coaching werden Anker gezielt eingesetzt, um die inneren Zustände des Klienten zu steuern. Wenn sich der Klient in einem ressourcevollen Zustand befindet, kann der Coach einen kinästhetischen Anker setzen, indem er den Klienten an einer bestimmten Körperstelle berührt. Dabei ist es wichtig, den Anker genau dann zu setzen, wenn die innere Reaktion ansteigt und den intensivsten Moment erreicht. Wenn die relevante Körperstelle zu einen späteren Zeitpunkt wieder berührt wird, gelangt der Klient erneut in Kontakt mit dem ressourcevollen Zustand. Wörtliche Zitate des Klienten, die vom Coach aufgegriffen werden, sind auditive Anker. Auch das Senken der Stimme bei der Trance-Induktion oder die Richtung, in die gesprochen wird, kann als auditiver Anker fungieren. Visuelle Anker können durch Mimik, Gestik oder gezielte Körpersprache installiert werden. Durch Ankern von ressourcevollen Erlebnissen können positive Zustände gezielt wachgerufen werden. Wenn mehrere Ressourcen auf denselben Anker geladen werden, nennt man das Anker Stapeln (Anchor Steaking). Dadurch kann sich die Wirkung dieser Kraftquellen summieren. Gestapelte Anker haben mehr Power, weil sie verdichtete Informationen aktivieren. Sehr gut zur Arbeit im Coaching eignen sich auch räumliche Anker. Ein bekannter räumlicher Anker ist das Prinzip des heißen Stuhls. Hier können verschiedene Persönlichkeits-Teile in Form eines Rollenspiels miteinander in Kontakt treten. Jede Rolle ist mit einer bestimmten Position im Raum verankert. Dieses Prinzip wird auch bei der Time Line oder bei der Walt Disney-Technik aufgegriffen. Beim Einsatz von Ankern sind der Phantasie keine Grenzen gesetzt. Wenn durch einen Anker ein bestimmter Zustand induziert wurde, kann man ihn durch einen Separator wieder beenden und einen Wechsel in einen anderen Zustand bewirken. Wer mit Ankern und Separatoren umgehen kann, verfügt über effektive Methoden des Leading.

Anmut

Der amerikanische Ausdruck Grace wird mit Anmut übersetzt. Dieser Begriff geht zurück auf Aldous Huxley. Er war der Meinung, daß wir Menschen lernen müssen, unsere natürliche Anmut zurückzugewinnen. Wenn kleine Kinder oder Tiere sich bewegen, geschieht dies mit einer natürlichen Anmut, die den meisten erwachsenen Menschen verlorengegangen ist. Die Idee der Anmut wurde von John Grinder ins NLP gebracht, der oft auf Huxley verweist. Der Weg zur Anmut führt über die Kongruenz. Im NLP werden Körper und Geist als verschiedene Aspekte des selben Systems verstanden. Körperliche Anmut gilt als Ausdruck von psychischer Kongruenz. Bei hypnotischen Interventionen orientiert sich der Coach an der Physiologie des Klienten. Dabei geht kongruente Körpersprache mit ökologischen Lernprozessen einher, anmutiges Verhalten des Klienten symbolisiert eine gelungene Integration.

Anmutige Bewegungen sind ein natürlicher Ausdruck der Wertschätzung lustvoller Körperempfindungen. Kleine Kinder wirken anmutig, weil sie sich spontan und mit natürlicher Grazie bewegen. Ihre Libido-Energie ist noch im lebendigen Fluß. Die Welt und ihre vielfältigen Erscheinungsformen werden als faszinierend erlebt. Um die Welt kennenzulernen, sind die kindlichen Sinne offen und assoziiert. Es gibt noch keine neurotische Spannung, der körperliche Ausdruck entspringt einem kongruenten Gefühl und ist durchtränkt von Wahrhaftigkeit. Menschen verlieren ihre natürliche Anmut, wenn der Energiefluß im Körper blockiert wird. Im Laufe der Jahre werden aus kleinen Inkongruenzen chronische Spannungen. Diese Spannungen verursachen energetische Blockaden und binden Energie, die eigentlich frei fließen könnte. Die verschiedenen Schulen der Körpertherapie bieten Möglichkeiten, um solche Blockaden wieder aufzulösen. In dem Buch „Unterwegs zur Vollkommenheit" beschreibt Manuela Brinkmann, wie das Rolfing als körper-therapeutischer Ansatz mit dem NLP verbunden werden kann. Auch die Martial Arts führen zur Anmut. Die Meister der asiatischen Kampfkünste erlangen im Laufe ihrer Ausbildung eine natürliche Anmut, die mit ihrer geistigen Reife korrespondiert. Selbst im hohen Alter bewegen sie sich geschmeidig und energetisch. Die Entfaltung unserer natürlichen Anmut verlangt eine Sensibilisierung des kinästhetischen Sinnes-Systems. Der Mensch erwirbt durch aufmerksames Hineinspüren in den eigenen Körper einen wachsenden Kontakt zum Reichtum der kinästhetischen Wahrnehmung.

Arbeitsvereinbarung

Das NLP umfaßt viele Elemente, die sich wunderbar in der alltäglichen Kommunikation anwenden lassen und dabei für alle Beteiligten ökologisch sind. Einige Prinzipien, die im NLP beschrieben werden, sind Bestandteil jeder menschlichen Kommunikation. Sie wirken, ohne daß die Kommunizierenden irgend etwas von der Existenz des NLP wissen, geschweige denn eine explizite Arbeitsvereinbarung getroffen haben. Dazu gehören z.B. Pacing, Ankern oder Setzen von Separatoren. Sobald die Kommunikation jedoch die persönliche Ökologie anderer Menschen berührt, werden unbewußte Kräfte geweckt. Sie sorgen für die Integrität des Individuums und leisten Widerstand gegen nicht-ökologische Manipulation. „Die Anwendung von Interventionstechniken ohne Arbeitsvereinbarung kann dazu führen, daß Du Freunde verlierst." Routinierte Ausbilder betonen die Wichtigkeit einer klaren Arbeitsvereinbarung zwischen Coach und Klient. Sie ist die Grundlage für alle therapeutischen Interventionen. Dazu gehören Klärung der Rollen, Rahmenbedingungen und eventuelle Abbruchkriterien. Eine weitere Voraussetzung ist die echte Bereitschaft, sich auf die gemeinsame Arbeit einzulassen. Falls eine beiderseitige Arbeitsvereinbarung fehlt, kann der Rapport erheblich beeinträchtigt sein.

Die Anwendung des NLP kann auf verschiedenen Ebenen stattfinden. Die entscheidende Frage ist, inwieweit dabei die Ökologie des Gegenüber beeinflußt wird. Wenn jemand NLP einsetzt, um ein gutes Gesprächsklima zu schaffen, wird dies vermutlich für alle Beteiligten ökologisch sein. Falls er jedoch die Absicht verfolgt, die psychische Integrität des anderen zu manipulieren, wird er innere Widerstände wecken, sofern keine Arbeitsvereinbarung besteht. Für jegliche Anwendung von Interventions-Techniken ist es notwendig, Sensibilität und Respekt für die persönliche Ökologie anderer Menschen zu entwickeln.

Gleichzeitig braucht jeder Anwender auf dem Weg des NLP Übungsmöglichkeiten, um mit den Werkzeugen praktische Erfahrungen zu sammeln. NLP ist eine Disziplin der Mental Martial Arts. Nur durch Übung entsteht Anwenderkompetenz. Eine Möglichkeit, um Interventions-Techniken zu üben, führt über die Frage nach der Erlaubnis: „Darf ich Ihnen ein paar ungewöhnliche Fragen stellen? Haben Sie Lust, ein kleines Experiment zu machen?"

Assoziiert

Assoziiert bedeutet verknüpft. Eine Assoziation ist eine neuronale Verknüpfung. Die Stiftung einer Assoziation nennt man Ankern. Beim Ankern wird ein äußerer Reiz mit einer inneren Reaktion verknüpft. Die Stärke einer Assoziation bestimmt ihre Auswirkung auf den Bewußtseins-Zustand. Wenn sich ein Mensch im stark assoziierten Zustand befindet, erlebt er die Situation Hier und Jetzt als vollständige Repräsentation der Erfahrung auf allen Sinneskanälen (V.A.K.O.). Assoziiertes Erleben bedeutet, daß die psychischen Sinnesorgane genau dort sind, wo auch die körperlichen Sinnesorgane sind. Die Bewußtseinsinhalte werden nur durch Eindrücke bestimmt, die der Mensch mit Augen, Ohren, Nase, Mund und Haut in diesem Moment wahrnimmt, und nicht durch Eindrücke, die das momentane Erleben relativieren würden. Der assoziierte Mensch steckt voll drin in seiner Wahrnehmung. Er erlebt diesen Moment direkt, ohne Abstand durch kognitive Verarbeitungsprozesse. Dadurch entfaltet das Erlebnis seine volle Würze. Ein echter Genießer assoziert sich in seinen Genuß hinein, indem er sich seinem aktuellen Erleben Hier und Jetzt hingibt.

Der große Vorteil der assoziierten Zustände ist eine hohe Erlebnisintensität. Es gibt jedoch auch Nachteile. Wer sich in komplexen Situationen hemmungslos assoziiert, kann kaum die volle Tragweite seines Verhaltens erkennen. Er wird vermutlich aufgrund seiner Naivität unerwünschte Nebenwirkungen verursachen. Wer es versäumt, in schwierigen Konfliktsituationen den Realitäts-Tunnel seines Gegenüber zu pacen, wird den Konflikt kaum kontrollieren können, insbesondere wenn aggressive Energien ins Spiel kommen. Der Wechsel des Realitäts-Tunnels erfordert es, die eigene Wahrnehmung zu relativieren und sich von der bestehenden Assoziation zu lösen. Im assoziierten Zustand besteht die Gefahr einer Überwältigung von den eigenen Gefühlen und ein damit verbundener Mangel an intelligenten Wahlmöglichkeiten. Im assoziierten Zustand ist der Mensch seinen Wahrnehmungen unmittelbar ausgeliefert – er spürt die Lust und all das Schöne genauso intensiv wie Angst, Demütigung oder Schuld. Deshalb begünstigen positive Erfahrungen die assoziierte Wahrnehmung. Negative Erfahrungen führen dazu, daß in der Psyche Puffer aufgebaut werden, um sich vor schmerzhaften oder bedrohlichen Erlebnissen zu schützen. Sicherheitshalber wird die Wahrnehmung dissoziiert, relativiert, gefiltert, gepuffert und vielleicht mit Hilfe des Reframing auf eine versöhnende Meta-Ebene gebracht.

Die andere Seite der Skala der Erlebnisintensität bilden die dissoziierten Zustände. Hier wird der Mensch gar nicht oder nur wenig von seinen Wahrnehmungen berührt. Pauschal könnte man sagen, daß assoziierte Zustände sinnvoll sind, um zu genießen und um tiefe Eindrücke zu gewinnen, während Dissoziationen nützlich sind, um sich in schwierigen oder unangenehmen Situationen zu schützen und intelligentes Verhalten durch kognitive Kontrolle zu ermöglichen. Auf der Skala von Assoziiert und Dissoziiert geht es auch um die Betroffenheit durch die eigene Wahrnehmung. Inwieweit lösen meine Wahrnehmungen bei mir Gefühle aus, und wie intensiv erlebe ich diese Gefühle? Wie stark bin ich jetzt mit diesen Eindrücken identifiziert, und inwieweit gibt es in meinem Bewußtsein noch inneren Raum für andere mögliche Inhalte?

Einige Wahrnehmungen beinflussen den momentanen Zustand eines Menschen überhaupt nicht, andere hingegen sind geradezu zwingend. „Immer wenn ich Blut sehe, werde ich ohnmächtig. Auch wenn ich mich noch so sehr bemühe, mein Bewußtsein verschwimmt, und ich muß mich hinlegen." Eine phobische Reaktion ist ein Beispiel für einen extrem assoziierten Zustand. Der assoziierte Sinneseindruck zwingt den Menschen in den phobischen Zustand hinein. In solchen Momenten ist der Mensch in seiner Wahrnehmung gefangen. Er kann nicht über sein Erleben reflektieren und es nicht relativieren. Das Bewußtsein ist mit seinem momentanen Zustand identifiziert. Während der phobischen Reaktion helfen oft nur noch radikale Separator State-Manöver, um das bestehende Wahrnehmungsmuster zu unterbrechen. Um eine Phobie zu heilen, wird mit Hilfe der Phobie-Technik eine starke Dissoziation aufgebaut. Dabei kann der Klient den phobischen Reiz wahrnehmen, ohne von seinen Gefühlen überwältigt zu werden. Das Prinzip der Dissoziation schafft Distanz und erzeugt ein Gefühl von Kontrolle. Wir können lernen, unser Bewußtsein nicht von den aktuellen Eindrücken aufsaugen zu lassen und unsere Identifikation mit der momentanen Wahrnehmung angemessen zu regulieren. Dieser Lernprozeß bildet eine Grundlage zur persönlichen Entwicklung im Sinne der Mental Martial Arts. Er führt zum Übernehmen von Verantwortung für die eigenen Gefühle, zu angemessenen Reaktionen gegenüber anderen Menschen und zu persönlicher Freiheit. Wer sich jedoch ständig von seinen aktuellen Wahrnehmungen dissoziiert, verliert an Lebensqualität. Eine andauernde Dissoziation von den eigenen Gefühlen kann den echten zwischenmenschlichen Kontakt erheblich behindern. Ressourcevoller Austausch bringt Spaß und wirkt emotional ernährend, wenn wir spontan assoziierte Zustände erlauben und sie gemeinsam genießen können.

Auditiv

Der Begriff auditiv bezieht sich auf die Fähigkeit des Hörens. Dazu gehören sowohl analoge Eindrücke wie Klänge, Geräusche oder die Tonalität von gesprochenen Äußerungen, als auch die digitalen Aspekte von Sprache und Gedanken. Musik ist eine analoge Form von auditiver Information, das inhaltliche Verarbeiten von Verbalsprache erfordert digitale Fähigkeiten. Der zivilisierte Homo Sapiens neigt dazu, den auditiven Kanal intern permanent zu benutzen. In unseren Köpfen läuft ein innerer Dialog, der unser Modell der Welt durch fortlaufende Verbalisierung aufrechterhält. Jeder Mensch beherbergt eine Vielzahl innerer Stimmen, die sein Erleben kommentieren und beeinflussen. Sie helfen, die Komplexität der modernen Welt zu ordnen und Erfahrungen als große Chunks mit Worten zu benennen. Diese Tendenz ist evolutionsgeschichtlich relativ neu. Unsere Vorfahren empfingen über den auditiven Kanal in erster Linie analoge Information, also Geräusche von anderen Menschen, Tieren, dem Wetter. Der Gebrauch von Sprache ist ein komplexes auditives Phänomen. Bei jeder Form von Gespräch ist dieser Kanal stark beteiligt. Wir empfangen viele Informationen, indem wir hören, was die anderen sagen. Wenn wir selbst sprechen, senden wir auditive Botschaften. Die sinnliche Metaphorik der Sprache liefert Zugangshinweise, um eine allgemeine Präferenz des auditiven Kanals zu erkennen.

Beispiele für sinnlich-auditive Sprache

Etwas lauthals verkünden, das hört sich gut an, taube Nuß, ohrenbetäubend, mit Pauken und Trompeten, gehorcht aufs Wort, unüberhörbar, im Einklang sein, die Engel singen hören, kleiner Mann im Ohr, laß mal hören, mach 'ne Ansage, sich einstimmen, da wird er hellhörig, das klingt vielsagend, böse Zungen behaupten, darin stimmen wir überein, meine innere Stimme sagt mir, das Gras wachsen hören, stumm wie ein Fisch, die Stille ertragen, ich höre wohl nicht recht, das ist unerhört, sich von etwas lossagen, jammervoll, Totenstille, Hochstimmung, eine Predigt halten, von Tuten und Blasen keine Ahnung, bei mir hat's geklingelt, sein Ohr leihen, Gehör schenken, nur mit halbem Ohr hinhören, ein offenes Ohr haben, etwas zur Sprache bringen, Wortwechsel, Krach haben, Unstimmigkeiten, nicht zu Wort kommen, etwas verschweigen, wortbrüchig werden, wortkarg sein, die Sprache verlieren, bestimmen wollen, Einstimmigkeit, gutheißen, Jawort geben

Augenbewegungen

Bandler und Grinder entdeckten einen systematischen Zusammenhang von verschiedenen Augenbewegungen und gleichzeitig ablaufenden inneren Prozessen. Das Muster der Augenbewegungen liefert Zugangshinweise, um das aktuelle Repräsentations-System des Gesprächspartners zu erkennen. So werden wertvolle Informationen über die inneren Strategien gewonnen. Man kann gezielter Pacen und besser Führen. Durch Fragen und Appelle kann die Wahrnehmung eines Menschen in bestimmte Repräsentations-Systeme gelenkt werden. Die entsprechenden Bewegungen der Augen veranschaulichen diesen Prozeß für den externen Beobachter.

Auf den folgenden Seiten werden geeignete Instruktionen beispielhaft dargestellt. Um die Fragen ernsthaft zu beantworten, muß der Mensch innerlich Kontakt zu den verschiedenen Repräsentations-Systemen herstellen. Dabei wird er gleichzeitig in die beschriebene Richtung blicken. Doch Vorsicht! Vielleicht wird er darüber hinaus auch in andere Richtungen blicken. Menschen verfügen über erstaunlich komplexe Strategien, um sich Zugang zu den im Gehirn codierten Informationen zu verschaffen. Die Augenbewegungen können lediglich als Indiz gewertet werden, sie haben keinerlei Beweiskraft. Das Modell der Augenbewegungen ist ein Schema zum neugierig-sein. Es sollte nicht als Instrument zum detektivistischen Überführen benutzt werden und schon gar nicht als Lügendetektor. Die Augenbewegungen geben Aufschluß über die eingesetzten Repräsentations-Systeme; sie zeigen jedoch nicht die darin abgebildeten Inhalte. Bei Linkshändern wurde beobachtet, daß die Muster spiegelverkehrt vorhanden sein können. Auch bei normal organisierten Rechtshändern kann es unzählige Strategien geben, die sich scheinbar über die Muster hinwegsetzen. So kann ein visueller Mensch zum Beispiel nach oben blicken, wenn er nach einem bestimmten Musikstück gefragt wird, weil er sich zunächst an das Aussehen des Musikers erinnert, um anschließend in Kontakt mit der auditiven Information zu gelangen. Das Repräsentations-System, mit dem ein Mensch in seinen Gedächtnisspeicher einsteigt um Informationen zu finden, wird als Leitsystem bezeichnet. Danach kann mittels Synästhesien in andere Systeme übergewechselt werden. Synästhesien fungieren als Schnittstellen. Ihre besondere Beschaffenheit erklärt, warum verschiedene Menschen in unterschiedliche Richtungen blicken, um die gleichen Informationen abzurufen.

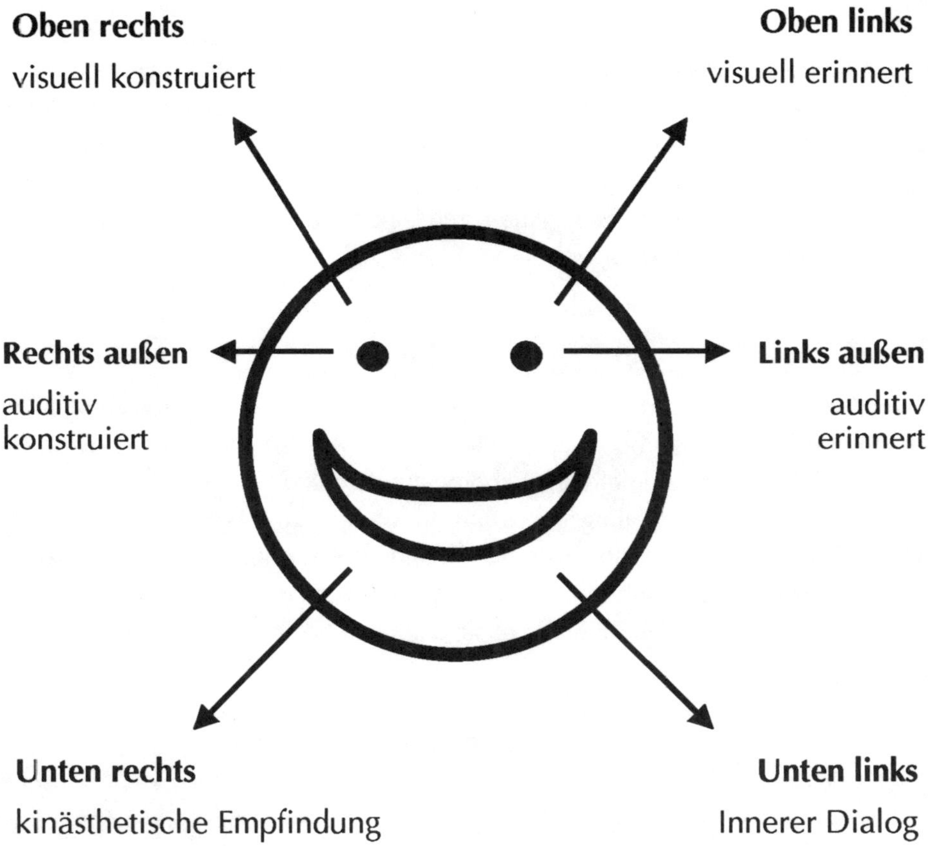

Die Blickrichtung der Augen beim Abrufen von inneren Informationen gibt Aufschluß über die beteiligten Repräsentations-Systeme und die Art der Informationsverarbeitung

Beim Blick nach...

oben rechts

Beim Blick nach oben rechts konstruiert der Mensch vor seinem geistigen Auge Bilder, die er so in der Realität noch nicht gesehen hat: „Stellen Sich sich bitte einmal vor, Ihr Auto hätte ein hellgrünes Dach, dunkelrote Türen, eine orange Motorhaube und goldene Radkappen – was würde Ihnen daran am Besten gefallen? Oder würden Sie vielleicht ein violettes Dach, gelbe Türen, eine hellblaue Motorhaube und türkisfarbene Radkappen bevorzugen?"

rechts außen

Beim Blick nach rechts außen konstruiert der Mensch in seinem inneren Ohr auditive Phänomene wie Klänge oder Worte, die er in der Realität so noch nie gehört hat: „Stellen Sie sich bitte einmal vor, Sie hören auf der nächsten Fahrt immer abwechselnd ein Stück von den Rolling Stones und eins von Pavarotti – wen würden Sie lauter hören? Zwischendurch meldet sich der Radiomoderator und erklärt Ihnen, warum gerade diese originelle Kombination von Musikstücken Ihre mentalen Kräfte stimuliert – in welchem Tonfall müßte er es sagen, damit Sie ihm glauben würden?"

unten rechts

Beim Blick nach unten rechts stellt der Mensch Kontakt zu seinen kinästhetischen Wahrnehmungen her – Körpergefühle, Tastsinn, Rückmeldungen über Zustand der Muskeln und Stellung der Gliedmaßen. Er schaltet eine analoge Feedbackschleife zu sich selber, spürt in sich hinein und orientiert sich anhand von körperlichen Empfindungen: „Wie ist das Sitzgefühl in Ihrem Auto? Sind die Sitze bequem? Wie würde es sich anfühlen, wenn Sie in Ihrem Auto mehr Platz zur Verfügung hätten? Ist der Platz, auf dem Sie jetzt sitzen, bequemer als Ihr Autositz? Wie müßte ein Sitzplatz beschaffen sein, damit er absolut bequem wäre? Was genau mögen Sie an dem Gefühl, in einem Auto zu sitzen?"

oben links

Beim Blick nach oben links erinnert der Mensch Bilder, die er tatsächlich einmal gesehen und in seinem Gedächtnis abgespeichert hat: „Erinnern Sie sich bitte an Ihr Auto. Welche Farbe hat es? Müßte es mal wieder gewaschen werden? Wie sah es aus, als es neu war? Wo haben Sie es geparkt? Wie groß war die Parklücke? Welche Farbe hatte das direkt vor Ihnen parkende Auto?"

links außen

Beim Blick nach links außen erinnert der Mensch Klänge, Worte oder Gedanken, die er tatsächlich einmal gehört und in seinem Gedächtnis abgespeichert hat: „Erinnern Sie sich bitte an das Musikstück im Radio, das Sie auf der letzten Autofahrt am liebsten gehört haben. Wie laut war die Musik im Verhältnis zum Motorengeräusch? Was erinnern Sie vom Text der Musik? Was hat der Radiomoderator gesagt, um das Stück anzukündigen?"

unten links

Beim Blick nach unten links geht der Mensch in einen Inneren Dialog. Er schaltet eine digitale Feedbackschleife zu sich selbst und orientiert sich mit Hilfe verbaler Gedanken. „Wenn Sie sich innerlich fragen, was Ihnen an Ihrem Auto gefällt und was Ihnen daran nicht gefällt, wo können Sie spontan die meisten Punkte nennen? Was spricht dafür, daß Sie Ihr Auto noch einige Jahre fahren werden, und was spricht dagegen? Bitte finden Sie Argumente für beide Standpunkte und wägen Sie diese kritisch gegeneinander ab. Welche Argumente sind überzeugender?"

Axiome des NLP

Im NLP gelten Axiome. Es sind hypothetische Glaubenssätze. Sie fungieren als Grundannahmen zur Orientierung der NLP-Anwender. Dabei ist es für jeden Anwender nützlich, die Glaubenssätze im Laufe der eigenen NLP-Praxis zu überprüfen und die Worte mit selbst-erfahrenen Wahrheiten zu verbinden. Die Überprüfung der Axiome ist eine wichtige Arbeit beim Erlernen des NLP. Diese Arbeit kann Ihnen keiner abnehmen, kein Buch, kein Seminarbesuch und auch kein Coaching. Nur wenn eigene Erfahrungen vorliegen, wird Ihr Unbewußtes die Axiome als glaubwürdige Quelle der Orientierung akzeptieren. Es wäre auf die Dauer nicht ökologisch, wenn Sie versuchen würden, etwas zu glauben, das nicht durch eigene Erfahrungen validiert wird. Um charismatische Glaubenskraft zu gewinnen, ist es notwendig, daß Sie durch eigene Beobachtung Hinweise sammeln und Ihrem Unbewußten die Gültigkeit der geglaubten Inhalte bestätigen. Wenn sich Ihre Erfahrungen dann verdichten und verstärken, wachsen in Ihrem Unbewußten die Kräfte, von denen man behauptet, sie könnten Berge versetzen. Auf diesem Wege verwandeln sich geschriebene Worte in lebendige Wahrheiten; die Axiome werden verifiziert und als fundiertes Wissen verinnerlicht.

Die Axiome bieten einen Blick hinter die Kulissen des NLP. Der beeindruckende Erfolg der NLP-Werkzeuge wurzelt in den Axiomen. Je intensiver ein Anwender die Glaubenssätze verinnerlicht hat, desto wirkungsvoller entfalten sich die magischen Kräfte; das Know How des NLP wird zum authentischen Teil seines persönlichen Charismas. Die Axiome sind nützliche Wahrnehmungsfilter. Sie helfen, die eigene Wahrnehmung intelligent zu organisieren und die Kommunikation mit anderen Menschen zu verbessern. Sie erzeugen eine ressourcevolle Einstellung im zwischenmenschlichen Kontakt. Die Glaubenssätze des NLP implizieren ein humanistisches und auf Entwicklung gerichtetes Menschenbild. Sie sollen jedoch nicht als Dogma fungieren; es sind lediglich Erfahrungswerte, die sich als Grundlage exzellenter Kommunikation vielfach bewährt haben. Die Axiome können auch als Ehren-Kodex verstanden werden, der spielerisch, respektvoll und im eigenen Tempo gelernt wird. Interessanterweise bemerken viele Menschen bei der Überprüfung, daß sie in ihrem Leben bereits viele Erfahrungen gesammelt haben, die mit den Glaubenssätzen übereinstimmen. In diesem Fall ist ein Teil der Arbeit zum Erlernen des NLP bereits getan.

Dann bekommt die Überprüfung den Charakter einer Auffrischung und es geht weniger darum, neues Wissen zu erwerben, sondern vorhandenes Wissen zu beleben und neu zu organisieren.

§ 1 – Die Landkarte ist nicht das Territorium

Menschen reagieren auf ihre individuelle Abbildung der Realität, nicht auf die Realität selbst. Die Welt, die uns umgibt, wird von jedem Menschen als einzigartiges Modell im Gehirn abgebildet. Diese Abbildung wird im NLP metaphorisch als innere Landkarte bezeichnet. Sie dient uns zur Orientierung und wird von Menschen oft mit der eigentlichen Realität verwechselt. Die Abbildung der Realität ist bei jedem Menschen unterschiedlich gestaltet. Keine Landkarte stellt die Welt vollständig dar – die Realität ist grundsätzlich komplexer! NLP ist die Kunst, die inneren Landkarten zu erkennen, zu würdigen und so zu verändern, daß der Mensch sich optimal in der Welt orientieren kann und mit sich selbst und anderen besser zurechtkommt.

§ 2 – Geist und Körper beeinflussen sich wechselseitig

Geist und Körper sind Teile des gleichen kybernetischen Systems. Was mental geschieht, zeigt sich auch körperlich. Jeder unterscheidbare Bewußtseins-Zustand korrespondiert mit einer ebenfalls unterscheidbaren körperlichen Verfassung. Innere Befindlichkeiten drücken sich physisch aus. Der innere Zustand eines Menschen und die beobachtbare Physiologie sind zwei Aspekte desselben Phänomens. Manchmal ist der Ausdruck sehr offensichtlich, manchmal bewirkt er nur sehr feine Veränderungen. NLP-Anwender trainieren ihre Wahrnehmung, um die Physiologie der Kommunikationspartner aufmerksam beobachten zu können und um auch feine Veränderungen zu bemerken.

§ 3 – Wahlfreiheit ist besser als keine Wahlfreiheit

Richard Bandler und John Grinder wollten Umweltvariablen in Entscheidungsvariablen verwandeln, als sie das NLP entwickelten. Ein wesentliches Ziel im NLP ist es, eine Vielfalt möglicher Verhaltensweisen zu erwerben (Requisite Variety). In einem System wird dasjenige Element die Kontrolle gewinnen, welches über die höchste Flexibilität verfügt. Mit anderen Worten: Die Person mit der höchsten Flexibilität erreicht am meisten. „Wenn das, was Du bisher getan hast, nicht funktioniert, dann tue etwas anderes" ist eine Aufforderung, die in der NLP-Ausbildung häufig gehört wird. Ein kompetenter NLP-Anwender benötigt die Bereitschaft, ständig neu zu lernen und das eigene Repertoire um weitere nützliche Verhaltensweisen zu bereichern.

§ 4 – Wir können nicht nicht kommunizieren

Dieses Axiom stammt aus dem Kommunikationsmodell von Paul Watzlawick. Sobald sich zwei oder mehr Menschen begegnen, beginnt ein Kommunikationsprozeß. Selbst in der gegenseitigen Ignoranz verbergen sich Botschaften auf der Beziehungsebene: „Bleib mir vom Hals, mit Dir will ich nichts zu tun haben", oder: „Sprich mich bitte nicht an, ich habe jetzt überhaupt keine Zeit", oder: „Ich würde mich ja gern mal mit Dir unterhalten, aber ich trau mich nicht". Derartige Signale werden meist unterschwellig gesendet und unbewußt empfangen. Jeder Mensch sendet in jedem Moment körpersprachliche Signale, die von anderen Menschen, meist ohne bewußte Aufmerksamkeit und gemäß der eigenen inneren Landkarte interpretiert werden.

§ 5 – Kommunikation ist Austausch von sinnlichen Erfahrungen

Menschen kommunizieren immer in allen verfügbaren Repräsentationssystemen. In jedem Gespräch hören, sehen, fühlen, riechen und schmecken wir unseren Gesprächspartner. Auch wenn unser Bewußtsein in erster Linie auf verbale Botschaften fokussiert, orientiert sich unser Unbewußtes an den ganzheitlichen Sinneseindrücken. Diese Tendenz ist evolutionsgeschichtlich sinnvoll, sie sichert unser Überleben und ist genetisch verankert. Kommunikation verläuft redundant, alle verfügbaren Sinneskanäle sind involviert. Ein geübter NLP-Anwender nutzt dieses Wissen, indem er die Sinneskanäle gezielt aktiviert, um seine Botschaften zu adressieren. Das Pacing der bevorzugten Kanäle des Adressaten verstärkt den Rapport. Bei gutem Rapport kann der Gesprächspartner mittels Synästhesien auch in andere Sinnessysteme geführt werden.

§ 6 – In der Kommunikation zählen Resultate

„Die Bedeutung Deiner Kommunikation ist die Reaktion, die Du bekommst." Entscheidend in der Kommunikation ist nicht die Absicht des Senders oder seine Fähigkeit, sachlich richtige Worte zu sagen. Entscheidend ist, wie die Botschaft beim Empfänger ankommt und wie dieser darauf reagiert. Dabei spielt der Rapport eine wesentliche Rolle. Deshalb verläuft effiziente Kommunikation grundsätzlich empfängerorientiert. Im NLP geht es darum, Verantwortung für das eigene Kommunikationsverhalten zu erlangen und es situationsgerecht zu steuern.

§ 7 – Widerstand bedeutet mangelnde Flexibilität

Widerstand des Empfängers ist eine Aussage über die kommunikativen Fähigkeiten des Senders. Widerstand resultiert aus mangelndem Rapport. Um den nötigen Rapport herzustellen, ist besseres Pacing erforderlich, und dies erfordert mehr Flexibilität vom Sender. Wenn ein Coach seinen Klienten führen möchte, ist es Aufgabe des Coach, ein attraktives und zugleich ökologisches Beziehungsangebot zu machen. Dafür braucht er die Bereitschaft, sein eigenes Verhalten während der Kommunikation solange in Frage zu stellen, bis sein Pacing zum gewünschten Rapport führt. Diese Betrachtungsweise ist im Kontext der traditionellen Psychotherapie geradezu rebellisch. Auch die Führungskompetenz von Managern, Trainern oder Lehrern wird hier einer selbstkritischen Prüfung unterzogen.

§ 8 – Hinter jedem Verhalten gibt es eine positive Absicht

Jedes Verhalten erfüllt im Leben eines Menschen eine Funktion, die von seinem Unbewußten als nützlich bewertet wird. Wäre dies nicht der Fall, würde das Ökonomieprinzip des organischen Lebens es nicht zulassen, daß dafür Energie aufgewendet wird. Jeder menschliche Impuls läßt sich in einen positiven Bezugsrahmen führen. So können auch Einwände in Wünsche verwandelt werden. Dafür eignen sich die verschiedenen Formen des Reframings, insbesondere das Six Step-Reframing. Dabei lernt der Klient, daß sein als problematisch erlebtes Verhalten auch ökologische Funktionen im psycho-physiologischen Gesamtsystem erfüllt. Nun gilt es, diese positiven Absichten zu würdigen und durch alternative Verhaltensweisen auf besseren Wegen zu realisieren.

§ 9 – Jede Reaktion ist ein wertvolles Feedback

In der Kommunikation gibt es keine Fehler und kein Versagen! Jede Reaktion des Gesprächpartners kann als Feedback genutzt werden. Auch überraschende oder unerwünschte Reaktionen sind wertvolle Informationen, um die Realität des anderen besser pacen zu können. In solchen Fällen ist der NLP-Anwender in seiner Kreativität gefordert. Jetzt gilt es, das eigene Kommunikationsverhalten neu abzustimmen. In der Veränderungsarbeit bedeutet eine unerwünschte Reaktion des Klienten, daß die bisherigen Interventionen noch nicht hundertprozentig ökologisch sind. Die unerwünschte Reaktion hilft also, mögliche Einwände rechtzeitig zu bemerken und zu integrieren. Dies gelingt zum Beispiel, wenn die Einwände als nützliche Ratgeber interpretiert werden.

§ 10 – Menschen treffen immer die zur Zeit beste Wahl

Jeder Mensch ist auf seine Weise einzigartig, perfekt und entwicklungsfähig zugleich. Der positive Wert eines Menschen wird im NLP nicht in Frage gestellt. Jedes Verhalten kann als nützlich erkannt werden. Die Prämisse der Transaktionsanalyse „Ich bin okay – Du bist okay" gilt auch im NLP. Dabei wird unterstellt, daß der Mensch sich in jedem Moment genau so verhält, wie es seinem aktuellen Informationsstand, seiner Ökologie und seiner inneren Landkarte entspricht. Wenn der Mensch zum jetzigen Zeitpunkt bessere Möglichkeiten zur Verfügung hätte, würde er diese auch einsetzen. Deshalb gilt besonders im Coaching die Annahme, daß jedes Verhalten des Klienten zum jetzigen Zeitpunkt subjektiv das optimale Verhalten ist, auch wenn das Bewußtsein dies noch nicht würdigen kann. Gleichzeitig stellt sich die Frage, wie sich der Mensch in Zukunft auf bessere Weise verhalten könnte.

§ 11 – So einfach wie möglich und so komplex wie nötig

Jede Aufgabe kann bewältigt werden, wenn man sie in ausreichend kleine Stücke unterteilt. Die Aufsplittung von komplexen Verhaltensweisen in überschaubare und damit erlernbare Komponenten ist die Grundlage des Modelings. Das Zerlegen von komplexen Sequenzen in kleinere Einheiten gelingt mit Hilfe des Chunking Down. Das Beherrschen von erlernten Komponenten führt zum Chunking Up. Albert Einsteins Auffassung bezüglich der schlichten Eleganz guter Modelle gilt auch im NLP: Ein nützliches Modell sollte so einfach wie möglich beschaffen sein – jedoch nicht einfacher!

§ 12 – Lernen ist der Weg in die Freiheit

Wenn ein Mensch lernen kann, etwas Bestimmtes zu tun, dann können es andere Menschen auch. Dies war die Grundannahme, mit der Richard Bandler und John Grinder das Unternehmen NLP starteten. Jeder kann alles lernen! Sie glaubten an das Prinzip des Modeling, realisierten es für sich selbst und konnten die erworbenen Fähigkeiten mit wachsendem Erfolg an andere Menschen weitergeben. Angewandtes NLP ist ein Weg des Life-Long-Learning. Wir alle befinden uns in einem mehr oder weniger dynamischen Lernprozeß. Eine Möglichkeit, mit Gefühlen der Überforderung umzugehen, besteht darin, das Tempo zu verringern. Beim Steuern von Lernprozessen ist es sinnvoll, eine Intuition für das angemessene Tempo zu entwickeln.

§ 13 – Jedes Verhalten ist eine Ressource

Gelernt ist gelernt! Jedes Verhalten ist eine Fähigkeit und somit eine nützliche Ressource. Jede bereits erlernte Fähigkeit bereichert das individuelle Repertoire und erhöht unsere Flexibilität. Dadurch verbessert sich unsere Chance, auf die Anforderungen des Lebens angemessen reagieren zu können. Beim NLP geht es nicht darum, altes Verhalten durch neues zu ersetzen, sondern darum, das Verhaltensrepertoire um neue Möglichkeiten zu bereichern. Das bisherige Verhalten bleibt als Ressource im Repertoire erhalten. Die Bewertung von menschlichem Verhalten ist grundsätzlich abhängig vom Kontext, in dem es eingesetzt wird. Für jede Verhaltensweise gibt es zumindest einen Kontext, in dem genau diese Verhaltensweise eine angemessene Reaktion darstellt. Derartiges Wissen wird beim Kontextreframing genutzt: „In welcher Situation soll das bisherige Verhalten beibehalten werden? Wie kannst Du sicherstellen, daß Du es in der relevanten Situation tatsächlich zur Verfügung hast?"

§ 14 – Alle benötigten Ressourcen sind vorhanden

Menschen verfügen prinzipiell über alle Ressourcen, die sie brauchen, um gewünschte Veränderungen zu erreichen. Falls diese Verfügbarkeit nicht sofort offensichtlich ist, besteht die Möglichkeit, Ressourcen neu zu organisieren, so daß sie zum richtigen Zeitpunkt und im richtigen Kontext verfügbar werden. Wenn ein Mensch Schwierigkeiten hat, in Kontakt mit seinen Ressourcen zu gelangen, kann der kreative Teil im Unbewußten aktiviert werden, um Zugang herzustellen. Auch das Modeling und die Als-Ob-Methode helfen weiter: „Stell Dir vor, Du könntest es bereits, wie würdest Du es dann tun? Oder vielleicht kennst Du jemanden, der das kann? Wie tut er das? Wie wäre es, wenn Du es so wie er beherrschen würdest?"

§ 15 – Veränderung ist nur gut, wenn sie ökologisch ist

Ein Coach trägt die Verantwortung, dafür zu sorgen, daß sich der Kommunikationspartner in einem Zustand befindet, der für sein System ökologisch ist. Wenn eine Veränderung angestrebt wird, die nicht ökologisch ist, werden unbewußte Kräfte geweckt, die diese Veränderung bekämpfen. Derartiger Widerstand ist eine gesunde Abwehr im Sinne der Stabilität des betroffenen Systems. Deshalb gibt es bei Interventionen eine vorbeugende Maßnahme – den Öko-Ckeck. Hier werden Widerstände bewußt gemacht und mögliche Einwände integriert. Erst anschließend wird zum Transfer ein Future Pace formuliert.

B

Beliefs

Berater-Modell

Bewußtsein

Brainstorming

Beliefs

Beliefs sind Glaubenssätze oder Glaubenssysteme. Es sind ungeprüfte Annahmen über die Realität. Sie zeigen sich in Form von Einstellungen oder Überzeugungen. Beliefs sind in der Regel unbewußt. Sie beziehen sich auf Ursache-Wirkungs-Zusammenhänge, auf Bedeutungen von Ereignissen oder auch auf die eigene Identität. Glaubenssysteme bestimmen unser Handeln und unser Erleben. Das NLP bietet Methoden zur Veränderung von Glaubenssystemen. Dabei werden die individuellen Glaubenssätze bewußt gemacht, ökologisch überprüft, neu formuliert und geankert. Robert Dilts hat hier grundlegende Arbeiten geleistet und durch Veränderung von Glaubenssätzen erstaunliche Heilungserfolge erzielt. Wie einschränkende Glaubenssätze verändert werden können, läßt sich in seinen Büchern „Identität, Glaubenssysteme und Gesundheit" und „Die Veränderung von Glaubenssystemen" nachlesen. Zu den Beliefs gehören auch Werte. Sie liegen unseren Motivationen zugrunde und bilden die Basis unserer neurologischen Programme. In dem Buch „Time Line" erklären Tad James und Wyatt Woodsmall, wie Werte entstehen und wie sie verändert werden können.

Wir Menschen ziehen einen großen Teil unserer Gefühle von Sicherheit und tagtäglicher Orientierung aus unbewußten Beliefs. Wir stellen unsere Normen, Regeln und Werte normalerweise nicht in Frage. Wir orientieren uns gewohnheitsmäßig, indem wir unbewußten Leitlinien folgen. Viele Elemente unseres Verhaltens und mindestens ebensoviele Einschränkungen entspringen unseren Beliefs über die eigene Person, über die anderen Menschen und über die Welt, in der wir leben. Sie können unsere persönliche Entwicklung hemmen („Ich bin ein Versager"), die Lebensqualität beeinträchtigen („Ich bin häßlich") oder zwischenmenschliche Konflikte verursachen („Alle sind gegen mich"). Glaubenssysteme können durch bestimmte Glaubenssätze repräsentiert werden. Sie sind aber gleichzeitig sehr komplex und mit der persönlichen Geschichte des einzelnen Menschen verwoben. Viele Glaubenssätze werden in frühester Kindheit gelernt (Imprints). Sie haben großen Einfluß auf die gesamte Lebensweise eines Menschen. Auch in der Paartherapie zeigt sich häufig, daß die zwischenmenschliche Beziehung gestört ist, weil alte Glaubenssätze die Partner einschränken. Die meisten Beliefs sind das Resultat einer Generalisierung. Nach einigen erfolglosen Versuchen, mit einem Partner lustvollen Sex zu haben, beginnt eine Frau zu glauben, sie sei frigide. Als Folge dieses Glaubenssatzes richtet sich ihre selektive Wahrnehmung neu aus und sucht „Beweise“, um den Glauben zu vertiefen. Das Validieren von Erfahrungen vermittelt Sicherheit, auch wenn dadurch Einschränkungen entstehen. So wird ein Glaubenssatz im Laufe der Monate und Jahre in das Glaubenssystem eingewoben. NLP kann uns helfen, mit einschränkenden oder problem-erzeugenden Beliefs weniger rigide umzugehen, sie auf ihren aktuellen Realitätsgehalt hin zu überprüfen und bei Bedarf zu korrigieren.

Im NLP geht es nicht darum, Beliefs abzuwerten. Glauben gehört zur Natur des Menschen und bedeutet ein riesiges Potential von Ressourcen. Diese Energie kann für verschiedene Zwecke eingesetzt werden. Glauben erzeugt Kraft und Motivation. Es gab Kulturen, in denen die Krieger glaubten, daß nur der Tod im Kampf ihnen einen Platz an Odins Tafel ermögliche. Obwohl auch sie den Tod fürchteten, immunisierte der starke Glaube die Krieger gegen die Todesangst. Mahatma Gandhi glaubte fest daran, daß er durch gewaltfreien Widerstand gewinnen würde. Er wurde zum Vorbild für Millionen Menschen. Wer fähig ist zu glauben, kann geradezu unglaubliche Ressourcen entwickeln. Glaube wächst aus Erfahrungen. Damit sich ein starker Glaube entwickeln kann, brauchen wir intensive Erfahrungen. Eine besonders intensive Erfahrung kann prägend wirken; bereits beim ersten Mal. Die japanischen Zen-Mönche nennen solche Erlebnisse Satori. Durch das Erleben von Satori kann sich die persönliche Entwicklung beschleunigen. Im Coaching ist der Glaube an den Erfolg der Arbeit eine wichtige Voraussetzung für einen guten Rapport. Sowohl der Klient als auch der Coach müssen glauben können, daß eine Veränderung möglich ist. Wenn andere Menschen glauben, daß wir fähig sind, zu tun, was wir uns vorgenommen haben, ist dies eine wertvolle Ressource.

Die Realität beginnt im Geiste! Menschen werden zu dem, was sie selber von sich glauben. Die Natur des Glaubens entspricht einer sich-selbst-erfüllenden Prophezeiung. Je ökologischer der Glaube ist, desto ressourcevoller wird sich das Geglaubte manifestieren. Sobald das Unbewußte eine Chance wittert, beginnt der Prozeß der Manifestation. Menschen haben die Tendenz zur Selbstverwirklichung. Das in uns schlummernde Potential drängt nach Realisierung. Achtung! Negative Glaubensmuster ziehen ihre Verwirklichung genauso intensiv an wie positive. Deshalb ist es intelligent, die eigenen Glaubensmuster hin und wieder psychohygienisch zu überprüfen und dabei störende Einschränkungen in wohlgeformte Ziele zu verwandeln.

Berater-Modell

Das Berater-Modell ist eine Methode, um Einwände, Zweifel oder Befürchtungen sinnvoll zu integrieren. Ähnlich wie beim Six Step-Reframing werden im Berater-Modell verschiedene innere Kräfte als Persönlichkeits-Teile benannt und in Kontakt gebracht. Dabei werden die positiven Absichten herausgearbeitet und gewürdigt. Die verantwortlichen Teile erhalten eine Beraterfunktion. So können Sie ihre positive Absicht auf eine konstruktive Weise realisieren, indem zum Beispiel Ängste in intelligentes Verhalten oder Einwände in konkrete Bedingungen verwandelt werden. Falls der Klient die Ängste oder Einwände bisher abgelehnt und innerlich bekämpft hatte, wird er bei gelungener Anwendung des Berater-Modells seine Versöhnungsphysiologie zeigen. Dann hat ein grundlegendes Reframing stattgefunden, und die ehemaligen inneren Störenfriede helfen jetzt, den gewonnenen Frieden zu sichern.

Falls ein Klient in der Arbeit mit seinem Coach eine berufliche Problemlösung entwickelt hat, kann es vorkommen, daß er anschließend Zweifel hat, ob die gefundene Lösung wirklich funktionieren wird. Es könnten sich zum Beispiel unbewußte Stimmen melden, die sagen, daß bei dieser Lösung die ohnehin bereits knapp gehaltene Freizeit noch knapper wird. Das wiederum führt zu weniger Zeit zum Sport mit Freunden, was ihm eigentlich wichtig ist. Außerdem könnte seine Familie sich vernachlässigt fühlen. Das Berater-Modell greift die Befürchtungen auf und verwandelt sie in Wünsche. Dabei suchen die Teile schon vorbeugend neue Wege, um ihre positiven Absichten zu verwirklichen. Vielleicht sucht der Sport-Teil nach anderen, weniger zeitaufwendigen Gelegenheiten, um zu trainieren. Oder der Freunde-Teil bildet mit dem Familien-Teil eine Koalition, und der Mensch besucht zusammen mit seiner Familie gemeinsame Freunde. Diese innere Vorbereitung trägt dazu bei, die berufliche Problemlösung ökologisch zu gestalten. Dadurch steigen die Erfolgschancen der Realisierung enorm. Besonders hilfreich ist das Berater-Modell, wenn sich beim Öko-Check heraustellt, daß die geplanten Veränderungen nicht jetzt sofort, sondern erst im Laufe der Zeit verläßlich auf ihre Verträglichkeit geprüft werden können. Dann werden mögliche Störungen durch ein Reframing zu zukünftigen Beratern erklärt und mit eigenen Kriterien ausgestattet, um ihre positive Absicht zum richtigen Zeitpunkt zu realisieren. So werden Früh-Warnsignale vereinbart, damit ökologische Störungen rechtzeitig bemerkt werden und der Mensch angemessen darauf reagieren kann.

Bewußtsein

„Darüber bin ich mir bewußt“ kann bedeuten, daß jemand eine bestimmte Information abgespeichert hat und kurz daran gedacht hat. Es kann auch bedeuten, daß er die Information in diesem Moment im Angesicht aller Konsequenzen bewußt empfindet, indem er sich voll darauf konzentriert. Es kann sogar bedeuten, daß er sich lange Zeit im Zustand der Meditation damit auseinandergesetzt hat und schließlich zu einem bewußten Ergebnis gelangt ist, das ihm als Entscheidungsgrundlage dient und sein zukünftiges Verhalten massiv beeinflußt. Die Idee des Bewußtseins wird von Menschen unterschiedlich verstanden. Philosophische, psychologische, religiöse und spirituelle Schulen haben Modelle zur Erklärung des Bewußtseins entwickelt. Die Frage des Bewußtseins bewegte die Menschen zu allen Zeiten und in allen Kulturen. Westliche Wissenschaftler, indische Yogis, ägyptische Pharaonen, indianische Schamanen, japanische Zen-Mönche, arabische Derwische – sie alle haben Methoden entwickelt, um das menschliche Bewußtsein zu verstehen und zu kultivieren. Das NLP bietet einen sehr pragmatischen Ansatz zum Verständnis des Bewußtseins: Bewußt ist einem Menschen all das, was er jetzt im Moment wahrnimmt und benennen kann. Alles andere befindet sich außerhalb des bewußten Fokus und gilt somit als unbewußt. Diese Definition betont die begrenzte Kapazität des menschlichen Bewußtseins. Es kann nur eine beschränkte Menge von Information zur gleichen Zeit erfassen. Die bewußten Informationen unterliegen jedoch einem ständigen Wandel. In jedem Moment drängen neue Reize in das Licht des Bewußtseins, und die bisherigen Inhalte fallen heraus.

Spüren Sie Ihre Füße ... jetzt in diesem Moment!? Bevor Sie dies gelesen haben, war Ihnen wahrscheinlich Ihr Körpergefühl in den Füßen nicht bewußt gewesen, denn beim Lesen verlagert sich die Aufmerksamkeit meist in den Kopf. Jetzt sind Sie angeregt worden, in Ihre Füße hineinzuspüren und das Licht des Bewußtseins dorthin zu lenken. In kurzer Zeit werden Sie diesen Reiz jedoch wieder vergessen haben und das Körpergefühl der Füße wird wieder aus Ihrem Bewußtsein verschwinden. Das augenblickliche Vergessen von unterschwelligen Reizen ist ein Charakteristikum für die Funktionsweise des menschlichen Bewußtseins. Im Six Step-Reframing werden zum Beispiel die sekundären Gewinne bewußt gemacht. In dem Moment, wo dies geschieht und die entsprechenden Inhalte ins Bewußtsein dringen, ist sich der

Mensch tatsächlich darüber bewußt. Doch bereits Sekunden später richtet sich das Bewußtsein auf neue Informationen und die sekundären Gewinne sind bereits wieder vergessen. Hypnose kann als gesteuertes Vergessen verstanden werden. In Trance vergißt der Mensch viele Einschränkungen, die sein Alltagsbewußtsein üblicherweise begrenzen. Während der Hypnose wird das Bewußtsein auf Urlaub geschickt, und der Coach kommuniziert mit normalerweise unbewußten Teilen des Klienten. Dabei können Lern- und Veränderungsprozesse stattfinden, ohne daß das Bewußtsein darüber informiert sein muß. Prinzipiell ist ein Mensch erst dann bereit, die bewußte Kontrolle aufzugeben und sich der Führung eines Coach anzuvertrauen, wenn er sich in der aktuellen Situation sicher fühlt. Deshalb achten kompetente Hypnotherapeuten grundsätzlich auf eine Atmosphäre der Geborgenheit.

Das alltägliche Bewußtsein dient der Sicherung und Optimierung des Überlebens im Hier und Jetzt. In bezug auf ökologische Zusammenhänge entpuppt sich das Alltagsbewußtsein jedoch oft als erstaunlich naiv. Hier ist die Weisheit des Unbewußten oft ein besserer Ratgeber. Die Instanz des Bewußtseins ist evolutionsgeschichtlich relativ neu; der Prozeß seiner Entwicklung ist noch lange nicht durchlaufen. Der heutige Mensch hat nur ein begrenztes Quantum an bewußter Kapazität, das jedoch durch meditative Praktiken wachsen kann. Auch die Wahrnehmungsfilter des NLP helfen, bewußte Energie zu kanalisieren. Das NLP wurde unter der Annahme entwickelt, daß selbst Könner und Experten oft nicht bewußt wissen, was genau sie im einzelnen tun, um Erfolge zu erzielen. Sie tun es, indem sie ihrer Intuition folgen. Kompetentes Verhalten ist nicht notwendigerweise mit dem Vorhandensein von Bewußtheit verknüpft. Unbewußte Verhaltensprogramme sind bei vielen Menschen die Grundlage ihrer Leistungsfähigkeit. Bewußtheit wird jedoch immer dann relevant, wenn die Umwelt sich verändert. Dann sind die konditionierten Programme nicht mehr vollständig kompatibel mit den Umweltbedingungen, und das gewohnte Verhalten muß neu ausgerichtet werden. Bewußtheit führt zur realistischen Einschätzung der aktuellen Situation. Der Mensch kann seine Handlungsoptionen in Form von Wahlmöglichkeiten erkennen. Der Wunsch nach bewußten Wahlmöglichkeiten war eine wesentliche Motivation von Bandler und Grinder beim Entwickeln des NLP. Wie in dem Buch „Strukturen subjektiver Erfahrung" dargestellt, wollten sie Umweltvariable in Entscheidungsvariable überführen. Dahinter steckt die Idee, den Geschehnissen der Umwelt nicht hilflos ausgeliefert zu sein, sondern sie aktiv zu gestalten. Erst das Vorhandensein von bewußter Energie ermöglicht eine wirklich freie Lebensgestaltung.

Brainstorming

Das Brainstorming ist wohl die bekannteste Kreativitätstechnik. Sie wird auch im NLP auf vielfältige Weise eingesetzt. Besonders zur Stimulanz von inneren Prozessen werden im Brainstorming zu einem bestimmten Thema Ideen entwickelt, indem spontane Einfälle gesammelt werden. Wichtig dabei ist ein freier Fluß der Gedanken. Im Six Step-Reframing und seinen Varianten machen die verschiedenen Teile ein internes Brainstorming und suchen mit Hilfe des kreativen Teils nach alternativen Wegen, um die positive Absicht auf neue Weise zu realisieren. Auch eine Parts Party lebt vom Brainstorming, das die verschiedenen Teile veranstalteten.

Für ein erfolgreiches Brainstorming ist es notwendig, ein kreatives Klima zu schaffen. Alle Impulse sind erlaubt. Die verrücktesten Einfälle sind oft die wirkungsvollsten Stimuli der Inspiration. Je phantasievoller die Ideen fließen dürfen, desto stärker ist der Anreiz, aus den gewohnten Denkmustern auszubrechen und wirklich neue Ideen zu produzieren. Weitere Variationen von bereits vorhandenen Einfällen sind ebenfalls sinnvoll. Quantität ist erwünscht. Je mehr Ideen gesammelt werden, desto größer ist die Wahrscheinlichkeit, daß brauchbare Lösungen darunter sind. Außerdem bietet jede Äußerung eine mögliche Anregung für weitere Einfälle. Auch kleine Veränderungen oder neue Kombinationen von bereits genannten Vorschlägen können bei den anderen Teilnehmern neue Geistesblitze entfachen.

Während des Brainstormings gilt: Kritik später!!! Diese Regel ist für viele Menschen ungewöhnlich und oft nicht auf Anhieb zu realisieren. Sie ist jedoch entscheidend für ein fruchtbares Brainstorming. Die Äußerungen werden vorerst nicht bewertet, sondern nur gesammelt und registriert. Kritische Überprüfung hinsichtlich der Brauchbarkeit erfolgt erst später bei der anschließenden Bewertung. Beim kritikfreien Formulieren von spontanen Ideen setzen Synergie-Effekte ein. Die Teilnehmer stimulieren sich gegenseitig und phantasieren über ihre gewohnten Denkmuster hinaus. Üblicherweise folgt nach einiger Zeit ein toter Punkt und niemandem fällt mehr etwas ein. Die Erfahrung zeigt jedoch, daß es sich lohnt, diesen toten Punkt auszuhalten, denn danach kommt wieder eine besonders kreative Phase. Das Unbewußte der Teilnehmer braucht diesen kurzen Zeitraum, um die Eindrücke wirken zu lassen und neue Verknüpfungen zu bilden.

Change History

Chunking

Coaching

Columbo-Technik

Complex Equivalence

Change History

Die Veränderung der persönlichen Geschichte ist eine wirkungsvolle Interventions-Technik im NLP. Sie dient dazu, belastende, einschränkende oder traumatische Erfahrungen emotional aufzulösen. Das Change History basiert auf der Annahme, daß alle relevanten Erfahrungen des Menschen im Unbewußten gespeichert sind. Die vergangenen Erfahrungen prägen unser gegenwärtiges Erleben und unser zukünftiges Verhalten. Sie bedingen die Art unserer Orientierung. Dies zeigt sich zum Beispiel in Form von Glaubenssätzen oder Meta-Programmen. Vergangene Erfahrungen verdichten sich zu Wahrnehmungs-Filtern, die unsere innere Landkarte gestalten. In Form von belastenden Gefühlen können die Auswirkungen dieser Prozesse auch in unser Bewußtsein dringen. Auf diese Weise werden wir motiviert, die Einschränkungen durch innere Arbeit aufzulösen. Das Interventionsmuster des Change History ermöglicht dabei eine systematische Vorgehensweise. Das Ziel dieser Technik ist es, eine ehemals problematische Situationen auf bessere Weise bewältigen zu können und die daraus resultierende Erfahrung ökologisch in die persönliche Geschichte zu integrieren. Dafür werden in dem unermeßlichen Potential von Erinnerungen die benötigten Ressourcen organisiert. Die Vorgehensweise des Change History wird im „Frosch"-Buch von Thies Stahl ausführlich erklärt.

Für das Change History werden zunächst die belastenden Gefühle geankert und als Orientierung genutzt, um in der Vergangenheit die Szene zu identifizieren, wo sie entstanden sind. Dann werden alternative Verhaltensweisen entwickelt und als Ressourcen verfügbar gemacht: „Wie hättest Du Dich damals gerne verhalten? Welches Verhalten wäre eine angemessene Reaktion gewesen? Welche Ressourcen hättest Du dafür gebraucht?" Als nächstes geht der Klient mit den neuen Ressourcen in seiner Phantasie zurück in den alten Kontext. „Jetzt gehe bitte zurück in die damalige Situation und erlebe sie noch einmal ... nun hast Du alle nötigen Ressourcen zur Verfügung, und Du kannst Dich so verhalten, wie es für Dich am besten ist ... was nimmst Du jetzt wahr (V.A.K.O.)?" Der Coach hilft seinem Klienten, die Situation so zu gestalten, bis er damit hundertprozentig zufrieden ist. Die daraus resultierenden positiven Erfahrungen werden neu generalisiert und führen zu einem potenteren Selbstbild. Der Klient hat die alten, einschränkenden Generalisierungen hinter sich gelassen und seine innere Landkarte entsprechend korrigiert. Dies ermöglicht ihm in Zukunft eine souveräne Herangehensweise an ähnliche Situationen.

Chunking

Chunking bezeichnet den Wechsel der logischen Ebene. Es dient einer systematischen Informationsdarstellung. Gezieltes Chunking bringt kognitive und verbale Elastizität. Menschen können nicht nur horizontal denken, sondern auch vertikal. Chunking ist vertikales Denken. Der Begriff stammt ursprünglich aus der Computersprache. Chunks sind Einzelteile, im Sinne von Informationseinheiten. Chunking bezeichnet das Zerlegen von komplexen Einheiten in kleinere Elemente und das Zusammenfassen von einzelnen Elementen zu größeren Einheiten. Der Wechsel der logischen Ebene kann also in zwei Richtungen vollzogen werden: Nach unten, auf konkretere Ebenen (Chunking Down), und nach oben, auf ein höheres Abstraktionsniveau (Chunking Up). Metaphorisch gesprochen kann ein Spezialist sein spezielles Fachgebiet in vielen kleinen differenzierten Chunks analysieren und bearbeiten, während ein Generaldirektor in der Lage sein muß, den großen Chunk der Unternehmensführung zu beherrschen. Gezieltes Chunking ist ein nützliches Werkzeug beim Erlernen von Fähigkeiten. Bandler und Grinder modellierten das Verhalten der Top-Therapeuten mit Hilfe des Chunking. Wenn Menschen komplexes Verhalten erlernen möchten, ist es intelligent, die nötigen Lernschritte durch Chunking zu portionieren.

Als Fragetechnik ist das Chunking eine wirkungsvolle Methode, um mit Einwänden konstruktiv umzugehen. Einwände können in Wünsche verwandelt werden. Chunking hilft, die dafür nötigen Informationen zu gewinnen. Besonders im Konfliktmanagement kann geschicktes Chunking dazu führen, daß verhärtete Fronten wieder eine Basis der Verständigung finden. Beim Chunking Up stellt man die Frage nach den Meta-Zielen und der positiven Absicht: „Was wollen Sie damit erreichen? Was ist Ihr Ziel? Welche Werte verbergen sich hinter Ihrem Ziel? Warum möchten Sie, daß es so wird, wie Sie es sich vorstellen? Was gewinnen Sie, wenn alles so läuft, wie Sie es sich wünschen?"

Beim Chunking Down stellt man die Fragen nach den Details. Dadurch können Wünsche und Bedingungen konkret formuliert werden: „Was genau stellen Sie sich da vor? Wie kann das im einzelnen gehen? Welche Details sind dabei wichtig? Wann beginnt es? Wie lange wird es dauern? Wer ist wofür verantwortlich? Wer wird was wann machen? In welchen zeitlichen Abständen und in welcher Reihenfolge? Was werden wir dabei sehen, hören, riechen, schmecken, fühlen?"

Coaching

Das Prinzip des Coaching existiert seit langer Zeit. In vielen historischen Gesellschaften gab es ein Zusammenspiel von weltlicher und geistlicher Macht. Könige und Kaiser der Vergangenheit legten großen Wert darauf, den Segen der geistlichen Würdenträger auf ihrer Seite zu wissen. Auch die antiken Griechen kannten bereits das Prinzip des Coaching. Während der langen Abwesenheit des Odysseus übernimmt die Göttin Pallas Athene in der Gestalt des Mentors die Rolle des Coach für den Sohn des Odysseus. Das heutige Coaching entspringt diesen historischen Wurzeln. Eine weitere Quelle ist die Welt des Sports. Erfolgreiche Boxer, Leichtathleten oder Tennisprofis haben einen Coach. Er sorgt dafür, daß die hochbezahlten Sportler in einem ressourcevollen Zustand sind und die erwarteten Spitzenleistungen bringen. Der Coach kann auch die Rolle des Trainers übernehmen, doch entscheidend ist sein psychologisches Know How bei der Motivation des Athleten. Körperliche Leistungsfähigkeit ist eine Grundvoraussetzung im heutigen Spitzensport. Über Sieg oder Niederlage entscheidet die mentale Steuerung der körperlichen Ressourcen. Viele Tennisprofis behaupten, daß ein Match im Kopf gewonnen wird.

In den Medien wird viel über Coaching von Managern berichtet. Im Zuge der aktuellen Diskussion über Wertewandel, vernetztes Denken und ganzheitliches Management steigt der Bedarf nach effizienter Unterstützung für Führungskräfte. Sie müssen unabhängig von hierarchischen Machtstrukturen durch persönliche Kompetenz überzeugen und als Mensch integer sein. Außerdem brauchen erfolgreiche Führungskräfte einen Zugang zum eigenen kreativen Potential. Psychologisches Coaching ist eine wirkungsvolle Methode, um auf diese Anforderungen zu reagieren und die nötigen Entwicklungsprozesse zu begleiten. Die Leistungsgesellschaft der 90er Jahre entspricht dem Prinzip der permanenten Überforderung. Der Zeitdruck steigt enorm, komplexe Systeme erfordern vernetztes Denken, marktwirtschaftliche Turbulenzen bergen unkalkulierbare Risiken. Menschen in Führungspositionen sind wachsendem Druck auf vielen Ebenen ausgesetzt. Zunehmend befinden sich die Wirtschaftskapitäne im Blickpunkt der Öffentlichkeit. Wer keine Fehler machen darf, sollte seine innere Landkarte durch eine Instanz außerhalb der eigenen Person validieren und gegebenenfalls korrigieren. Es gibt viele gute Gründe, um als verantwortungsbewußter Manager einen kompetenten Coach zu konsultieren.

Doch Coaching ist nicht nur für Sportler oder Führungskräfte hilfreich. Jede Anwendung von psychologischen Interventionstechniken impliziert eine Coaching-Beziehung. Wenn ein Psychotherapeut seinen Klienten bei der Bewältigung von Problemen unterstützt, befindet er sich in der Rolle des Coach. Der Unterschied des Management-Coaching zur traditionellen Psychotherapie besteht in erster Linie in der Motivation des Klienten. Wenn ein Mensch einen Psychotherapeuten aufsucht, hat er einen inneren Leidensdruck, während die Konsultation eines Management-Coach aufgrund eines äußeren Leistungsdrucks geschieht. In der Psychotherapie geht es meist um die Auseinandersetzung mit emotionalen Problemen und den damit verbundenen Schattenseiten der Persönlichkeit. Im Management-Coaching geht es in erster Linie um Entwicklung, Organisation und Aktivierung von Ressourcen, die gezielt in einem beruflichen Arbeitsfeld eingesetzt werden. Ein Management-Coach beschäftigt sich mit den aktuellen Herausforderungen im Leben des Klienten und kann dabei auch seelische Prozesse berühren, während ein Psychotherapeut mit seinem Klienten seelische Prozesse aufarbeitet und dabei auch die aktuelle Situation berücksichtigt. Charakteristisch für die Anwendung des NLP ist, daß sich der Klient so wenig wie möglich im Problem-Zustand befindet. Sowohl im Management-Coaching als auch in der Psychotherapie ist die Vorgehensweise des NLP konsequent zielorientiert.

Das Prinzip des Coaching kann vielfältige Erscheinungsformen annehmen. Es ist ein nützliches Beziehungsmodell, das in den unterschiedlichsten Kontexten zum Tragen kommt. Jeder Mensch, der ein Ziel erreichen möchte, kann einen Coach konsultieren. Die Coaching-Beziehung braucht nicht unbedingt einen formalen Rahmen. Wenn ein Freund in einer schwierigen Situation mit Rat und Tat zur Seite steht und seine eigenen Interessen dabei für eine Weile in den Hintergrund stellt, befindet er sich in der Rolle des Coach. Im professionellen Coaching sind die Rollen so definiert, daß der Coach verantwortlich für die Steuerung des Prozesses ist und der Klient die zu bearbeitenden Themen so wählt, daß er einen möglichst großen Nutzen davon hat. Die Inhalte des Coaching bedingen sich durch die Bedürfnisse des Klienten und die Kompetenzen des Coach. Die Aufgabe des Coach ist es, seinen Klienten bei der Erreichung von Zielen zu unterstützen. In wohl allen NLP-Büchern kann ein Coach nützliche Anregungen bekommen, um sein bereits vorhandenes Repertoire von Interventionsmethoden zu optimieren. Das NLP bietet als psychologischer Werkzeugkoffer ein exzellentes Instrumentarium zum effizienten Coaching.

Columbo-Technik

Die Columbo-Technik geht zurück auf Inspektor Columbo, den scheinbar zerstreuten Helden einer amerikanischen Krimi-Serie. Inspektor Columbo löste seine Kriminalfälle, indem er sich als liebenswerter Trottel präsentierte, während er zielstrebig Informationen sammelte. Er verfolgte Spuren und Hinweise, ohne daß andere Menschen bemerkten, was er tatsächlich tat. Die Columbo-Technik ist eine respektvolle Methode, um auf unauffällige Weise verschiedene NLP-Techniken anzuwenden. Dabei werden durch ungewöhnliche Fragen scheinbar nebensächliche Informationen gewonnen. Außerdem erlaubt die offensichtliche Zerstreutheit den unbemerkten Einsatz von Ankern, Separatoren und anderen Methoden des Leading. Ein guter Einstieg in die Columbo-Technik ist die Erlaubnis, ein paar ungewöhnliche Fragen stellen zu dürfen: „Entschuldigen Sie, eben sagten Sie etwas, das fand ich sehr interessant ... ich weiß nicht warum, aber irgendwie sagt mir meine Intuition, daß ich hier etwas lernen könnte ... erlauben Sie vielleicht, daß ich Ihnen dazu noch ein paar kleine Fragen stelle?“ Dann kann man auch etwas „aus Versehen“ tun, sich für die scheinbar tolpatschige Herangehensweise entschuldigen und dabei seltsame Macken vortäuschen, um die Aufmerksamkeit abzulenken. Auch viele verblüffende Kunststücke von Zauberern basieren auf solchen geschickten Ablenkungsmanövern. Zauberkünstler lenken die Aufmerksamkeit des Publikums auf Nebensächlichkeiten, währenddessen sie unbemerkt die tatsächlich wesentlichen Handgriffe zum Gelingen des Kunststücks durchführen.

Die Columbo-Technik ist auch eine nützliche Methode, um Selbst-Trance-Zustände zu covern. Wenn der Coach so tut, als wäre er zerstreut, kann er Zeit gewinnen und ablaufende Prozesse verlangsamen oder unterbrechen. In den gewonnenen Sekunden kann er nach innen gehen und Kontakt zu seiner Intuition herstellen. Zum Repertoire des Coach bei der Columbo-Technik gehören neben subtilem Pacing und geschicktem Ankern auch die ständige Bereitschaft, auf der Meta-Ebene präsent zu sein. Die mystischen Schulen der Sufis nennen das Prinzip, das der Columbo-Technik zugrundeliegt, den Weg des Malamat. Es ist eine gezielte Form von Understatement, um dem Bewußtsein des Gegenübers einen Frame anzubieten, in den das ungewöhnliche Verhalten des Columbo auf ökologische Weise eingeordnet werden kann.

Complex Equivalence

Ein Complex Equivalence ist ein Erkennungsmerkmal. Es ist der spezielle Teil eines komplexen Phänomens, der dem Unbewußten eines Menschen signalisiert, daß hier eine Situation vorliegt, für die es in seinem Repertoire ein konditioniertes Verhaltensmuster gibt. Ein Complex Equivalence ist der Schlüsselreiz, der als Anker für das „gewisse Etwas" wirkt. Das Vorhandensein eines Complex Equivalence entscheidet darüber, ob bestimmte Kriterien erfüllt sind oder nicht. Sie wirken meist unbewußt und beeinflussen unser Kommunikationsverhalten in vielen Bereichen. Ein Beispiel dazu ist die Arbeit von Virginia Satir im Rahmen einer Paartherapie mit Vater und Tochter. Dabei konnte sie eine zentrale kalibrierte Schleife identifizieren: Immer wenn die Tochter die linke Augenbraue etwas anhob, „wußte" der Vater: Jetzt verachtet sie mich! Diese Gewißheit war ihm jedoch nicht bewußt, er merkte lediglich, daß er jetzt besonders zornig wurde. Noch weniger war ihm bewußt, daß die angehobene linke Augenbraue als Auslöser für dieses Gefühl fungiert – sie ist in diesem Fall das Complex Equivalence. Es ist ein spezieller Teil im Ausdruck der Tochter und wirkt als Symbol für ein komplexes Phänomen, in diesem Fall die Verachtung für den Vater.

Die Arbeit mit Complex Equivalences ist eine hochgradig individuelle Angelegenheit. Verschiedene Sozialisationsprozesse führen zu unterschiedlichen Complex Equivalences. Dabei spielen das Elternhaus, das familiäre Umfeld und die individuellen Erfahrungen eine wichtige Rolle. Der Vater hat im Laufe seiner persönlichen Geschichte irgendwann einmal gelernt, daß die angehobene Augenbraue ein Symbol für Verachtung ist; für sein Unbewußtes ist es das entscheidende Erkennungsmerkmal, um zu wissen, ob seine Tochter ihn verachtet oder nicht. Solange dieser Mechanismus unbewußt ablief, waren der Vater und die Tochter ihm ausgeliefert. Das Reiz-Reaktions-Muster würde als kalibrierte Schleife wieder und wieder ablaufen. Die Tochter wußte ja ebenso wenig wie der Vater, daß ihre Mimik seinen Zorn erweckt, sie bemerkte noch nicht einmal, daß sie diese kleine Bewegung mit der Augenbraue machte. Erst die Bewußtmachung des verdeckten Ankers führte dazu, daß der problematische Code entschlüsselt und die kalibrierte Schleife verändert werden konnte.

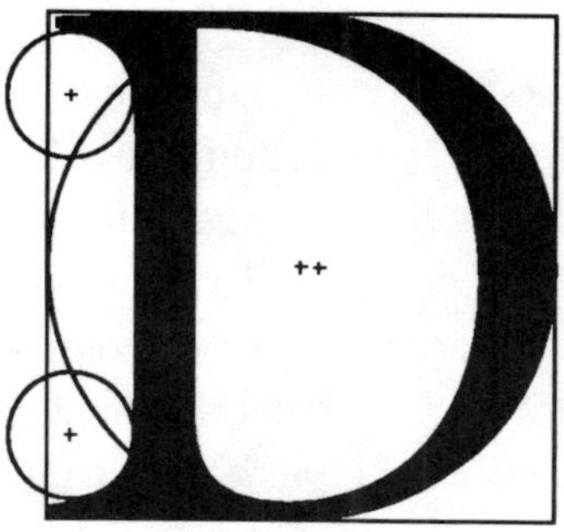

Digital und Analog

Dissoziiert

Digital und Analog

Hier geht es um die Darstellung von Informationen. Die gleiche Information kann auf verschiedene Arten abgebildet werden. Analoge Abbildung geschieht in Form einer direkten Entsprechung, digitale Zeichen hingegen sind das Resultat einer Abstraktion. Ein klassisches Beispiel für analoge und digitale Abbildung ist die Uhrzeit. Eine analoge Uhr mit Ziffernblatt und Zeigern bildet die Zeit direkt und unmittelbar ab, indem die Zeiger sich auf dem Ziffernblatt kontinuierlich bewegen. Die sichtbare Bewegung der Zeiger entspricht dem Verlauf der Zeit. Ein Zeitpunkt wird durch ein Bild dargestellt. Dabei befinden sich die Zeiger vor dem Hintergrund des Ziffernblattes in einer bestimmten Stellung. Ein geduldiger Beobachter kann durch Beobachtung der Zeiger den Verlauf der Zeit unmittelbar erfahren. Eine digitale Uhr zeigt ebenfalls die Uhrzeit an. Die Zeit wird jedoch in Ziffern codiert. Es besteht kein offensichtlicher Zusammenhang zwischen den Ziffern und der Menge der verflossenen Zeit. Zur Decodierung werden die Ziffern im menschlichen Gehirn blitzschnell mit Referenzerfahrungen abgeglichen. Nur wenn Erfahrungen mit diesem Code vorhanden sind, kann der Mensch die Zeichen deuten und weiß, wie spät es ist.

In der menschlichen Kommunikation geschieht analoger Informationsaustausch durch Körpersprache, Tonfall, Schwingungen, Geruch und Geschmack. Digitale Informationen werden durch Sprache und Zahlen vermittelt. Die Umsetzung von Erlebnissen in sprachliche Begriffe ist ein Prozeß der Digitalisierung. Durch die Körpersprache hingegen werden innere Zustände analog ausgedrückt. Eine geballte Faust ist ein analoges Symbol für Kampfbereitschaft. Ein Kuß drückt Zuneigung aus. Der analoge Ausdruck ermöglicht universelle Verständigung, während die Verwendung von Sprache voraussetzt, daß die Gesprächspartner denselben digitalen Code verstehen. Interkulturelle Kommunikation wird erheblich erleichtert, wenn man sich auf das gemeinsame Repertoire von analogen Ausdrucksmöglichkeiten besinnt. Auch die Kommunikation zwischen Tieren geschieht überwiegend durch analoge Zeichen. Hunde verstehen die analogen Aspekte der menschlichen Kommunikation oft erstaunlich gut, während digitale Signale nur durch einen aufwendigen Konditionierungsprozeß geankert werden können. Das Entschlüsseln von digitalen Informationen setzt die Fähigkeit zur Abstraktion voraus. Der Vorteil dabei ist, daß auf diese Weise komplexe Sachverhalte präzise benannt und kommuniziert werden können.

Dissoziiert

Dissoziiert heißt abgeschnitten, gepuffert oder nicht in direktem Kontakt befindlich. Ein Mensch ist dissoziiert von seinen Ressourcen, wenn er keinen Kontakt zu seinen Fähigkeiten hat. Zum Beispiel kann Lampenfieber oder Prüfungsangst eine unangenehme Dissoziation von den eigenen Ressourcen bewirken. Dissoziationen können jedoch auch sehr nützlich sein, denn sie schützen, puffern und isolieren den Menschen vor unerwünschten Erfahrungen. Die Fähigkeit zur Dissoziation ermöglicht kontrolliertes Verhalten. Jedes Menschenkind durchläuft einen Prozeß der gesellschaftlichen Sozialisation, indem es unzählige Dissoziationen aufbaut. Ein dissoziierter Zustand zeichnet sich dadurch aus, daß der Mensch ein Gefühl von innerer Distanz zu seiner Wahrnehmung hat. Dies hat den Vorteil, daß er von ihr nicht überwältigt wird. Im täglichen Leben führen dissoziierte Zustände im passenden Kontext zu mehr Abstand von den Geschehnissen. Sie ermöglichen einen souveränen Umgang mit schwierigen Situationen und ein realistisches Selbstbild. Im unpassenden Kontext oder in extremer Dosierung erzeugen sie Abspaltung von Gefühlen oder sogar schwere Verluste des eigenen Erlebens.

Durch die Integration dissoziierter Physiologien können abgespaltene Zustände wieder in Kontakt gebracht werden. Das Ziel ist eine assoziierte Synthese der ehemals getrennten Zustände. Die Phobie-Technik geht den entgegengesetzten Weg: Hier werden dissoziierte Zustände gezielt aufgebaut, um miteinander verknüpfte Reize zu entkoppeln. Der Coach ermöglicht seinem Klienten durch die Dissoziation eine neue Betrachtungsweise, die eine Veränderung des inneren Erlebens bewirkt. Der Blickwinkel verschiebt sich so, daß der Kleint sich selbst und die gesamte Situation von außen betrachten kann. Die meisten Menschen kennen solche Wahrnehmungen aus nächtlichen Träumen. Auch die Arbeit mit der Videokamera in Rhetorikseminaren erzeugt diesen Effekt. Durch gezielte Prozeßinstruktionen eines Coach kann der Klient in doppelte oder sogar mehrfach dissoziierte Zustände geführt werden. Diese Zustände ähneln einem Out-Of-Body-Erlebnis, wo man sich selbst von außen sieht, während man sich beobachtet. Dabei wird zur Steuerung des Erlebens ein kleines Ritual durchgeführt. Eine Prozeßinstruktion zur doppelten Dissoziation könnte folgendermaßen lauten: „Stell Dir vor Du bist im Kino. Du siehst einen Film, in dem Du selbst als Schauspieler mitspielst. Während Du Dich auf der Leinwand siehst, gehst Du in Deiner Vorstellung in den Vorführraum, in dem der Projektor steht. Jetzt siehst Du Dich selbst im Kino sitzen, wo Du Dir einen Film anschaust, in dem Du mitspielst." Diese Instruktion führt den Klienten in einen doppelt dissoziierten Zustand. Die nächste Instruktion erzeugt eine weitere Dissoziation: „Sobald Du mit dieser Betrachtungsweise vertraut bist, entfernt sich Deine geistige Beobachterposition in eine Ecke des Vorführraums. Jetzt siehst Du Dich selbst bei dem Projektor sitzen, während Du den Film anschaust, in dem Du mitspielst." Dieses Prinzip könnte man beliebig fortsetzen und vielfach dissoziierte Zustände erzeugen. Durch derartige Interventionen wird zunehmend Distanz zum eigenen Erleben aufgebaut. Solche Zustände werden besonders erfolgreich bei der Arbeit mit Phobien eingesetzt, bei denen visuell-kinästhetische Verknüpfungen als Auslöser fungieren. Dadurch werden bisher zwingende Reize entkoppelt. Ein Mensch mit einer Katzenphobie kann z.B. über diesen Weg lernen, auf Katzen anders und angemessener zu reagieren.

Eine weitere konstruktive Form der Dissoziation ist die sogenannte Meta-Ebene. Sie schafft Distanz zum momentanen Geschehen und ermöglicht einen besseren Überblick. Die Installation einer Meta-Ebene setzt eine bewußte Dissoziation voraus. Dabei wird über einen bestimmten Kontext eine zweite Ebene der Wahrnehmung geschaffen, auf der das aktuelle Geschehen gezielt reflektiert werden kann. Wenn Menschen auf der Meta-Ebene kommunizieren, nehmen sie die aktuelle Situation als Teil eines komplexen Kommunikations-Prozesses wahr: „Wie reden wir eigentlich miteinander?!" Meta-Kommunikatoren verfolgen den Verlauf der Begegnung möglichst objektiv. Sowohl der eigene als auch der Realitäts-Tunnel der anderen Menschen liefern Kriterien für eine angemessene Bewertung der aktuellen Situation. Auch frühere Erlebnisse können auf der Meta-Ebene bewußt hinzugezogen werden. Diese Betrachtungsweise führt zu einem höheren Verständnis der tatsächlichen Prozesse und wird deshalb auch als Feldherrenhügel der Kommunikation bezeichnet. Er bietet die optimale Wahrnehmungsposition, um ein soziales System zu kontrollieren. Falls mehrere Personen diesen geistigen Feldherrenhügel erklimmen können, kann Meta-Kommunikation stattfinden. Die Fähigkeit zur Meta-Kommunikation ist eine wichtige Grundlage zur Klärung von Mißverständnissen und zur Lösung von Konflikten. Mit Hilfe von kontrollierten Dissoziationen können Menschen neue Wahlmöglichkeiten erlangen. Unsere hochkomplexe Gesellschaft ist dermaßen digitalisiert, daß wir ohne geregelte Dissoziationen kaum sozial verträglich wären. Düsenflugzeuge, Computer, Supermärkte, Kabel-TV und Kreditkarten sind Alltagsphänomene. Menschen brauchen eine gesunde Fähigkeit zur gezielten Dissoziation, um derartige Phänomene zu kontrollieren und sie auf nützliche und ökologische Weise einzusetzen.

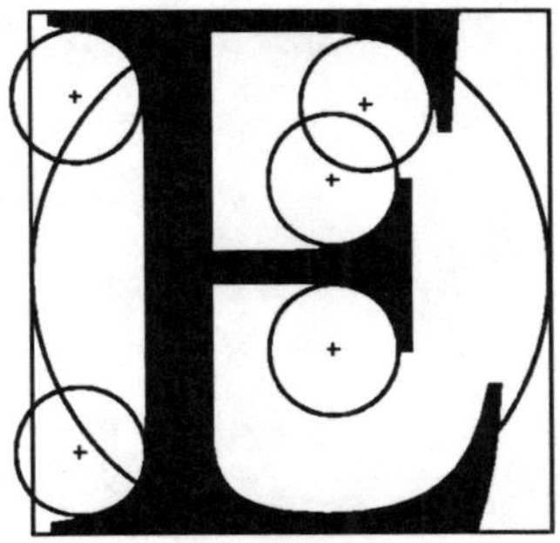

Einwände

Eleganz

Evolution

Einwände

„Nein“ bedeutet, es gibt einen anderen Weg, der besser ist. Oder es gibt eine andere Art, diesen Weg zu gehen, die ökologischer ist. Wenn in der zwischenmenschlichen Kommunikation Einwände entstehen, ist die Kreativität der beteiligten Personen gefordert. Ein Einwand ist ein Hindernis, das umgangen, übersprungen, verwandelt, integriert oder wie auch immer bewältigt werden möchte. Im Öko-Check wird bewußt nach Einwänden gefragt. Einwände können verschiedene Gründe haben. Sie können auf der Sachebene oder auf der Beziehungsebene angesiedelt sein. In jedem Fall ist es ratsam, den Einwand möglichst frühzeitig zu bemerken. Dies geschieht über die Wahrnehmung von Inkongruenzen. Wenn Einwände aus einer Störung auf der Beziehungsebene resultieren, zeigen sie sich meist sehr deutlich im Wechsel der Physiologie. Der NLP-Anwender beobachtet den Tanz der Physiologien. Er überprüft den Rapport und wechselt vom Leading wieder zum Pacing, falls die Beziehungsebene verbessert werden möchte.

„Was stattdessen? Ihr Einwand ist durchaus berechtigt, nur – wie können wir damit umgehen? Was können wir tun, um die dahinter stehende positive Absicht in das angestrebte Ziel zu integrieren?“ Beim Umgang mit Einwänden verfolgt das NLP eine konsequent zielorientierte Vorgehensweise. Diese Strategie ist effizienter als die übliche Problem-Orientierung. Mögliche Einwände werden dabei als kreative Herausforderung verstanden, die zugleich wertvolle Hinweise liefern, um die Ziel-Erreichung möglichst ökologisch zu gestalten. Das Reframing und das Chunking helfen bei der konstruktiven Behandlung von Einwänden. Mit Hilfe des Reframing werden Einwände in Wünsche verwandelt. Dem kritischen Punkt wird eine neue Bewertung zugemessen. Im Chunking Up kann die positive Absicht erfragt werden, die sich als Meta-Ziel hinter jedem Einwand verbirgt: „Was wollen Sie mit diesem Einwand erreichen?“ Eine positiv formulierte Absicht kann sehr viel leichter in eine Problemlösung integriert werden, als ein destruktiver Einwand. Sobald die positive Absicht herausgearbeitet wurde, kann sie auch im Sinne des Berater-Modells als nützlicher Ratgeber fungieren. In der Schule des Wünschens werden alle Einwände wie Wünsche behandelt. Falls Einwände auftauchen, werden sie reframed und als positiv formulierter Wunsch neu adressiert. Einwände können auch als Bedingungen formuliert werden. Dies entspricht dem Chunking Down: „Unter welchen Bedingungen wären Sie bereit, den Wunsch Ihres Partners zu erfüllen? Was genau müßte passieren?“

Eleganz

Eleganz ist ein wesentliches Kriterium beim Optimieren von Verhaltensstrategien. Eine Strategie ist elegant, wenn sie mit wenigen Schritten und geringem Aufwand ein optimales Resultat errreicht. So einfach wie möglich, so komplex wie nötig. Dieses grundlegende Prinzip führt zur schlichten Eleganz guter Modelle. In dem Buch „Strukturen subjektiver Erfahrung" erläutern Dilts, Bandler, Grinder, DeLozier und Cameron-Bandler das Kriterium der Eleganz für die Gestaltung von Modellen. Je einfacher ein Modell beschaffen ist, desto eleganter erscheint es – vorausgesetzt, es repräsentiert trotz seiner Einfachheit die wesentlichen Komponenten des realen Sachverhalts.

Das NLP wurde ursprünglich als Instrument zum systematischen Erlernen von erfolgreichen Verhaltensweisen geschaffen. Dabei wurden nützliche Fähigkeiten von erfolgreichen Vorbildern modelliert. Das Modeling ist eine elegante Form der Theoriebildung. Das Entwickeln von Modellen unterscheidet sich von anderen Arten der Theoriebildung insofern, als daß es sich nicht an Forderungen wie objektiver Wahrheit, Wirklichkeit oder statistischer Gültigkeit orientiert, sondern an praktischer Anwendbarkeit und Einfachheit. Um dies zu erreichen, muß man sich auf die Form konzentrieren, weniger auf den Inhalt oder die Details.

Robert Dilts modellierte das erfolgreiche Verhalten von unterschiedlichen Persönlichkeiten. Er berichtet darüber im Rahmen einer wissenschaftlichen Untersuchung von Genialitäts-Strategien. Dabei ist unter anderem die Walt Disney-Technik entstanden. Dilts zeigt, daß Eleganz nicht nur ein ästhetisches, sondern auch ein sehr pragmatisches Kriterium darstellt. Elegante Strategien verbrauchen ein Minimum an Zeit und Energie und sind somit zur ökologischen Verträglichkeit prädestiniert. Albert Einstein vertrat eine ähnliche Aufassung. Er war der Meinung, daß Fortschritte im Prozeß der Modellbildung darauf beruhen, daß man das Modell der Realität mit einem zunehmend umfassenderen Spektrum von Sinneserfahrungen in Zusammenhang bringt und dabei gleichzeitig versucht, die Abbildung möglichst elegant zu gestalten. Einstein formulierte es folgendermaßen: „Ziel der Wissenschaft ist erstens die möglichst vollständige begriffliche Erfassung und Verknüpfung der Sinneserlebnisse in ihrer ganzen Mannigfaltigkeit, zweitens aber die Erreichung dieses Zieles unter Verwendung eines Minimums von Begriffen und Relationen."

Evolution

Die Funktionsweise des Menschen resultiert aus unserer evolutionären Entwicklung. Wollen wir menschliches Verhalten verstehen, müssen wir sowohl in der individuellen Geschichte als auch in der Geschichte der Menschwerdung forschen. Das menschliche Bewußtsein entwickelte sich vermutlich erst im Lauf der letzten Jahrtausende. Es ist evolutionsgeschichtlich relativ neu. Viele menschliche Verhaltensprogramme werden nach wie vor durch archetypische Muster gesteuert, die tief im Unbewußten verankert sind. Wir Menschen tragen die Erfahrungen unserer Vorfahren als Erbinformation in jeder Körperzelle. Auch unser Gehirn besteht zu einem großen Teil aus den gleichen neuronalen Komplexen, wie das der Tiere. Selbst die Gehirne von Fischen, Vögeln oder Reptilien sind unserem Gehirn ziemlich ähnlich. Lediglich unsere ausgeprägte Großhirnrinde erklärt einen prinzipiellen Unterschied zwischen Mensch und Tier. Besonders in Streß-Situationen werden wir durch genau die gleichen Hirnschichten gesteuert, die auch das Verhalten beiTieren regeln. Ebenso unterliegt unsere Psyche archetypischen Prinzipen, wie schon von C.G. Jung dargestellt wurde. Seine Arbeiten dienen als Grundlage der Meta-Programme im NLP.

Die Lebensbedingungen unserer Vorfahren prägten sowohl unseren Körper als auch unsere Psyche viel maßgeblicher als die heutigen Lebensumstände, da sie evolutionsgeschichtlich einen sehr viel größeren Zeitraum einnahmen. Trotzdem empfinden viele Menschen die postmoderne Welt inklusive Stromversorgung, Sozialversicherung, Waffenverbot, Anrufbeantwortern, Verkehrsflugzeugen und Kabelfernsehen als die einzig mögliche. Dies ist eine verbreitete Illusion. Unsere Körper und auch unsere psychischen Strukturen dienen jedoch in erster Linie der Sicherung unseres Überlebens in einer natürlichen Umwelt. Zumindest wurden sie im Laufe der Evolution unter diesen Umständen entwickelt. Das Lebewesen Mensch wurde für die freie Wildbahn konzipiert. Wenn die Augen ein großes Tier wahrnahmen, mußte der Mensch blitzschnell entscheiden, ob es ein Beutetier, ein friedlicher Nachbar oder vielleicht eine Raubkatze ist. Auf alles, was einer Raubkatze auch nur annähernd ähnelte, wurde sinnvollerweise wie auf eine Raubkatze reagiert. Eine einzige Fehleinschätzung konnte tödlich sein. Nicht das eigene Bewußtsein, sondern die Intelligenz der Natur führte unsere Vorfahren durch ein Leben, das nicht der individuellen Entwicklung, sondern dem nackten Überleben und der Fortpflanzung von genetischen Informationen diente.

Menschen haben sich in den vergangenen Millionen von Jahren in einer Umwelt entwickelt, die sich im Laufe eines Menschenlebens nicht wesentlich veränderte. Viele unserer Verhaltensprogramme basieren darauf, daß prägende Eindrücke als Referenzerfahrungen generalisiert werden. Solche Generalisierungen gelten für das ganze Leben als grundlegende Orientierung. Dabei fungieren Complex Equivalences als Schlüsselreize für bereits gelernte Verhaltensmuster. Einmal erfolgreich gezeigte Verhaltensweisen werden wiederholt, sobald neue Situationen ähnliche Merkmale aufweisen. In einem Kontext, der sich im Laufe eines Menschenlebens nicht wesentlich veränderte, war das Prinzip der Prägung sehr praktisch. Das unreflektierte Generalisieren von Erfahrungen war überlebens-dienlich, da standardisierte Verhaltensmuster in vielen Fällen eine angemessene Reaktion auf die sich wiederholenden Anforderungen der Umwelt darstellten.

Die heutige Umwelt ist jedoch anders gestaltet. Die Lebensumstände verändern sich so schnell, daß unsere archetypischen Gehirne nicht ohne weiteres mit der Entwicklung Schritt halten können. Das Prinzip der Prägung wird der dynamischen Komplexität nicht mehr gerecht. Unreflektierte Generalisierungen führen in der heutigen Zeit nicht selten zu Fehlanpassungen und unnötigen Einschränkungen. Komplexität und Dynamik erfordern jedoch hohe Flexibilität im Denken und Handeln. Die schnelle Veränderung unserer Umwelt stimmt nicht mehr mit unseren genetischen Programmen überein. Wir sind als Individuum darauf angewiesen, ständig neu zu lernen. Was unsere Eltern lernten, ist für uns in vielen Bereichen nicht mehr relevant, und unsere Kinder werden wiederum in eine gänzlich andere Welt geboren. Neue Werte entstehen. Ökologische Zusammenhänge werden erkannt. Zukünftige Erfolgsstrategien basieren auf einem wachsenden Repertoire von flexiblen Verhaltensweisen. Als bewußte Menschen brauchen wir neue Programme, die uns aufmerksam leben lassen und es auch ermöglichen, das eigene Verhalten konstruktiv in Frage zu stellen. Es ist intelligent, die gewohnten Strategien und Verhaltensprogramme hinsichtlich ihrer Nützlichkeit zu überprüfen und auch etwaige Nebeneffekte zu erkennen. Das NLP bietet die so dringend benötigte Möglichkeit, unsere bereits gelernten Programme zu erforschen, zu korrigieren und zu verbessern. NLP wurde entwickelt, um Umweltvariablen in Entscheidungsvariablen zu verwandeln. Dieses Ziel erfordert Flexibilität, Kreativität und ein Mindestmaß an Bewußtsein, um die eigene Erfahrung kritisch reflektieren zu können. Auf diesem Wege erwerben wir neue Möglichkeiten, unsere Entwicklung gezielt und ökologisch zu gestalten. Der Homo Sapiens kann sich tatsächlich über seine Existenz und sein Handeln bewußt werden.

F

Feedback

Flexibilität

Fluff

Fragen

Framing

Future Pace

Feedback

Feedback heißt wörtlich übersetzt „Zurück-füttern". Dabei wird ein Mensch mit Informationen über seine Wirkung nach Außen versorgt. Feedback bedenkt Rückmeldung zum eigenen Verhalten. Jeder Mensch braucht ständig Feedback um sich zu orientieren. Wenn wir beim Autofahren auf den Tacho blicken, bekommen wir Feedback zur Geschwindigkeit des Autos. Auf diese Weise kennen wir unsere Fahrtgeschwindigkeit und können das angemessene Tempo wählen. In der Kommunikation spielt der Austausch von Feedback eine wesentliche Rolle. In jedem Gespräch finden viele unbewußte Feedbackschleifen statt. Wer schon einmal in eine Fernsehkamera gesprochen hat, weiß wie schwierig es ist, ohne fortlaufende Feedbackschleifen auf angemessene Weise Informationen zu vermitteln.

Die meisten Feedbackprozesse laufen unbemerkt ab. Man kann Feedback jedoch auch thematisieren. Dadurch entsteht ein offenes Klima. Man kann seine eigene Außenwirkung realistisch überprüfen und sich selbstkritisch fragen, ob man derartige Reaktionen bei seinen Mitmenschen tatsächlich erzielen möchte. Auf jeden Fall erhält man weitere Kriterien, um erwünschte Wirkungen mit größerer Wahrscheinlichkeit zu erreichen. In den Disziplinen der Mental Martial Arts ist die gegenseitige Bereitschaft zu offenem, ehrlichem und konstruktivem Feedback eine notwendige Fähigkeit. Für eine bewußte Persönlichkeitsentwicklung brauchen wir andere Menschen als Spiegel. Falls das Feedback nicht ehrlich ist, wirkt der Spiegel verzerrt. Sogenannte Schmeichelei stärkt zwar das Selbstwertgefühl des Empfängers, sie führt jedoch zu einem unrealistischen Selbstbild. Falls wir zu wenig Feedback bekommen, wird der Spiegel stumpf. Dann wird die eigene Entwicklung nicht mehr positiv verstärkt und die gewünschten Lernprozesse verlieren an Dynamik. Menschliche Interaktion wird zum Gewinner-Gewinner-Modell, wenn alle Beteiligten genug konstruktives Feedback bekommen und sich dabei gegenseitig mit brauchbaren Informationen versorgen.

Der Wunsch nach positivem Feedback ist eine mächtige Motivation für das Verhalten von Menschen. Positives Feedback bestätigt uns in unserer Existenz, es validiert unseren Realitäts-Tunnel und öffnet unsere Wahrnehmungskanäle. Negatives Feedback hingegen stellt unsere Welt in Frage. Oft wird es abgewehrt und bekämpft, notfalls aggressiv. Wir sind daran gewöhnt, bei Kritik unsere Abwehr einzuschalten und uns zu verteidigen. Wir mögen es oft nicht, wenn andere Menschen uns einen Spiegel vorhalten, der durch negatives Feedback geprägt ist. In der Praxis bringen uns jedoch gerade die kritischen Rückmeldungen weiter. Konstruktive Kritik zeigt konkrete Ansatzpunkte, wo der Mensch gezielt an sich arbeiten kann. Wenn wir einem anderen Menschen gezieltes Feedback anbieten, soll er die Informationen optimal nutzen können. Deshalb soll das Feedback so beschaffen sein, daß der Empfänger es gut annehmen kann. Auch für den Austauch von Feedback gilt das Prinzip von Pacing und Leading.

Zuerst Pacing: Was war gut?!

Durch das Nennen von positiven Aspekten wird Rapport hergestellt. Der Wunsch des Empfängers nach Bestätigung wird gepaced. Dadurch öffnet der Mensch seine Sensoren. Sein Unbewußtes merkt, daß es sich nicht verteidigen braucht, sondern wertvolle Information bekommt. Jedes Verhalten birgt Ressourcen, die von einem aufmerksamen Feedbackgeber auf ehrliche Weise gewürdigt werden können.

Dann Leading: Was könnte wie verbessert werden?!

Durch das konstruktive Reframing von kritischen Rückmeldungen braucht der Empfänger nicht in den Problem-Zustand zu gehen. Stattdessen wird er direkt in einen potentiellen Ziel-Zustand geführt. Er wird auf positive Weise motiviert, sein Verhalten zu ändern. Dabei kann der Empfänger auf ressourcevolle Weise für sich überprüfen, ob dieses Ziel für ihn tatsächlich erstrebenswert und ökologisch ist.

Doch auch wenn das Feedback nicht in einer derart konstruktiven Form vermittelt wird, ist es eine wertvolle Quelle der Orientierung. Beim Erlernen des NLP gilt die Regel: Es gibt kein Versagen, es gibt nur Feedback. Die gezielte Orientierung am unterschwelligen Feedback des Klienten ermöglicht es dem Coach, seine Botschaften empfänger-gerecht zu adressieren. Jede Form von Feedback kann nützliche Informationen vermitteln. Ohne Feedback durch unsere Umwelt könnten keine erfolgreichen Lernprozesse stattfinden. Für die Realisierung von wohlgeformten Zielen ist ein kurzer Feedbackbogen wünschenswert. Wenn man neues Verhalten erlernen möchte, sollte man sich selbst bereits nach kurzer Zeit wissen lassen, daß man sich auf dem richtigen Weg befindet, um das erwünschte Verhalten positiv zu verstärken: „Woran merken Sie möglichst schnell, ob ein erwünschter Zustand, ein angestrebtes Ziel oder ein wichtiges Kriterium erfüllt ist?! Wie nehmen Sie es wahr? Welche Sinneskanäle sind beteiligt?“

Flexibilität

Flexibilität bringt Wahlmöglichkeiten im Verhalten und im Erleben. Je mehr Wahlmöglichkeiten zur Verfügung stehen, desto höher die Flexibilität. Jede gelungene NLP-Intervention erhöht die Flexibilität des Klienten, da alle alten Verhaltensweisen beibehalten werden, um sie später in einem passenden Kontext einsetzen zu können. Jede Verhaltensoption ist eine Ressource. Im NLP gilt die Annahme, daß dasjenige Element in einem System die Kontrolle gewinnt, welches über die meisten Handlungsmöglichkeiten verfügt. Requisite Variety bedeutet erforderliche Vielfalt. Das kontinuierliche Verbessern der eigenen Flexibilität ist Bestandteil der NLP-Ausbildung und führt zu einem reichen Repertoire an Wahlmöglichkeiten. Dies gilt sowohl beim Empfangen von Informationen (Eindruck) als auch beim Senden (Ausdruck). Eine optimale Nutzung des vorhandenen Repertoires erfordert geistige Präsenz. Es genügt nicht, Wissen über NLP im Kopf zu haben; entscheidend ist die Fähigkeit, das erworbene Know How in der aktuellen Situation gezielt einsetzen zu können. Ein berühmtes Beispiel für Flexibilität im Kommunikationsverhalten ist die erfolgreiche Kontaktaufnahme von Milton Erickson zu dem schizophrenen George. Anstelle der normalen Sprache gab George einen wilden Wortsalat von sich. Die ihn behandelnden Psychiater versuchten, George dazu zu bringen, daß er einsieht, daß sein Wortsalat bestimmte Bedeutungen hat und daß er damit aufhören muß – ohne Erfolg. Erickson hat sich stattdessen ein Transkript von dem Wortsalat anfertigen lassen. Er hat die typischen Muster, Intonationen und Melodien gelernt und konnte anschließend mit George in dessen Sprache sprechen. Auf diese Weise hat er zunächst zu George Kontakt hergestellt und konnte ihn anschließend dazu bringen, wieder am sozialen Leben teilzunehmen.

Flexibilität im Verständnis der Welt und im eigenen Ausdruck entsteht auch durch die Aufarbeitung der persönlichen Geschichte in Eigentherapie, Coaching und Supervision. Solange jemand die Prozesse der intensiven Auseinandersetzung und Versöhnung mit den neurotischen Teilen der eigenen Psyche noch nicht durchlaufen hat, ist er weniger flexibel, da sein Ausdruck ständig zensiert wird. Die Integration der eigenen Schattenseiten führt zur Versöhnung der inneren Dämonen und fördert eine kongruente Ausstrahlung. Der ausgesöhnte Mensch lernt, mit seinen eigenen Neurotizismen flexibel umzugehen. Er kann sie als Ressourcen nutzen und die eigenen Lernprozesse als Metaphern oder humorvolle Einfälle in die Kommunikation einbringen.

Fluff

Fluff sind sprachliche Äußerungen, die keinen echten Informationsgehalt haben. Fluff ist warme Luft. Hypnotische Formulierungen im Sinne des Milton-Modells fungieren als verbale Projektionsfläche. Es sind Nominalisierungen, unspezifische Verben und ähnlich unkonkrete Formulierungen. Sie sollen den Empfänger anregen, seine eigenen Bedeutungen in die verbalen Stimuli hineinzuprojizieren. Inhaltsfreie Prozeßinstruktionen sind eine strukturierte Form von Fluff – zielgerichtete warme Luft. Auch der sogenannte Structured Fluff besitzt keinen echten Informationsgehalt, er wird vom Coach jedoch so gezielt eingesetzt, daß durch die spezielle Wahl der Worte bei dem Empfänger ein innerer Prozeß eingeleitet wird. Derartiger Einsatz von Fluff orientiert sich an der Physiologie des Klienten, die dem Coach als Feedback für seine Interventionen dient.

„... und während Sie sich vielleicht fragen mögen, was von all dem, das Sie heute im Laufe des Tages gedacht haben ... für Sie persönlich wichtige Informationen sein könnten, dürfen Sie sich davon überraschen lassen, welche Kriterien Ihr Unbewußtes jetzt wählen mag, um die wichtigen Informationen von den weniger wichtigen zu unterscheiden ... und dabei können Sie vertrauen, daß Ihr Unbewußtes ganz genau weiß, auf welche Weise wichtige Informationen für Sie heute am Besten verarbeitet werden können ... um das zu lernen, was Sie gern lernen möchten ... und um in Zukunft mit ähnlichen Situationen noch besser umgehen zu können ...“

Fluff helps hypnotic patterns to flow easily. Intuitiv gewählte Schlüsselworte lösen beim Zuhörer innere Prozesse aus, ohne daß das eigentlich Gesagte konkrete Inhalte vermittelt. Für charismatische Kommunikatoren ist Fluff ein verbales Flair, ein sprachliches Stimmungsgefüge, das die kommunizierenden Menschen umgibt und intuitiv genutzt wird, um Rapport aufzubauen. Dabei können auch wörtliche Zitate des Adressaten im Sinne des Pacing aufgegriffen und als auditive Anker verwendet werden. Geschickter Umgang mit Fluff kann eine Atmosphäre schaffen, die als Blanko-Ressource dient, indem sie Lernprozesse begünstigt und hypnotische Sprachmuster besonders gut wirken läßt.

Fragen

Wer fragt, führt! Diese bekannte Weisheit gilt auch im NLP. Angewandtes NLP kann als Kunst des Fragens verstanden werden. Ein geübter Coach steuert die Prozesse im Gehirn seines Klienten durch gezielte Fragen. Um eine gestellte Frage ernsthaft zu beantworten, muß der andere einen neurologischen Suchprozeß auf seiner inneren Landkarte durchlaufen. Dadurch kommt er innerlich in Kontakt mit den entsprechenden Informationen. Fragen steuern Informationen. Durch bewußtes Fragen kann ein NLP-Anwender sich selbst und andere in gewünschte Zustände führen. Gleichzeitig sammelt er dabei nützliche Informationen, um möglichst genaue und relevante Kriterien zu bekommen. Die richtigen Fragen sind ein entscheidender Schritt zur Bewußtheit. Das Meta-Modell bietet ein komplexes Instrument zur Fragetechnik. Durch intelligente Fragen werden benötigte Informationen systematisch gewonnen. Geschickte Fragetechnik ermöglicht effizientes Leading. Viele NLP-Interventionen basieren auf gezielten Fragen. Zum Beispiel werden bei der V.A.K.O.-Hypnose die Wahrnehmungskanäle systematisch abgefragt. Dabei können auch Submodalitäten und Strategien erforscht werden: „Was siehst Du? Welche Farben, Formen und Details sind vorhanden? Was hörst Du? Stimmen? Geräusche? Musik? In welcher Lautstärke? Wie ist die Tonalität beschaffen? Was fühlst Du? Wo genau im Körper spürst Du das? Wie ist die Qualität des Gefühls beschaffen? Prickelnd? Warm? Oder fließend? Was riechst Du? Was schmeckst Du?"

Ein exzellentes Beispiel für die Kunst des Fragens ist das PeneTRANCE-Modell von Thies Stahl. Es wird vom Coach durch hartnäckige Fragen gesteuert. Zunächst wird eine konkrete Zieldefinition erarbeitet: „Was ist Dein Ziel? Was möchtest Du erreichen? Woran merkst Du, wenn Du Dein Ziel erreicht hast? Was siehst, hörst, riechst, schmeckst, fühlst Du?" Sobald eine wohlgeformte Zieldefinition vorliegt, kontaktiert der Klient die benötigten Ressourcen: „Was brauchst Du, um Dein Ziel zu erreichen? Wie bekommst Du es? Kennst Du jemanden, der es hat? Wie wird es sein, wenn Du es hast?" Auch die Überprüfung im Öko-Check wird durch Fragen gesteuert: „Was würde geschehen, wenn eine Störung auftaucht? Wie wirst Du darauf reagieren? Was brauchst Du noch? Woher bekommst Du es? Wie wirst Du wissen, daß es so funktioniert?" Anschließend erfragt der Future Pace den Weg in die Zukunft: „Wann wirst Du es ausprobieren? Wie kannst Du sicherstellen, daß Du es so machen wirst? Woran wirst Du gemerkt haben, daß Du es getan hast?"

Framing

Das amerikanische Wort Frame bedeutet Rahmen. Der Begriff taucht auch beim Reframing auf, wo es darum geht, den Ereignissen einen neuen und besseren Rahmen zu geben. Die Kunst, bewußt Rahmen zu erschaffen (Framing) oder zu verändern (Reframing), ist ein wichtiger Bestandteil des NLP. Sie verleiht eine hohe Flexibilität beim Bewerten von Situationen und dient als Grundlage vieler Gesprächsführungstechniken. Bei Verhandlungen und im Verkauf werden diese Prinzipien vielfach unbemerkt eingesetzt. Das Framing trägt auch dazu bei, unser tägliches Leben zu regeln. Jede Form von Ankündigung, Aufforderung oder Einladung gibt dem Adressaten einen Frame, in den er seine Assoziationen zu den erhaltenen Informationen hineinprojiziert. Die Ankündigung „Hi Freunde – nächstes Wochenende machen wir wieder eine wilde Party – bitte Getränke und gute Laune mitbringen", weckt vermutlich andere Assoziationen als: „Sehr verehrte Damen und Herren, am 29. 12. veranstalten wir ein Fest, bitte erscheinen Sie in Abendgarderobe." In einem teuren Restaurant bezahlen die Gäste oft nicht nur für das Essen gepfefferte Preise, sondern auch für einen attraktiven Frame in Form von Ambiente und konditionierten Kellnern. Bewußtes Framing kann einem gemeinsamen Erlebnis, der zukünftigen Zusammenarbeit oder dem Wert von Informationen einen angemessenen Rahmen geben. Die besten Framings sind oft solche, die für alle Beteiligten ökologisch sind. Nicht-ökologische Framings können falsche Erwartungen wecken. Manchmal kann es besser sein, durch das Reframing einen neuen Rahmen zu schaffen.

Das Framing ist ein wichtiger Schritt bei der Hypnose. Ein guter Hypnotherapeut kann mit Hilfe der hypnotischen Sprache ein wirkungsvolles Framing machen: „... und während Du Dich in eine bequeme Körperposition begibst, kannst Du beobachten, wie Du gleich in Trance gehst ... und dabei vielleicht ungewöhnliche Erfahrungen machen wirst ... und es ist gut zu wissen, daß diese interessanten Erfahrungen Dir helfen werden ... und daß es einen Teil in Dir gibt, der die Weisheit Deines Unbewußten verstehen kann ..." Durch derartige Instruktionen wird ein geistiger Bezugsrahmen vorbereitet, in dem der Klient seine Trance-Erfahrungen einordnen kann. So braucht er ungewöhnliche Erfahrungen nicht als angstauslösend oder verwirrend zu erleben. Ein ökologisches Framing führt dazu, daß ein hypnotisches Erlebnis auf ressourcevolle Weise verarbeitet werden kann.

Future Pace

Der Future Pace ist eine grundlegende Maßnahme im NLP. Er wird nach jeder Intervention zur Transfersicherung eingesetzt. Dabei werden zukünftige Ideen, Wünsche, Ziele, Pläne oder Visionen in den wesentlichen Punkten konkret formuliert. Ein Future Pace kann in der inneren Vorstellung geschehen oder er kann verbal durchgesprochen werden. Er kann auch schriftlich geankert werden. Der Future Pace ist eine aktive Gestaltung der Zukunft. Es ist ein strukturierender Handlungsentwurf, der zugleich motivierend wirkt. Der Future Pace ist insofern ein Pacing, als daß er uns auf die Zukunft einstimmt. Future Pacing bedeutet im Coaching, den Klienten in die Zukunft zu begleiten. Dabei paced der Coach nicht nur das, was jetzt da ist, sondern auch die Vorstellung der Zukunft im Kopf des Klienten. Er motiviert den Klienten, sein eigenes Verhalten möglichst konkret auf die realen Erfordernisse der Zukunft abzustimmen. Um einen Future Pace zu sichern, können spezielle Anker eingerichtet werden. Sie können vom Klienten in der realen Situation aktiviert werden und ihm benötigte Ressourcen verfügbar machen. NLP gilt auch deshalb als erfolgreiche Kurzzeittherapie und als effiziente Methode im Management-Coaching, weil die gewonnenen Erkenntnisse des Klienten als konkrete Handlungs-Entwürfe operationalisiert werden. Die Arbeitsergebnisse werden in Form von neuen Verhaltensweisen im Gehirn des Klienten neurologisch verankert. Der Future Pace ist auch ein kleines magisches Ritual, um dem Unbewußten zu symbolisieren, daß jetzt ein Veränderungsprozeß begonnen hat.

Bei der Arbeit mit Gruppen kann der Future Pace als Maßnahmenkatalog formuliert werden. Die wichtigen Informationen werden schriftlich fixiert. Der verantwortliche Moderator faßt die Ergebnisse noch einmal zusammen und datiert die daraus resultierenden Maßnahmen in die Zukunft. Vielleicht werden Protokolle als Anker angefertigt und an alle Teilnehmer verschickt. Im Geschäftsleben und bei der Planung von Projekten wird der Future Pace über die zukünftige Terminplanung initiiert. Bereits feststehende Termine bilden die Basis. So wird ein struktur-gebender Frame geschaffen. Dann werden die variablen Termine, Zeiträume und Ziele in diesen Rahmen hineingefüllt. Ein gelungener Future Pace synchronisiert die Terminplanung der beteiligten Person, sowohl faktisch als auch mental. So sind die Voraussetzungen geschaffen, die zukünftige Realität gezielt, kooperativ und konsequent zu gestalten.

Gedankenlesen

Generalisierung

Gewinner-Gewinner-Modell

Gustatorisch

Gedankenlesen

Gedankenlesen (Mind Reading) bedeutet, zu ahnen, was in den Köpfen anderer Menschen geschieht. Die Metapher des Gedankenlesens spielt im NLP eine zweifache Rolle. Zum einen ist es ein nützlicher Wahrnehmungsfilter im Meta-Modell, der dazu dient, Verwechslungen zwischen Spekulation und Wissen aufzudecken. Zum anderen kann das prozeßorientierte Vorgehen eines kompetenten Coach als Gedankenlesen interpretiert werden. Die konsequente Orientierung an Zugangshinweisen durch Augenbewegungen, sinnliche Sprache und Ideomotorik gibt Aufschluß über innere Prozesse. Der Coach braucht sich nicht mit den konkreten Inhalten der Gedanken im Kopf seines Klienten auseinanderzusetzen. Stattdessen beobachtet er, wie der Klient sein Denken organisiert und welche Repräsentationssysteme er wann einsetzt. Durch Instruktionen im Sinne des Milton-Modells kann er innere Prozesse steuern, ohne die darin abgebildeten Inhalte zu kennen. Deshalb wird NLP auch als Geheimtherapie bezeichnet. Die bearbeiteten Inhalte müssen noch nicht einmal dem Bewußtsein des Klienten bekannt sein. Bei der kreativen Konferenz im Six Step-Reframing können unbewußte Teile miteinander in Verbindung treten und neue Lösungen entwickeln, ohne daß das Bewußtsein davon etwas mitbekommt.

Im Meta-Modell bezeichnet das Gedankenlesen die Verwechslung von Spekulation und Wissen. Wir alle spekulieren über die Gedanken, Motive oder Gefühle von anderen Personen und vermischen unsere Spekulationen mit dem tatsächlichen Wissen über das Erleben der anderen. Wir Menschen neigen dazu, unsere eigenen inneren Landkarten in andere Menschen hinein zu projizieren. Körpersprachliche Signale, implizite verbale Botschaften und komplexe Verhaltensweisen werden interpretiert, als wenn es explizite Statements wären. Wir glauben an unsere Spekulationen, als wenn sie wahr wären. Vielleicht stimmt unsere Intuition hin und wieder mit dem tatsächlichen Erleben des anderen überein, doch oft spielt uns der Mechanismus der Projektion einen Wahrnehmungsstreich. Hier können hartnäckige Fragen helfen. Ein trainierter NLP-Anwender bemerkt durch genaues Hören in Erinnerung des Meta-Modells, wo sein Gesprächspartner fremde Gedanken interpretiert und dabei vergißt, daß er lediglich spekuliert. Ungeprüfte Annahmen können hinterfragt werden. Der Gesprächspartner erhält die Chance, seine innere Landkarte zu überprüfen: „Woher wissen Sie das? Woran würden Sie merken, wenn es anders wäre?"

Generalisierung

Generalisierung heißt auf deutsch Verallgemeinerung. Wir Menschen neigen dazu, unsere Erfahrungen zu generalisieren. Wenn wir in einer konkreten Situation etwas erfahren und gelernt haben, können wir in Zukunft bei allen Situationen, die ähnliche Merkmale aufweisen, das Gelernte anwenden. Dadurch ersparen wir uns viele mühevolle Versuch-Irrtum-Experimente. Wenn ein Kind einmal an der Kinderzimmertür gelernt hat, wie eine Türklinke funktioniert, generalisiert es diese Erfahrung auf ähnliche Situationen. Es kann jetzt alle Türen öffnen, indem es die Klinke herunterdrückt. Wenn das Kind jedoch nicht versteht, warum es eine Tür nicht öffnen kann, die abgeschlossen ist, zeigt dies, daß seine innere Landkarte hier unzulässig generalisiert. Es muß lernen, zwischen verschlossenen und unverschlossenen Türen zu unterscheiden. Dafür muß die bisher erfolgreiche Generalisierung kritisch hinterfragt werden. Das Kind kann lernen, daß es Schlüssel gibt, um verschlossene Türen zu öffnen. Dieses Wissen bereichert sein Verhaltensrepertoire. Auch soziale Vorurteile sind Formen der Generalisierung. Dabei werden Menschen aufgrund von Herkunft, Beruf oder Aussehen in bestimmte Kategorien eingeordnet. Derartige Vorurteile mögen zwar manchmal zutreffen, oft nimmt man sich dadurch jedoch die Chance, die Qualitäten des anderen wirklich zu erkennen.

Unzulässige Generalisierungen können psychische Einschränkungen erzeugen. Ein Mensch wird einmal von einem Hund gebissen, generalisiert diese Erfahrung auf alle Hunde und muß jetzt jedesmal mit Angstzuständen kämpfen, sobald irgendein Hund in seine Nähe kommt. Selbst kleine, völlig friedliche Hunde versetzen ihn in Angst. Auf seiner inneren Landkarte werden Hunde nicht differenziert abgebildet. Das Unbewußte kann noch nicht zwischen bissigen und freundlichen Hunden unterscheiden. Die Generalisierung ist neben der Tilgung und der Verzerrung einer der drei Gestaltungsprozesse unserer inneren Landkarte. Die Fähigkeit zur Generalisierung ist prinzipiell nützlich, denn sie hilft uns bei der Orientierung in der Welt. Generalisierungen führen aber auch dazu, daß wir die Realität reduzieren und ihre Strukturen vereinfachen. Dadurch werden innere Landkarten mißgestaltet, und der Mensch bekommt unnötige Probleme. Sprachlich offenbaren sich Generalisierungen in Worten wie „alle, immer, nie, keiner, jeder". Durch die Anwendung des Meta-Modells können unzulässige Generalisierungen erkannt, hinterfragt und differenziert werden.

Gewinner-Gewinner-Modell

Die Idee vom Gewinner-Gewinner-Modell (Win-Win-Model) stammt aus dem Konflikt-Management. Ein Gewinner-Gewinner-Modell ist das optimale Ergebnis einer kooperativen Konfliktregelung. Es ist kein fauler Kompromiß und kein halbherziges Einlenken, sondern ein Musterbeispiel für eine gelungene Kommunikation. Dabei wird ein vorhandener Konflikt als kreative Herausforderung verstanden und gezielt bearbeitet, bis alle Beteiligten mit dem Ergebnis wirklich zufrieden sind. Auf intrapersoneller Ebene entspricht es dem Verhandlungs-Modell des NLP. Dabei werden innere Konflikte so gelöst, daß alle betroffenen Teile ihre positiven Absichten auf ökologischen Wegen realisieren können.

„Was möchtest Du, was möchte ich, was möchten wir erreichen? Welche Möglichkeiten wären denkbar, um unsere Ziele zu kombinieren? Wie könnte eine kreative Synthese unserer Ziele aussehen?" Eine gelungene Konfliktlösung macht alle Beteiligten zu Gewinnern. Wenn die beteiligten Personen den Konflikt als gemeinsame Herausforderung verstehen, verlieren sie keine Energie durch destruktive Reibungsverluste. Stattdessen betrachten sie sich als demselben System zugehörig, als in einem Boot sitzend. Sie denken über die Grenzen ihres eigenen Realitäts-Tunnels hinaus und sehen neben den eigenen Interessen auch die Interessen des anderen und die des Gesamtsystems. Ein ungelöster Konflikt kostet alle Beteiligten Energie. Aus dieser Einsicht entsteht das gemeinsame Interesse, eine Lösung zu entwickeln, die beide Partner zu Gewinnern macht. Dabei ist das gemeinsame Erfolgserlebnis eine zusätzliche Belohnung und eine tragfähige Ressource für die Zukunft.

„Warum sollte der andere mir helfen, meine Ziele zu verwirklichen? Was kann ich ihm dafür bieten? Wie entstehen die attraktivsten Synergie-Effekte?" Durch solche Fragen entsteht eine kooperative Basis. Wenn die Basis stimmt, fällt es leichter, den konfliktträchtigen Kontext als gemeinsames System zu verstehen. Methoden zur Vorgehensweise sind dabei zielorientiertes Fragen, ständiges Rapport-Überprüfen und erneutes Pacing, ehrliches Feedback nach den Regeln der Kunst, konsequentes Setzen von Separatoren bei Stuck States, Brainstorming zur Entwicklung von benötigten Ressourcen, explizite Würdigung der positiven Absichten und Einsatz des Chunking bei Einwänden, insbesondere Chunking Up zur Definition von gemeinsamen Meta-Zielen.

Gustatorisch

Der Begriff gustatorisch bezieht sich auf den Wahrnehmungskanal Schmecken. Einige Autoren verwenden synonym den Begriff gustativ. Der Geschmackssinn wird im NLP oft mit dem olfaktorischen Geruchssinn zusammengefaßt. In dem Quadrupel V.A.K.O. steht das O. sowohl für den olfaktorischen als auch für den gustatorischen Kanal. Riechen und schmecken gehören zusammen. Bei der Einteilung in die drei Wahrnehmungs-Typen werden sowohl Geschmacks- als auch Geruchssinn dem kinästhetischen Typ zugeordnet. Erfahrungsgemäß kann sich kinästhetische Präferenz auf den olfaktorisch-gustativen Kanal übertragen. Auch bei den Augenbewegungen korreliert Geruch und Geschmack am häufigsten mit dem Blick nach rechts unten. Viele gustatorische Empfindungen werden getilgt, bevor sie das Bewußtsein erreichen. Wenn wir nicht gerade essen, schenkt unser Bewußtsein dem gustatorischen Kanal meist nur wenig Beachtung. Doch unser Unbewußtes orientiert sich auch am Geschmack. Zum Beispiel sprechen wir von einer geschmackvollen Wohnungseinrichtung oder einem geschmacklich abgestimmten Lebensstil. Der persönliche Geschmack ist Ausdruck der Individualität eines Menschen. Die Kriterien sind oft tief im Unbewußten verankert. In der Sprache gibt es Formulierungen, die sich einer gustatorischen Metaphorik bedienen. Wenn ein Mensch häufiger derartige Formulierungen verwendet, hat er vermutlich guten Kontakt zu seinem gustatorischen Repräsentationssystem.

Beispiele für sinnlich-gustatorische Sprache

Das schmeckt mir gar nicht, ein echter Leckerbissen, wie im Schlaraffenland, ein gefundenes Fressen, sich die Finger lecken, das ist absolute Sahne, er ist süß, das ist geschmacklos, meine Süß-Maus, er hat mir einen reingewürgt, es war verdammt zäh, es kotzt mich an, hier ist was faul, Rache ist süß, sie zeigt ihre Schokoladenseite, er ist sauer, die bittere Wahrheit, ein bitterer Nachgeschmack, danach fühlte ich mich schal, eine delikate Angelegenheit, das ist Geschmackssache, ich habe die Schnauze voll, sie ist übersättigt, schmackofatz, leckerschmecker, eine satte Nummer, ihm kommt die Galle hoch, er ist ein Schmarotzer, mir läuft das Wasser im Mund zusammen, jemanden zum Fressen gern haben, das süße Leben, Fast Food, I feel juicy, den mach ich satt, sich laben, ein herber Typ, in den sauren Apfel beißen, das ist gepfeffert, die Suppe versalzen, das war köstlich, ein kleines Bonbon.

Halluzinieren

Hypnose

Halluzinieren

Der Mensch hat die Fähigkeit, sich in seiner Phantasie etwas vorzustellen, das er so in der Realität nicht wahrnehmen kann. Im NLP hat es sich eingebürgert, diesen lebhaften Einsatz der Vorstellungskraft als halluzinieren zu bezeichnen. Genaugenommen ist eine Halluzination jedoch eine als wirklich erlebte Vorstellung. Dabei erlebt der Mensch Wahrnehmungen ohne reale Wahrnehmungsobjekte. Auch das intensive Erinnern von früheren Erfahrungen auf mehreren Sinneskanälen kann zum Halluzinieren führen. Zum Verständnis des Halluzinierens als nützliche Ressource sollte man unkontrolliertes und kontrolliertes Halluzinieren unterscheiden können. Unkontrolliertes Halluzinieren erzeugt Verwirrung. Die Wahrnehmung wird irritiert. Realität und Phantasie vermischen sich, die innere Landkarte verliert an Gültigkeit. Der Mensch wird nicht mehr zuverlässig mit Informationen versorgt und verliert seine Orientierung. Sogenannte Geisteskranke halluzinieren unkontrolliert und sind dabei mit ihren Halluzinationen assoziiert. Der Mensch sieht weiße Mäuse und glaubt, sie seien tatsächlich real. Derartige Halluzinationen sind außer Kontrolle geratene Projektionen der eigenen Psyche auf die Wirklichkeit. Sie können nicht auf einer kontrollierten Meta-Ebene als solche erkannt werden. Der Realitäts-Tunnel weicht hier signifikant von dem der meisten anderen Menschen ab, dies führt in die soziale Isolation.

Kontrolliertes Halluzinieren hingegen ist eine wirkungsvolle Methode im Coaching. Dabei dient die Halluzination dem lebendigen Einsatz der Als-Ob-Methode. Wenn der Mensch jetzt weiße Mäuse sieht, weiß er gleichzeitig, daß diese Wahrnehmung auf einer Halluzination beruht und daß seine weißen Mäuse nicht real vorhanden sind. Dies entspricht einer dissoziierten Halluzination. Der Mensch weiß, während er halluziniert, daß er halluziniert. Die Fähigkeit, in einen bewußten Frame hinein zu halluzinieren und die Phantasie dabei als Medium des Unbewußten zu nutzen, wird im NLP häufig eingesetzt. Durch gezieltes Halluzinieren kann man in ressourcevolle Zustände gelangen. Die Zielfindung kann mit Hilfe von halluzinierten Sinneserfahrungen spezifiziert und geankert werden. Das Unbewußte bekommt eine konkrete Vorstellung der angestrebten Ziele, wodurch oft kreative Ideen zur Erreichung der Ziele entstehen. Außerdem wird die selektive Wahrnehmung auf relevante Schlüsselreize kalibriert. Der unbewußte Autopilot findet die gewünschten Situationen jetzt auch im Dunkeln, ohne bewußte Steuerung. Dies verbessert die Chancen der realen Zielerreichung enorm.

Hypnose

Hypnose ist eine Methode, deren wesentliches Merkmal die Trance ist. Unter Trance verstehen wir dabei einen Zustand, bei dem sich die Aufmerksamkeit nach innen richtet. Dieser Zustand wird in der Hypnose genutzt. Der Hypnotiseur induziert Trance bei einem Hypnotisanden durch direkte oder indirekte Suggestion. Die Methode der Hypnose wird in der Psychotherapie sehr erfolgreich eingesetzt. Der wohl bekannteste Hypnose-Therapeut war Milton H. Erickson. Seine Arbeitsweise wurde von Richard Bandler und John Grinder bei der Entwicklung des NLP modelliert. Deshalb enthält das NLP viele Elemente, die ursprünglich aus der Hypnose-Therapie stammen. Es gibt einerseits NLP-Techniken, bei denen der Hypnotiseur mithilfe des Bewußtseins zu unbewußten Teilen des Klienten Kontakt aufnimmt, andererseits gibt es solche Techniken, bei denen das Bewußtsein beurlaubt wird, und der Hypnotiseur direkt zum Unbewußten spricht.

Hypnose ist ein Prozeß, bei dem das Bewußtsein des Menschen von außen gesteuert wird. Dabei wird die Aufmerksamkeit verschoben. Das Bewußtsein wird in einen Trance-Zustand geführt, der für die meisten Menschen ungewohnt ist. Der Zensor als Wächter der Pforten zu den riesigen unbewußten Potentialen reagiert weniger rigide und gibt Informationen frei, die normalerweise für das Bewußtsein unzugänglich sind. So entsteht eine Kooperation mit dem Zensor. Je nach Güte des Rapports und Geschicklichkeit des Hypnotiseurs hat der induzierte Trance-Zustand eine gewisse Stabilität gegenüber Separatoren, die den hypnotischen Prozeß unterbrechen würden. Ein Separator führt zurück in den Wach-Zustand. Er wird eingesetzt, um die verschiedenen Trance-Zustände zu koordinieren. Im Six Step-Reframing und seinen Varianten können mit Hilfe solcher Manöver mit den unbewußten Teilen Lösungen und Verträge ausgehandelt werden, die das zukünftige Verhalten des Klienten entscheidend verändern.

Genaugenommen ist Hypnose kein klar abgrenzbares Phänomen. Jede Kommunikation kann als hypnotisch bezeichnet werden, sobald sie den Bewußtseins-Zustand des anderen beeinflußt. Für eine klassische Hypnose wird von dem Hypnotiseur lediglich ein offizieller Frame geschaffen: „Jetzt bist Du hypnotisiert!" In diesen Rahmen kann der Klient seine Trance-Erfahrungen einordnen. So kann er sie in sein

Selbstkonzept integrieren. Ungewöhnliche Wahrnehmungen werden als kontrollierbare Grenzerfahrungen markiert, und der Mensch braucht sich nicht vor ihnen zu fürchten. Die Angst vor der Hypnose beruht oft auf der Projektion von Allmachtsphantasien auf den Hypnotiseur. Doch nur sehr wenige wirklich gute Hypnotiseure sind fähig, einen derart starken Rapport aufzubauen, daß der Zensor des Klienten bereit wäre, sich ihm bedingungslos hinzugeben.

Es gibt ein bestimmtes Sprachverhalten, das besonders geeignet ist, bei Menschen Trance-Zustände zu induzieren. Dazu gehören zum einen formale Aspekte wie die Tonalität der Stimme, die Sprechrichtung und das Tempo der gesprochenen Worte. Zum anderen gibt es inhaltliche Sprachmuster, die das Bewußtsein der Menschen faszinieren, ihre Aufmerksamkeit binden und dadurch Trance-Zustände induzieren. Richard Bandler und John Grinder entwickelten zur hypnotischen Sprache das Milton-Modell. Es wird auch als inverses Meta-Modell bezeichnet. Im Gegensatz zum Meta-Modell, das ein Mittel zur präzisen Kommunikation darstellt, ermöglicht das Milton-Modell dem Hypnotiseur, auf eine kunstvolle Weise vage und unbestimmt in seinen sprachlichen Formulierungen zu bleiben. Dabei werden alle spezifischen Informationen getilgt. Stattdessen werden möglichst unkonkrete Nominalisierungen, unspezifische Verben und unbestimmte Beziehungsindexe eingesetzt. Diese vagen Begriffe wirken wie eine saugende Projektionsfläche und werden vom Hypnotisanden mit seinem eigenen inneren Erleben gefüllt.

Hypnotische Fragen aktivieren innere Suchprozesse im Gehirn des Gefragten. „Woran merkst Du, wenn Du Dein Ziel erreicht hast?" Um diese Frage ernsthaft beantworten zu können, muß der Gefragte seine Aufmerksamkeit nach innen richten und in Trance gehen. Durch die Als-Ob-Methode kann der Coach die hypnotische Wirkung verstärken: „Tu mal so, als ob Du Dein Ziel bereits erreicht hättest ... was siehst, hörst, fühlst, riechst und schmeckst Du, während Du diesen Zustand genießt...?" Falls Hypnose in einer Coaching-Situation eingesetzt wird, gibt es einen Frame, der besagt, daß es gut ist, in Trance zu gehen;und daß der Coach kompetent ist, um den Tranceprozeß sicher zu führen. Der Klient kann die Kontrolle des Alltagsbewußtseins loslassen. Der Zensor wird kooperativ, kreatives Klima entsteht und bisher unbewußte Impulse erwachen. Deshalb ist die gemeinsame Arbeitsvereinbarung eine wichtige Voraussetzung für hypnotische Interventionen. Ein praktizierender Hypnotiseur ist gut beraten, die ökologischen Konsequenzen seiner machtvollen Kommunikation zu kennen.

I

Ideomotorische Bewegungen

Implizit und Explizit

Imprints

Informationsverlust

Inkorporieren

Innere Landkarte

Innerer Dialog

Integration dissoziierter Physiologien

Intervention

Intuition

Ideomotorische Bewegungen

Ideomotorische Bewegungen sind kleine unwillkürliche Bewegungen. Es sind dynamische Aspekte in der Physiologie der Kommunikationspartner. Im Tanz der Physiologien sind die ideomotorischen Bewegungen direkt aufeinander bezogen. Sie sind Ausdruck von interpersonellen Einstellungen und dienen als Ventil für Gefühle und innere Erregung. All dies geschieht meistens relativ unbemerkt. Dem geschulten Auge des NLP-Anwenders können ideomotorische Bewegungen nützliche Hinweise über die inneren Prozesse des Gegenübers liefern. Wie für alle körpersprachlichen Signale gibt es jedoch keine Patentrezepte zur Interpretation von ideomotorischen Bewegungen. Sie können nur im spezifischen Kontext der aktuellen Kommunikation sinnvoll interpretiert werden. Ideomotorische Bewegungen erlauben jedoch prinzipielle Aussagen über die Qualität des bestehenden Rapport. Eine zunehmende Synchronisation der ideomotorischen Bewegungen aller Gesprächspartner ist ein Kennzeichen für guten Rapport.

In der Veränderungsarbeit werden ideomotorische Bewegungen als äußere Entsprechungen von inneren Prozessen verstanden. Durch Inkorporieren der Organsprache kann der Coach mit den inneren Teilen des Klienten in Kontakt kommen. Er improvisiert metaphorische Assoziationen zu den Signalen und gibt sie dem Klienten als verbales Feedback zurück. Durch das Verbalisieren ermöglicht er dem Klienten, mit inneren Prozessen, die normalerweise unbemerkt ablaufen würden, in direkten Kontakt zu treten. Besonders in der Trance-Arbeit sind ideomotorische Bewegungen ein interessantes Ausdrucksmedium des Unbewußten. Wenn der Coach die feinen Zeichen aufmerksam beobachtet, kann er sie in der Kommunikation mit dem Unbewußten als Einwandprophylaxe nutzen. Mögliche Einwände können durch Inkongruenzen frühzeitig erkannt werden. Dann inkorporiert man die Einwände, bevor sie das Bewußtsein des anderen erreichen. Ein guter Coach kann sich auch auf bestimmte ideomotorische Bewegungen kalibrieren, um innere Zustände zu markieren. Dafür muß er die feinen Veränderungen in der Physiologie des Klienten aufmerksam beobachten. Die Fähigkeit, solche Feinheiten gezielt wahrzunehmen und nutzbar zu machen, meinten John Grinder und Richard Bandler, als sie von der Kommunikation mit dem Unbewußten ihrer Seminarteilnehmer sprachen: „Wir kommunizieren besser mit Ihrem Unbewußten als Sie selbst."

Implizit und Explizit

Implizite Botschaften sind angedeutet, verdeckt oder versteckt. Ein großer Teil der Botschaften innerhalb einer Kommunikation werden implizit vermittelt. Dies kann durch Körpersprache, Mimik, Tonfall oder durch verbale Andeutungen geschehen. Auch der berüchtigte Wink mit dem Zaunpfahl ist wohl noch ein Implikat, wenn auch ein sehr offensichtliches. Hingegen sind explizite Botschaften ausdrücklich und klar formuliert. Sie bedeuten genau das, was wörtlich gesagt wurde. Sie sind eindeutig, während implizite Botschaften einer Interpretation bedürfen. Darüber hinaus können jedoch in expliziten Botschaften weitere implizite Informationen verborgen sein. Einige Menschen senden implizite Botschaften durch Unterlassungen, wie beispielsweise nicht getätigte Telefonanrufe, Vermeidung von Blickkontakten oder doch nicht gekaufte Kleidungsstücke. Ebenso werden Verspätungen, Begrüßungen oder die Verteilung von Zuwendung als Medium für implizite Botschaften benutzt. Ein Empfänger solcher Signale braucht feine Sensoren, um dem Sender gerecht zu werden, er muß sozusagen zwischen den Zeilen lesen können. Viele implizite Botschaften sind auch dem Sender selbst nicht bewußt. Dies bezeichnet man als blinde Flecken in der Wahrnehmung der eigenen Außenwirkung. Andere Menschen können uns wertvolles Feedback geben, und uns dabei helfen, die blinden Flecken zu erforschen. Durch verbale Überprüfung auf der Meta-Ebene können wir etwas über unser eigenes Kommunikations-Verhalten lernen und eventuell entstandene Mißverständnisse klären. Doch Vorsicht! Kalibrierte Schleifen wirken auch auf der Meta-Ebene. Meta-Kommunikatoren brauchen ein feines Gespür, um zu entscheiden, wann es nützlich ist, Botschaften auf der Meta-Ebene explizit auszusprechen. Manchmal ist es besser, Informationen an das Unbewußte zu adressieren und sie implizit in die Kommunikation einfließen zu lassen.

Implizierte Kausalität ist ein Wahrnehmungsfilter im Meta-Modell. Er identifiziert Einschränkungen aufgrund von scheinbaren Zusammenhängen, die implizit als zwingend erlebt werden. Dabei wird vergessen, daß ein Mensch prinzipiell über Wahlmöglichkeiten im Erleben und Verhalten verfügt. „Sein Gerede macht mich wütend." Diese Aussage impliziert einen kausalen Zusammenhang zwischen Gerede als externem Auslöser und Wut als interner Reaktion. Der Mensch kann jedoch lernen, daß Gerede nicht zwangsläufig wütend machen muß, sondern daß er für viele seiner Reaktionen mehr Freiheit erwerben kann. Wahlfreiheit ist besser als keine Wahlfreiheit.

Imprints

Imprints sind prägende Erfahrungen. Das menschliche Leben ist ein Prozeß, der in Phasen verläuft. Besonders in den frühen Lebensphasen ist ein Mensch prägungsempfindlich. Er ist besonders offen für bestimmte Erfahrungen. Diese Erfahrungen dienen als Schlüsselerlebnisse, die verallgemeinert werden und dann als Generalisierung die innere Landkarte prägen. Aus den Prägungen entwickeln sich Glaubenssätze und Meta-Programme. Sie sind Grundlagen unserer Orientierung im Leben und im Beruf. Meist wirken sie unbewußt und beeinflussen unsere Entscheidungen und unser Verhalten, ohne daß wir es bemerken. Das Prinzip der Prägung ist evolutionsgeschichtlich sinnvoll. Noch heute bilden Prägungen die Grundlage für nützliches Verhalten. Sie können aber auch sehr einschränkend wirken und das Leben unnötig erschweren.

Für die Veränderungsarbeit bietet das NLP Möglichkeiten, problematische Imprints zu erkennen und zu verändern (Re-Imprinting). Sie können über einschränkende Glaubenssätze aufgedeckt werden. Ein guter Coach bemerkt Einschränkungen, indem er die Sprache des Klienten aufmerksam beobachtet und dabei die Fragen des Meta-Modells einsetzt. Dann kann der Klient, wie in der Gestaltarbeit, innerlich in seine Vergangenheit zurückgehen. Durch die Instruktionen des Coach findet er die zugrundeliegende Szene, in der die Prägung entstand. Die Veränderung geschieht ähnlich wie beim Change History. Beim Re-Imprinting werden neue Ressourcen entwickelt, mit denen die beteiligten Personen ihre Absichten in der damaligen Situation jetzt besser umsetzen können. Die Veränderung von Imprints geht zurück auf Robert Dilts. Er hat dabei revolutionäre Vorgehensweisen eingeführt. So hat er zum Beispiel bei der Arbeit mit traumatischen Erlebnissen, wie Vergewaltigungen oder Kindesmißhandlungen, im Erleben des Klienten auch dem Täter neue Ressourcen gegeben. Zugrunde liegt die Idee, daß die Abbildung des Täters auf der inneren Landkarte des Klienten natürlich auch ein Teil des Klienten ist. Wenn dieser Teil neue Ressourcen zur Verfügung hat, braucht die traumatische Tat nicht mehr begangen zu werden. Derartige Manöver dienen der ökologischen Einbindung der Intervention in die psychische Struktur des Klienten. Die Veränderung von Imprints ist ein tiefgreifender Prozeß, der weitreichende Konsequenzen haben kann. Solche Interventionen sollen nur von Coaches durchgeführt werden, die über ein gutes Gespür für ökologische Zusammenhänge verfügen.

Informationsverlust

Wir müssen davon ausgehen, daß in der zwischenmenschlichen Kommunikation ein großer Teil von Information verlorengeht. Eine Vielzahl der gesendeten Informationen wird vom Empfänger gar nicht oder nur teilweise oder verzerrt verstanden. Im NLP gilt das Prinzip der empfänger-orientierten Kommunikation. Dabei zählen Resultate: Das Ergebnis Deiner Kommunikation ist die Reaktion, die Du erhältst! Um den Erfolg einer Kommunikation zu bewerten, ist nicht entscheidend, welche Absicht der Sender verfolgte, sondern inwieweit der Empfänger die Botschaft verstanden hat und wie er darauf reagiert. Viele Menschen vergessen in der Kommunikation, daß der Partner eine andere innere Landkarte im Kopf hat und die gesendeten Signale dementsprechend anders interpretiert. Jeder Mensch lebt innerhalb seines eigenen begrenzten Realitäts-Tunnels. Auch die sogenannten Blinden Flecken verursachen Informationsverlust. Jeder Mensch hat blinde Flecken in der Wahrnehmung seiner eigenen Person. Zum Beispiel wird die Wirkung der eigenen körpersprachlichen Signale vom Sender oft nicht bewußt wahrgenommen. Wenn Menschen sich selbst auf Video sehen, sind sie häufig erstaunt, wie sie nach außen wirken. Auch die gewählten Worte (Oberflächenstruktur) werden vom Empfänger nicht selten ganz anders verstanden als vom Sender beabsichtigt. Worte sind lediglich auditive Anker, die im Gehirn jedes Menschen andere Assoziationen auslösen (Tiefenstruktur). Es gibt viele Ursachen für Informationsverluste und daraus resultierende Mißverständnisse. Auf einer oberflächlichen Ebene stimmt es, daß Menschen, die die gleiche Sprache sprechen, einander verstehen. Wenn jemand beim Kellner ein Bier bestellt, bringt ihm der Kellner ein Bier. Auf einer tieferen Ebene ist jedoch das gegenseitige Verstehen die absolute Ausnahme. Selbst geschulte Psychologen brauchen oft viele Therapiestunden, um ihre Klienten soweit zu verstehen, daß sie therapeutische Interventionen gezielt einsetzen können.

Wenn es in der alltäglichen Kommunikation um innere Prozesse geht, müssen wir davon ausgehen, daß die Wahrscheinlichkeit von Mißverständnissen erheblich höher liegt als von gegenseitigem Verständnis. Genaugenommen sind Mißverständnisse der Regelfall. Wir projizieren unsere eigenen Assoziationen in die Worte des anderen hinein. Ein Mitarbeiter sagt zu seinem Chef: „Es gibt Zeiten, da fühle ich mich richtig demotiviert." Der Chef antwortet: „Das kenne ich sehr gut. Da kann ich Sie verstehen." Versteht der Chef seinen Mitarbeiter tatsächlich? Was heißt „demotiviert"? Vielleicht meint der Mitarbeiter damit, daß er am liebsten seinen Job aufgeben und eine Weltreise machen möchte, während der Chef stattdessen assoziiert, daß er hin und wieder gerne ein bißchen früher Feierabend machen möchte. Die Aussage kann sowohl bedeuten, daß der Mitarbeiter drei Tage im Jahr keine Lust zur Arbeit hat, als auch, daß er sich regelmäßig ins Büro quälen muß. Die Oberflächenstruktur der Sprache ist nur ein sehr reduziertes Abbild der tatsächlichen Tiefenstruktur in den Köpfen der Menschen. Die Projektion ist ein mächtiger Mechanismus der menschlichen Psyche. Das Empfangen von Botschaften ist eine hohe Kunst. Wenn wir andere Menschen wirklich verstehen wollen, brauchen wir ein relativierendes Verständnis von unseren eigenen Wahrnehmungsfiltern. Desweiteren benötigen wir geistige Präsenz, um unser Wissen in der aktuellen Situation nutzbar zu machen. Ein kompetenter Empfänger von Informationen braucht saubere und offene Wahrnehmungskanäle und zugleich ein differenziertes System der Informationsverarbeitung. Unsere Wahrnehmungen werden ständig mit den im Gehirn bereits vorhandenen Referenzerfahrungen abgeglichen und daraufhin interpretiert, bewertet und eingeordnet. Es geschehen ständig Prozesse der Generalisierung, Tilgung und Verzerrung. Dabei geht Information verloren. Die eigene innere Landkarte ist nur ein unvollständiges und verzerrtes Abbild der Realität, die unsere Kompetenz als Empfänger entscheidend beeinflußt. Ob wir es wollen oder nicht, wir projizieren unsere eigene innere Landkarte in das Verhalten der anderen Menschen hinein.

Professionelle Kommunikatoren wissen um die Tatsache des Informationsverlustes. Mißverständnisse können zwar nicht vermieden, doch sie können reduziert werden. Zuhören ist eine Kunst. Eine respektvolle, aufmerksame und einfühlsame Einstellung dem Partner gegenüber erzeugt ein positives Klima. Das NLP bietet darüber hinaus weitere Instrumente, um Informationsverluste gering zu halten. Pacing schafft Rapport. Je besser der Rapport, desto freier können Informationen fließen. Die Augenbewegungen geben Zugangshinweise, um zu erkennen, in welchem Repräsentations-System der andere gerade denkt. Mit diesem Wissen können Botschaften besser verstanden werden. Durch das aufmerksame Beobachten der Physiologie können Inkongruenzen frühzeitig erkannt und die damit verbundenen Einwände thematisiert werden. Mit Hilfe des Chunking Down werden komplexe Konstrukte in handliche Details zerlegt und konkret benannt. Durch das Chunking Up werden verborgene Motivationen, Ziele und Bedürfnisse erforscht. Die Fragen des Meta-Modells helfen, eine Erfahrung möglichst vollständig zu verbalisieren. Mit Hilfe dieser Kommunikationswerkzeuge kann Informationsverlust gezielt reduziert, hinterfragt und aufgearbeitet werden.

Inkorporieren

Inkorporieren heißt aufnehmen oder eingliedern. Im NLP ist damit in erster Linie das verbale Aufgreifen von körpersprachlichen Signalen gemeint. Sie werden in Form von Metaphern, Sprichworten, oder ähnlichen Äußerungen an den Klienten zurückgegeben. In der Veränderungsarbeit ist das Inkorporieren von unbewußten Signalen wertvolles Feedback und kann wichtige Impulse geben. Diese Rückmeldung ist Teil eines komplexen Feedback-Kreises zwischen Coach und Klient, wobei der Coach als Feedback-Instrument seines Klienten fungiert. Besonders gut eignen sich dabei metaphorische Aussagen der Organsprache. Die intelligente Interpretation der Organsprache kann im Coaching als nützliches Werkzeug eingesetzt werden. Wenn der Klient das verbale Angebot annimmt, indem er die Information als wertvolles Feedback erkennt, verstärkt sich der Rapport. Wenn man im Inkorporieren der Organsprache gut trainiert ist, kann man es auch in der alltäglichen Kommunikation als effektives Pacing einsetzen.

Der innere Zustand und die beobachtbare Physiologie eines Menschen sind verschiedene Aspekte desselben Phänomens. Ebenso sind ideomotorische Bewegungen Ausdruck von inneren Impulsen. Sie können inkorporiert und verstärkt werden. Zum Beispiel knetet ein Klient seine Hände, ohne dies bewußt zu bemerken. Plötzlich lächelt er spontan und legt seine Hände ineinander, so daß beide Zeigefinger in eine Richtung deuten. Der Coach greift dieses unbewußte Signal auf: „Manchmal ist es gut, wenn die Gedanken plötzlich eine neue Richtung bekommen." Daraufhin verstärkt sich das Lächeln das Klienten und er nickt ideomotorisch. Die ressourcevolle Physiologie zeigt, daß ein unbewußter Impuls erlaubt, validiert und verstärkt wurde. Auch störende Geräusche können inkorporiert werden. Zum Beispiel kommt während der Trance-Arbeit eine dritte Person ins Zimmer. Der Klient hat die Augen geschlossen, hört aber die Geräusche der Tür. Um die Störung in den Prozeß zu integrieren sagt der Coach: „Es kann sein, daß sich irgendwo eine Tür bewegt und dadurch eine neue Perspektive eröffnet wird." Auf diese Weise validiert der Coach die Wahrnehmung des Klienten. Er signalisiert außerdem, daß er als aufmerksamer Coach die Umgebung kontrolliert. So weiß der Klient, daß er sich in einer sicheren Umgebung befindet und kann sich auch weiterhin dem Trance-Zustand hingeben.

Innere Landkarte

Die innere Landkarte ist eine Metapher für die Tatsache, daß jeder Mensch seine Erfahrungen mit der Realität auf eine hochgradig individuelle Weise verarbeitet. Wir alle haben in unserem Kopf unsere eigene innere Landkarte. Es ist ein einzigartiges Abbild der Realität. Dort ist der ganze Schatz unserer Erfahrungen mit der Umwelt neurologisch verankert. Die innere Landkarte bildet die Grundlage unserer Orientierung in der Welt. Wir Menschen können die Realität nicht unmittelbar erkennen. Unser Sinnesapparat entwickelte sich im Laufe der Evolution. Priorität dabei war nicht, die objektive Beschaffenheit der Welt zu erkennen, sondern die Sicherung unseres Überlebens möglichst optimal zu gewährleisten. Unsere Sinne liefern uns pragmatische Informationen unter dem Aspekt der Nützlichkeit; ähnlich wie die Benutzeroberfläche eines Computerprogramms den Menschen nicht darüber informiert, was tatsächlich in den Prozessoren passiert, sondern ihm lediglich die Optionen anbietet, die er für seine Arbeit mit dem Computer braucht. Die menschlichen Erfahrungen mit der Realität werden durch eine Vielzahl von Wahrnehmungsfiltern selektiert und in den bereits vorhandenen Erfahrungsschatz eingebettet. Die innere Landkarte entspricht unseren bevorzugten Wahrnehmungs-Strategien, wobei die Sinnessysteme (V.A.K.O.) von Menschen unterschiedlich eingesetzt werden. Genaugenommen ist jedes Repräsentationssystem eine eigene Landkarte. Die Synästhesien bilden Schnittstellen und ermöglichen Flexibilität im Wechsel der Systeme.

Die Beschaffenheit der inneren Landkarte resultiert aus den individuellen Erfahrungen mit der Realität. Sie werden durch die drei universellen Gestaltungsprozesse verarbeitet: Generalisierung, Tilgung und Verzerrung. Diese Prozesse geschehen ständig. In jedem Moment der menschlichen Informationsverarbeitung wird generalisiert, getilgt und verzerrt. Die Gestaltungsprozesse sind evolutionsgeschichtlich sinnvoll und haben viele positive Effekte. Sie können jedoch auch zu problem-erzeugenden Abweichungen der inneren Landkarte gegenüber der tatsächlichen Realität führen. Prinzipiell ist die innere Landkarte ein nützliches Werkzeug für unsere Orientierung. Wir brauchen uns nicht in jeder Situation gänzlich neu orientieren, sondern können die aktuellen Wahrnehmungen mit den bereits vorhandenen Erfahrungen abgleichen. Die innere Landkarte wird von unserem Unbewußten in jedem Moment herangezogen, um die aktuelle Situation interpretieren, bewerten und einordnen zu können. Ohne entsprechende Referenzerfahrungen wären wir Menschen in unserer turbulenten Umwelt hoffnungslos überfordert. Sobald wir die aktuelle Situation erfaßt haben, können wir auf Verhaltensmuster zurückgreifen, die sich in ähnlichen Situationen bereits bewährt haben. Bekannte Situationen vermitteln Sicherheit, während neue Situationen, für die noch keine Referenzerfahrungen vorliegen, oft mit einem Gefühl der Unsicherheit verbunden sind. Andererseits entsteht durch die Orientierung an Referenzerfahrungen auch die Gefahr von unzulässigen Vorurteilen, denn dabei wird die Welt anhand von individuellen Schlüsselerlebnissen kategorisiert, die nicht immer repräsentativ sein müssen. Die Realität ist grundsätzlich komplexer als die innere Landkarte! Deshalb kann es in problematischen Kontexten hilfreich sein, die herangezogenen Referenzerfahrungen bewußt in Frage zu stellen. Dies führt zur Arbeit mit Glaubenssystemen (Beliefs). Glaubenssysteme sind auf der inneren Landkarte verankert. Veränderung von Glaubenssystemen bedeutet eine Korrektur der neuronalen Verknüpfungen. Innerer Reichtum setzt eine funktionale und differenzierte Landkarte voraus. Hier kann das NLP helfen, denn es bietet Chancen, über die gewohnten Einschränkungen hinaus zu wachsen und den eigenen Horizont zu erweitern. Mit Hilfe des Meta-Modells kann die Beschaffenheit der inneren Landkarte erforscht werden. Bei unnötigen Einschränkungen kann sie korrigiert oder differenziert werden. Neue Sichtweisen, Meinungen oder Verhaltensmöglichkeiten können erworben werden. Falls sich unsere Umwelt verändert, sollte auch die Landkarte entsprechend aktualisiert werden.

Wir haben in unseren Köpfen also nicht die Realität selbst, sondern ein reduziertes und verzerrtes Abbild der Realität, das sich von Mensch zu Mensch gewaltig unterscheidet. Jeder Mensch verfügt über ein eigenes, einzigartiges Modell von der Realität und keines dieser Modelle ist zutreffender als irgendein anderes. Wenn wir die inneren Landkarten als nützliche Modelle der Welt verstehen, kann es nicht darum gehen, die einzig wahre oder einzig richtige Landkarte im eigenen Kopf zu haben. Vielmehr versuchen wir, ein Modell zu erschaffen, das größtmögliche Flexibilität, die besten Wahlmöglichkeiten und zugleich eine optimale Synchronisation mit den anderen, ebenso einzigartigen Landkarten in den Köpfen unserer Mitmenschen gewährleistet. Die Erinnerung an die Tatsache, daß alle Menschen eine unterschiedlich beschaffene Landkarte als Orientierung benutzen, kann das eigene Kommunikationsverhalten enorm verbessern. Wir können lernen, das eigene Verhalten zunächst auf den Realitäts-Tunnel des anderen einzustimmen (Pacing), bevor wir versuchen, ihn zu überzeugen oder zu verändern (Leading). Die Metapher der inneren Landkarte ist ein Schlüssel, um jedes Verhalten eines Menschen als sinnvoll zu erkennen.

Innerer Dialog

In unseren Köpfen findet ein innerner Dialog statt. Jeder Mensch beherbergt eine Vielzahl innerer Stimmen, die das Erleben kommentieren und beeinflussen. Diese Beobachtung führt zum Teile-Modell der menschlichen Persönlichkeit. Auch wenn wir es oft nicht bemerken – wir müssen davon ausgehen, daß jeder Mensch permanent mit sich selber spricht. Ausnahmen sind Momente großer Konzentration oder tiefer Meditation. Eine Methode, um den inneren Dialog für einen Moment in die Stille zu führen, ist der periphere Blick, verbunden mit bewußtem Atmen und einer meditativen Einstellung. Dadurch wird die Aufmerksamkeit fokussiert; meist jedoch nur für Sekunden. Ein aufmerksamer Beobachter wird bemerken, wie die Flut der Kognitionen kurze Zeit später wieder einsetzt. Der innere Dialog ist der ewige Fluß unserer Gedanken, der unsere kleine individuelle Welt aufrecht erhält. Don Juan, der indianische Schamane in den Büchern von Carlos Castaneda, bezeichnet unsere innere Landkarte als Tonal – eine kleine Insel in den Weiten der Realität. Die Realität bezeichnet er als Nagual, als einen riesigen Ozean von Schwingungen der unterschiedlichsten Frequenzen. Durch den inneren Dialog wird das Tonal in den Turbulenzen des Nagual stabil gehalten.

Ein NLP-Anwender erkennt den inneren Dialog bei anderen Menschen anhand der Augenbewegungen. Wenn ein Mensch in den inneren Dialog geht, blickt er verstärkt nach unten links. Der innere Dialog ist uns in der Regel nicht bewußt. Er hat jedoch großen Einfluß auf unser Verhalten. Es lohnt sich, die Inhalte des inneren Dialogs zu beobachten und zu erforschen. Auf diese Weise können Glaubenssätze bewußt werden. Beim Coaching von Leistungssportlern spielt die Steuerung des inneren Dialoges eine entscheidende Rolle. Falls es gelingt, ein niederschmetterndes „Das schaffst Du nie" in ein motivierendes „Du schaffst es!" zu verwandeln, ist der Athlet dem Sieg bereits ein großes Stück nähergekommen. Auch innere Konflikte, die unbewußt ablaufen und an unseren Kräften zerren, offenbaren sich im inneren Dialog. Das Prinzip des Six Step-Reframing hilft, die inneren Stimmen zu harmonisieren. Oft sind es auch Stimmen unserer Eltern oder Lehrer, die uns antreiben, unter Druck setzen oder beschimpfen. Es ist sehr interessant, sich bewußt zu machen, auf welche Art man mit sich selber spricht: „Gibt es nur eine Stimme im eigenen Kopf oder sind es mehrere? Haben sie Kontinuität oder verändern sie sich? Wann verändern sie sich auf welche Weise? Wie möchte ich am liebsten mit mir sprechen?"

Integration dissoziierter Physiologien

Die Integration von dissoziierten Physiologien ist eine Technik, die als Grundlage für den Einsatz des Six Step-Reframing in der Veränderungsarbeit dient. Man nennt diese Integration auch Anker Collapsing, da hier gezielt Anker eingerichtet und anschließend gleichzeitig aktiviert werden, um aus zwei gegensätzlichen Zuständen einen neuen Zustand zu erschaffen. Dabei werden die Grenzen des bisherigen Erlebens gesprengt. So bekommt der Klient eine kreative Basis, um im polaren Spannungsfeld von bisher abgespaltenen Zuständen neue Möglichkeiten zu entdecken. Diese Vorgehensweise kann bei Thies Stahl im „Frosch"-Buch nachgelesen werden. Das Zusammenbringen von einer Problem- und einer Ressource-Physiologie ist nur eine Variante von möglichen Integrationen. Die Methode kann bei allen Physiologien eingesetzt werden, die voneinander dissoziiert sind. Zum Beispiel sind bei Brillenträgern die Zustände mit Brille und ohne Brille voneinander dissoziiert, bei Alkoholikern nüchterne und alkoholisierte Zustände. Im Eheleben können die Zustände mit Partner von gewissen Zuständen ohne Partner erstaunlich stark dissoziiert sein.

Für das Six Step-Reframing wird zunächst eine Problem-Physiologie durch V.A.K.O.-Hypnose induziert und im intensivsten Moment geankert. Dann setzt der Coach einen Separator, um den aktuellen Zustand zu verändern. Als nächstes wird eine Ressource-Physiologie induziert, die im subjektiven Wertesystem des Klienten das genaue Gegenteil des Problem-Zustands darstellt. Dieser Zustand wird ebenfalls im intensivsten Moment geankert. Anschließend setzt der Coach wieder einen Separator und testet die Anker. Die Integration der Physiologien und der damit verbundenen Ressourcen erfolgt durch ein gleichzeitiges Betätigen der beiden Anker. Dadurch wird beim Klienten ein neuer Zustand erzeugt, den er bisher noch nicht erlebt hat. Vor der Arbeit mit dieser Technik waren die Zustände voneinander getrennt. Sie traten nicht gemeinsam auf. Das Auftreten des einen Zustands schloß den anderen aus. Dabei war der Mensch in dem einen Kontext von den Fähigkeiten und Möglichkeiten abgeschnitten, über die er im anderen Kontext verfügen konnte. Durch den Vorgang der Integration erschließt der Klient die benötigten Ressourcen für den problematischen Kontext. Dadurch eröffnet er sich neue Möglichkeiten, mit seinen Schwierigkeiten potenter umzugehen und sie zu bewältigen. Die betroffenen Teile haben nun eine Verbindung und können miteinander kooperieren.

Intervention

Intervention bedeutet Eingriff, Einmischung oder Eindringen. Das NLP bietet Techniken zur psychologischen Intervention. Damit kann in menschliche Systeme eingegriffen und als Resultat eine Veränderung erzielt werden. Hier eröffnen sich enorme Möglichkeiten. Das NLP kann Menschen helfen, freier zu werden, unnötige Einschränkungen aufzulösen und Probleme zu bewältigen. Eine Intervention gilt im NLP als erfolgreich, wenn sie die gewünschten Resultate erzielt und dabei zugleich ökologisch verträglich ist. Dabei wird das Repertoire des Klienten bereichert, ohne schädliche Nebenwirkungen zu verursachen. Grundsätzlich kann der Klient das alte Verhalten als Ressource beibehalten. Eine Verhaltensänderung mit Hilfe des NLP bedeutet, zusätzlich zu den bisherigen Verhaltensoptionen neue Möglichkeiten zu erwerben. Nicht: entweder/oder, sondern: sowohl-als-auch!

Gleichzeitig bedeutet der Einsatz von machtvollen Interventionsmethoden natürlich auch die Gefahr des Mißbrauchs, über die sich jeder NLP-Anwender bewußt sein sollte. Veränderung ist nur gut, wenn sie ökologisch ist. Glücklicherweise wird die Gefahr des Mißbrauchs durch ein natürliches Regulativ entscheidend verringert: Ein NLP-Anwender, der nicht-ökologische Absichten verfolgt oder frappierende Inkompetenzen aufweist, wird Schwierigkeiten haben, den nötigen Rapport zu bekommen. Dies vermindert den Radius und die Tiefe seiner Manipulation in starken Maßen, denn guter Rapport ist die Voraussetzung für jede wirkungsvolle Intervention.

Beispiele für angewandte Interventionstechniken finden sich in vielen NLP-Büchern. Grundlegende Informationen geben die frühen Bücher von Richard Bandler und John Grinder und das „Frosch"-Buch von Thies Stahl. Hier finden sich auch einige wichtige Techniken im übersichtlichen Schema dargestellt. Manuela Brinkmann hat in „Unterwegs zur Vollkommenheit" ebenfalls einige Techniken schematisch dargestellt. Robert B. Dilts offenbart in seinen Büchern effektive Interventionen zur Veränderung von Glaubenssystemen. Richard Bandler präsentiert sich in „Bitte verändern Sie sich ...Jetzt!" als Magier in Aktion. Alexa Mohl gibt mit dem „Zauberlehrling" eine systematische Übersicht zu den Grundbausteinen des NLP. Sie dienen dem Coach als kreatives Handwerkszeug für viele Interventionsmuster.

Intuition

Intuition ist Erkennen ohne Überlegung. Jeder Mensch hat eigene Zugänge zu seinen intuitiven Fähigkeiten geschaffen. Sie offenbaren sich oft durch einen metaphorischen Sprachgebrauch. Intuition wohnt im Herzen, offenbart sich durch das Gefühl und kommt aus dem Bauch heraus. Intuitives Verhalten wird geführt durch ein Gefühl der Richtigkeit. Intuition wird auch als Eingebung bezeichnet. Der Zensor wird durchlässig und läßt Information aus dem Unbewußten im richtigen Moment an die Oberfläche des Erfahrungsschatzes gelangen. So bekommt der Mensch spontane Impulse. Die Intuition nutzt unbewußtes Wissen. Sich von der Intuition leiten zu lassen heißt, dem eigenen Unbewußten zu vertrauen. Das Unbewußte ist ein riesiger Informationsspeicher, während das Bewußtsein nur eine sehr begrenzte Speicherkapazität hat. Die meisten Lernprozesse geschehen unbewußt. Wenn die Werkzeuge des NLP von einem Menschen verinnerlicht wurden, wählt seine Intuition im richtigen Moment eine adäquate Verhaltensweise, um auf den Gesprächspartner angemessen zu reagieren. Wer über einen guten Kontakt zu seiner Intuition verfügt, hat Ressourcen im Repertoire, die das Alltagsbewußtsein oft nicht verstehen kann. Unbewußte Kräfte wirken im Dunkeln, ähnlich wie die hilfreichen Heinzelmännchen, die des Nachts hervorkommen und fleißig ihre Arbeit verrichten, während der Mensch schläft. Am nächsten Morgen stellt man verblüfft fest, daß die ganze Arbeit auf wunderbare Weise getan wurde. Ebenso wundern sich viele Menschen darüber, wo die sogenannte Intuition all das nützliche Wissen hernimmt und wieso viele Dinge intuitiv richtig gemacht werden, obwohl das Bewußtsein schlief und nichts bemerkte.

„You have it in your guts" antwortete Virginia Satir auf die Frage nach dem Wann, Wie und Warum ihrer brillanten Interventionen. Viele Kommunikatoren verwiesen auf ihre Intuition, als Richard Bandler und John Grinder sie nach den Erfolgsfaktoren ihrer Vorgehensweise befragten: „Es ist Intuition, ich kann's nicht erklären. Ich folge einfach meinem Gefühl." Daraufhin versuchten Bandler und Grinder, die Struktur dieser geheimnisvollen Intuition herauszufinden und lernbar zu machen. Sie bildeten Modelle des Verhaltens, um von ihren Vorbildern gezielt lernen und ähnlich gute Resultate bewirken zu können. Dabei wurden die erfolgreichen Verhaltensstrukturen systematisch erforscht. Unbewußte Strategien wurden aufgedeckt. Die Werkzeuge des NLP repräsentieren auf systematische Weise die intuitiven Verhaltensweisen der erfolgreichen Kommunikatoren.

Kalibrieren

Kalibrierte Schleife

Kinästhetisch

Kognitive Dissonanz

Kongruenz

Kontext

Körpersprache

Kreativität

Kalibrieren

Kalibrieren bedeutet eichen oder einstellen. Es bezieht sich auf die menschliche Wahrnehmung. Der NLP-Anwender kalibriert seine Wahrnehmung auf bestimmte Aspekte der Realität, damit er diese genau verfolgen und später wiedererkennen kann. Das Kalibrieren der Wahrnehmung kann auf allen Sinneskanälen geschehen. Im PeneTRANCE-Modell kalibriert sich der Coach visuell auf die Ziel-Physiologie seines Klienten. Für die anschließende Veränderungsarbeit hat er nun ein sichtbares Kriterium für den Erfolg seiner Interventionen. Immer wenn der Klient die Ziel-Physiologie zeigt oder sich ihr nähert, weiß der Coach, daß er sich auf dem richtigen Weg befindet. Beim Kalibrieren wird eine gezielte Referenzerfahrung geschaffen. Aktuelle Eindrücke werden damit abgeglichen und eingeordnet. Wenn Suchhunde die Fährte eines Menschen aufnehmen, wird ihnen ein Kleidungsstück des Gesuchten gegeben. Die Hunde kalibrieren sich auf den Geruch des Menschen. Ihre olfaktorische Wahrnehmung ist derart scharf und ihr Erinnerungsvermögen derart trainiert, daß ein einmaliger Stimulus ausreicht, um den Menschen aufzuspüren.

Eine eindrucksvolle Demonstration zum Kalibrieren ist die folgende Wahrnehmungsübung: Ein Freiwilliger denkt zuerst an eine Person, die er sehr gerne mag. Die anderen Anwesenden beobachten ihn und kalibrieren sich auf seine Physiologie. Dann denkt der Freiwillige an eine Person, die er gar nicht mag und die anderen kalibrieren wiederum ihre Wahrnehmung. Jetzt haben sich die aufmerksamen Beobachter auf zwei unterschiedliche Sinneseindrücke kalibriert. Anschließend werden dem Freiwilligen Fragen gestellt: Welche Person ist größer? Welche Person ist älter? Welche Person lebt näher bei Dir? Der Freiwillige beantwortet die Fragen nicht verbal, sondern denkt als Antwort lediglich an die entsprechende Person. Die anderen müssen anhand seiner Physiologie erraten, welche Person gemeint ist und trainieren dabei die Schärfe ihrer Wahrnehmung. Kalibrieren kann auch geübt werden, indem man die Wahrnehmung auf einen Sinneskanal fokussiert, um einen bestimmten Prozeß zu verfolgen. So kann man sich zum Beispiel auf visuelle Eindrücke kalibrieren, um den Tanz der Physiologien zu beobachten. Oder man kalibriert sich auf auditive Wahrnehmungen, um die Feinheiten bei der Veränderung der Tonalität in der Stimme aufmerksam zu verfolgen.

Kalibrierte Schleife

Eine kalibrierte Schleife ist ein konditioniertes Verhaltensmuster zwischen zwei Personen. Bei der Arbeit mit Systemen, insbesondere mit Paaren, kann man kalibrierte Schleifen beobachten. Sie geschehen meist unbewußt und können die Kommunikation erheblich beeinträchtigen. Es sind nonverbale Stereotypen in der Interaktion. Im Tanz der Physiologien, der normalerweise flüssig und lebendig verläuft, ist eine kalibrierte Schleife eine erstarrte, sich wiederholende Schrittfolge, die einen Partner in die Problem-Physiologie bringt. Metaphorisch gesprochen ist dies die Stelle im Tanz, wo einer der Tanzenden dem anderen immer wieder gegen das Schienbein tritt. Doch der Tanz geht weiter, da der Mechanismus unbemerkt bleibt. Die Problem-Physiologie wird meist nicht mit dem auslösenden Anker in Verbindung gebracht. Dadurch haben die Tänzer keine Möglichkeit, die Schrittfolge zu korrigieren und neu einzuüben. Kalibrierte Schleifen können eine erstaunliche Stabilität aufweisen, denn konditionierte Verhaltensprogramme erzeugen sehr zuverlässige Stereotypen. Deshalb wird beim nächsten Durchgang derselbe Fehltritt mit großer Wahrscheinlichkeit wieder geschehen.

Kalibrierte Schleifen sind eingeschliffene Muster von Reiz und Reaktion. Immer wenn ein Partner ein bestimmtes Verhalten zeigt, reagiert der andere mit einer bestimmten Reaktion. Ein Mann und eine Frau kommen in die Paartherapie und wollen ihre Beziehung klären. Während ihrer Interaktion kann man beobachten, daß sich seine Schultern jedesmal anspannen, wenn sie den Zeigefinger hebt und dabei über die Ehe spricht. Diese unwillkürliche Veränderung der Physiologie ist Ausdruck einer damit verbundenen Veränderung seines inneren Zustandes. Kalibrierte Schleifen können Auslöser und Reaktionen auf allen Sinneskanälen aufweisen. Ein weiteres Beispiel für eine kalibrierte Schleife wäre, wenn ihre Stimme immer etwas schriller wird, wenn er die Stirn in Falten legt. Solche Muster können sich im Laufe der Jahre zu problematischen Negativspiralen entwickeln, weil sie sich wie Teufelskreise durch ständige Wiederholung verstärken. Dadurch können Ehen in den Ruin geraten. Die verzweifelten Partner sind den Ankern hilflos ausgeliefert, solange diese unbewußt bleiben. Kalibrierte Schleifen können durch Reanchoring Couples, Reframing Couples oder durch das Schlichtungs-Modell verändert werden. Die Auflösung von kalibrierten Schleifen wird meist als befreiend und erfrischend empfunden, da über lange Zeit blockierte Energie endlich wieder frei fließen kann.

Kinästhetisch

Der Begriff kinästhetisch bezieht sich auf den Wahrnehmungskanal des Fühlens. Er umfaßt alle körperlichen Empfindungen. Dazu gehören zum Beispiel externe kinästhetische Reize. Sie wirken auf den Tastsinn der Hände und auf die taktile Wahrnehmung der Haut von Druck und Berührung. Die Haut ist ein sehr subtiles Sinnesorgan. Außerdem gibt es interne kinästhetische Sensationen. Dazu gehören die Wahrnehmungen der inneren Organe und der Muskeln, die Bewegung des Atems, der Gleichgewichtssinn, jede Form von Schmerzen oder Lust und alle ähnlichen Empfindungen. Auch das Temperaturempfinden ist ein kinästhetisches Phänomen, das sowohl extern als auch intern wahrgenommen wird. Ein weiterer wichtiger Bereich auf der kinästhetischen Landkarte sind unsere Emotionen. Die körperliche Repräsentanz von Emotionen wie zum Beispiel Freude, Angst, Trauer oder Wut setzt sich aus kinästhetischen Sensationen zusammen. Der innere Dialog kann dazu im auditiven Kanal eine digitale Meta-Ebene bilden. Hier werden Gefühle verbalisiert, kommentiert und eingeordnet. Der kinästhetische Kanal verbindet den Menschen auf analoge Weise mit dem eigenen Körper und seiner Lebendigkeit. Er gibt uns wertvolles Feedback zu unserem gesundheitlichen Zustand und ermöglicht es, über die Intuition mit der Weisheit des Unbewußten in Kontakt zu treten. In der Sprache gibt es eine sinnliche Metaphorik, die auf kinästhetische Codierung von Erlebnissen schließen läßt.

Beispiele für sinnlich-kinästhetische Sprache

Mir hüpft das Herz vor Freude, ich habe weiche Knie, mir stockt das Blut in den Adern, man wirft ihm Knüppel zwischen die Beine, es wird warm ums Herz, Kloß im Hals, das macht mir Bauchschmerzen, kalte Füße bekommen, ihm bricht der Schweiß aus, Gefühl der Leere, der Atem stockt, eine Laus über die Leber gelaufen, ein Schauer läuft über den Rücken, ich schwebe, es wird schon gehen, mit beiden Beinen fest auf dem Boden stehen, mir dreht sich der Magen um, in die Ecke gedrängt, ich fühle mich beengt, sich fallen lassen, wo drückt der Schuh, sich in seiner Haut wohlfühlen, das stehen wir durch, Wut im Bauch, in den Griff bekommen, etwas erfassen, etwas handhaben, das berührt mich, es belastet mich, es schmettert ihn nieder, ein harter Typ, das möchte ich aufgreifen, du bist schwer von Begriff, der Griff in die Scheiße, reiß Dich zusammen, halt mich fest, das fühlt sich rund an, wann geht's los, wir packen es an.

Kognitive Dissonanz

Kognitionen sind Gedanken, Ideen, innere Dialoge – all das, was der Mensch innerhalb seines Kopfes zu tun vermag. Dissonanz bedeutet Unstimmigkeit. Wenn ein Mensch widersprüchliche Gedanken hat, befindet er sich im Zustand der kognitiven Dissonanz. Innere Widersprüche können das eigene Selbstbild und das Wohlbefinden erheblich beeinträchtigen. Um dieser Tendenz Einhalt zu gebieten, versucht das Unbewußte, die kognitive Dissonanz zu reduzieren. Dabei werden einzelne Gedanken so umgewandelt, daß die Widersprüche im Denken aufgehoben oder zumindest verringert werden. Im Kopf jedes Menschen werden täglich unzählige Strategien zur kognitiven Dissonanz-Reduktion eingesetzt. Widersprüchliche Gedanken erzeugen innere Spannungen. Sie beeinträchtigen unsere Anmut und verbrauchen unnötig Energie. Deshalb versucht das Unbewußte des Menschen diese Spannungen abzubauen. Dies sollte auf ökologische Weise geschehen, denn aggressive Verdrängungsstrategien bieten auf Dauer keine gute Psychohygiene. Chronische Konflikte blockieren psychische Energie, solange sie nicht wirklich ökologisch gelöst wurden. Innere Konflikte verlangen eine kreative Lösung, um Gewinner-Gewinner-Modelle zwischen den verschiedenen Teilen zu ermöglichen.

Bei der Reduktion von kognitiver Dissonanz spielt das Reframing eine wichtige Rolle, denn unpassende Ereignisse werden in vielen Fällen neu bewertet und umgedeutet. „Sie sind noch zu sauer", sagte sich der Fuchs, als er realisieren mußte, daß die süßen Trauben für ihn zu hoch hängen. Wird der Umdeutungsprozeß jedoch nicht ökologisch überprüft, besteht die Gefahr von faulen Kompromissen. Eine radikale Strategie zur Reduktion von kognitiver Dissonanz ist die Verdrängung. Dabei werden störende Informationen aus dem Bewußtsein gedrängt und vielleicht sogar von dem Teil der inneren Landkarte getilgt, zu dem das Bewußtsein eine Zugriffsberechtigung hat. Dies führt zur Abspaltung (Dissoziation) und kann schwere Inkongruenzen verursachen. Hier könnte die NLP-Technik *Integration dissoziierter Physiologien* hilfreich eingesetzt werden. Auch eine Parts Party kann bei der ökologischen Integration von kognitiver Dissonanz nützlich sein. Die verschiedenen Formen des Six Step-Reframing ermöglichen innere Aussöhnung. Im Berater-Modell werden kognitive Dissonanzen nutzbar gemacht, indem Einwände, Zweifel oder Widersprüche mit Hilfe des Reframing in nützliche Ratgeber verwandelt werden.

Kongruenz

Kongruenz bedeutet Übereinstimmung. Ein Mensch befindet sich im Zustand der Kongruenz, wenn sein Ausdruck ganzheitlich mit seinem Erleben und seinem Denken übereinstimmt. Dabei wirkt die gesamte Physiologie harmonisch, alle gesendeten Signale sind im Einklang. Wenn ein Mensch mit sich selbst nicht im Einklang steht und widersprüchliche Signale sendet, befindet er sich im Zustand der Inkongruenz. Das Gegensatzpaar von Inkongruenz und Kongruenz bildet zwei Pole einer Skala. Dazwischen gibt es unzählige Mischformen (Mixed Emotions). Inkongruenz kann man zum Beispiel daran erkennen, daß Körpersprache und Verbalsprache unterschiedliche Signale senden. Jemand sagt, es gehe ihm jetzt sehr gut, gleichzeitig sind seine Mundwinkel heruntergezogen und die Körperhaltung erscheint ressourcearm. Diese Kombination von Signalen wirkt wenig überzeugend. Wenn im Kopf des Menschen innere Widersprüche auftauchen, zeigen sich auch entsprechende Inkongruenzen im Ausdruck. Solche Inkongruenzen sind für einen Coach wertvolle Informationen. Sie weisen darauf hin, daß die getätigten Interventionen noch nicht ökologisch verträglich sind. Vielleicht sind sie für ungeübte Beobachter kaum wahrnehmbar, doch ein guter Coach bemerkt derartige Signale. Er greift die Inkongruenzen des Klienten auf und integriert sie in seine Vorgehensweise. Am Ende einer gelungenen Intervention sollte sich der Klient im Zustand der Kongruenz befinden. Dies überprüft der Coach anhand der Physiologie. Ein Zeichen für Kongruenz ist zum Beispiel eine symmetrische Körperhaltung. Kongruentes Verhalten zeigt sich auch, wenn die Antworten auf prüfende Fragen im Öko-Check klar und ohne Zögern gegeben werden.

Gute Schauspieler sind fähig, ihre Rolle wirklich kongruent zu spielen. Inkongruenzen wirken unglaubwürdig. Dies gilt auch im täglichen Leben. Wer souverän führen möchte, braucht eine kongruente Ausstrahlung. Nur ein wahrhaftiger Ausdruck kann so tief in der Seele wurzeln, daß er charismatische Kräfte weckt. Das NLP geht davon aus, daß jeder Mensch nach Kongruenz strebt. Dies geht einher mit wachsender Anmut. Ein kongruenter Ausdruck ist das Resultat von innerer Integrität. Kongruentes Verhalten wirkt auf andere Menschen überzeugend. Nach Außen gezeigte Inkongruenzen hingegen lassen einen inneren Konflikt vermuten. Deshalb sollte man bei Entscheidungen auch auf unterschwellige Inkongruenzen achten, um mögliche Einwände rechtzeitig zu erkennen und in die Entscheidungsfindung zu integrieren.

Kontext

Der Kontext ist der Bezugsrahmen. Es ist der Zusammenhang oder das Umfeld, in dem ein bestimmtes Ereignis stattfindet. Die äußeren Rahmenbedingungen wie Ort, Zeit, Vorgeschichte, geltende Normen und Regeln bestimmen den Kontext einer Situation. In der amerikanisierten NLP-Sprache ist es der Frame. Wenn man einen Kontext benennt, macht man ein Framing. Ein innerlich gedachter Bezugsrahmen ist ein geistiger Kontext, der das Entstehen von verbalen Aussagen bedingt. Jede Kommunikation findet in einem spezifischen Kontext statt. Der Verlauf eines Gesprächs formt den Kontext, in dem jede Aussage ihre spezielle Bedeutung bekommt. Wenn Äußerungen aus ihrem Kontext herausgenommen und isoliert wiedergegeben werden, geht ein Teil der ursprünglichen Bedeutung verloren. Dieser Umstand ist eine große Herausforderung für die journalistische Arbeit der Medien. Einerseits soll die Berichterstattung prägnant sein und die tägliche Informationsflut auf das Wesentliche reduzieren, andererseits darf der Hintergrund der Ereignisse nicht zu sehr verkürzt werden, sonst kann der Konsument den Kontext nicht erfassen und die eigentliche Bedeutung der Informationen geht verloren.

Die Beschaffenheit des Kontextes entscheidet darüber, wie ein bestimmtes Verhalten bewertet wird. Selbst wenn ein Mensch einen anderen Menschen tötet, bestimmt der Kontext darüber, wie diese Verhaltensweise beurteilt wird. Geschieht die Tat, um einen unbequemen Widersacher aus dem Weg zu schaffen oder um sich zu bereichern, ist es Mord und wird hart bestraft. Geschieht die Tat, um das eigene Leben gegenüber einem unrechtmäßigen Angreifer zu verteidigen, ist es Notwehr und wird nicht bestraft. Geschieht die Tat auf Befehl des Vorgesetzten im Krieg, gilt sie als heldenhaft und wird vielleicht sogar durch eine Auszeichnung belohnt. Da der Kontext die Bedeutung der Ereignisse bestimmt, ist die gezielte Veränderung des Kontextes eine effektive Methode, um das Befinden von Menschen zu verbessern. Das NLP nutzt diese Möglichkeit durch das Kontext-Reframing. Dazu gehört die Frage: „In welcher anderen Situation wäre diese Verhaltensweise sinnvoll?“ Jede einmal erlernte Verhaltensweise stellt eine Fähigkeit dar und ist somit eine wertvolle Ressource. Durch eine große Vielfalt an Verhaltensweisen entsteht ein flexibles Repertoire. Im Sinne maximaler Flexibilität gilt es als wünschenswert, für jeden Kontext eine angemessene Verhaltensweise parat zu haben.

Körpersprache

Kommunikation geschieht immer auf mehreren Kanälen gleichzeitig. Da das NLP ein ganzheitliches Kommunikationsmodell ist, spielt die Körpersprache eine wichtige Rolle. Das Senden von körpersprachlichen Signalen gehört zum kinästhetischen Bereich. Andere Menschen empfangen unsere Körpersprache auf dem visuellen Kanal und stimmen ihr Verhalten dann ganzheitlich darauf ab. Das Unbewußte reagiert oft sehr sensibel auf körpersprachliche Signale. Ein guter Coach orientiert sich an der Körpersprache. Er erkennt innere Zustände, nachdem er seine Wahrnehmung auf die entsprechenden Physiologien kalibriert hat. Auch ideomotorische Bewegungen liefern wertvolle Hinweise. So ist zum Beispiel kreatives Denken oft mit kleinen körperlichen Bewegungen verbunden. Gezieltes Pacing kann über die Körpersprache initiiert werden. Der Tanz der Physiologien ist ein körpersprachliches Phänomen. Bei gutem Rapport erscheinen die körperlichen Bewegungen, als wenn die Physiologien der interagierenden Partner durch unsichtbare Fäden verbunden wären. Ihre Bewegungen wirken direkt aufeinander bezogen, die Impulse sind synchronisiert.

Evolutionsgeschichtlich ist die Körpersprache sehr viel älter als die Verbalsprache. Ebenso ist das Unbewußte sehr viel älter als das Bewußtsein. Bei der Verständigung unserer Vorfahren spielte der Ausdruck über den Körper eine weitaus größere Rolle als in der heutigen Zeit, da die Verbalsprache noch nicht so kultiviert war. Die Körpersprache entspricht dem analogen Ausdruck, während die Verbalsprache eine Digitalisierung darstellt. Moderne Menschen in den hochtechnisierten Großstädten sind an Digitalisierungen gewöhnt. Die westlichen Gesellschaftssysteme unseres Jahrhunderts trainieren die Kinder in den Schulen zum einseitigen Gebrauch der Verbalsprache. Trotzdem bestimmt auch die Körpersprache unsere zwischenmenschlichen Beziehungen. Unser Unbewußtes orientiert sich am körperlichen Ausdruck unserer Mitmenschen und offenbart auch die eigene Befindlichkeit über körpersprachliche Signale. Die Körpersprache ist sehr viel schwieriger zu manipulieren als die Verbalsprache. Schauspieler durchlaufen eine harte und langjährige Ausbildung, bis sie den Ausdruck ihres Körpers auf der Bühne wirklich kontrollieren können. Schlechte Schauspieler erkennt man oft daran, daß ihre Körpersprache nicht wirklich mit der Rolle und dem Stück harmoniert. Falls Verbalsprache und Körpersprache nicht übereinstimmen, entstehen Inkongruenzen, und der Mensch verliert an Überzeugungskraft.

Psychologische Untersuchungen haben gezeigt, daß die meisten Menschen im Zweifelsfall eher den körpersprachlichen als den verbalen Signalen vertrauen. Viele erfolgreiche Führungskräfte und Politiker wissen, daß ihre charismatische Überzeugungskraft durch den bewußten Einsatz von Körpersprache unterstrichen wird. Die Körpersprache sendet analoge Signale. Sie sind auf natürliche Weise mit der echten Befindlichkeit des Menschen assoziiert und damit glaubwürdiger als digitale Verbalkonstruktionen, die eine Unzahl von manipulierten Dissoziationen erlauben. Auch der Wahrnehmungs-Typ bestimmt die Ebene der Kommunikation. Visuelle Typen beobachten die körpersprachlichen Signale der anderen Menschen oft sehr genau und tendieren dazu, auch ihre eigene visuelle Außenwirkung zu kontrollieren. Auditive Typen achten besonders auf verbale Informationen; der körpersprachliche Austausch wird von ihnen oft an das Unbewußte delegiert. Kinästhetische Typen fühlen sich in die Haut des anderen hinein. Sie sprechen mit den Händen und neigen dazu, andere Personen zu berühren. Für Kinästhetiker ist die Körpersprache das natürliche Ausdrucksmedium.

Das NLP hat mit der psychologischen Tradition gebrochen, Körpersignale als den verbalen Botschaften übergeordnet zu verstehen. Stattdessen können alle Signale als Ausdruck der verschiedenen Persönlichkeits-Teile interpretiert werden. Gleichzeitig wird betont, daß es bei der Interpretation von körpersprachlichen Signalen keine Patentrezepte gibt. Viele Menschen glauben immer noch, daß es in der Körpersprache einen eindeutigen Code gibt. Dies wäre jedoch eine unzulässige Vereinfachung. Ähnlich wie bei der Deutung von Träumen kann man die körpersprachlichen Signale nur im Kontext der konkreten Situation verstehen. Die Bedeutung der Signale bedingt sich durch kulturelle und individuelle Sozialisationsprozesse. Jeder Mensch hat eine persönliche Geschichte und einen eigenen Lernhintergrund. Je nach Art der Sozialisation haben körpersprachliche Signale unterschiedliche Bedeutung. Was für einen Menschen aufdringliche Nähe bedeutet, erscheint einem anderen wie kühle Distanz. Ein Mensch hat gelernt, seine Gesprächspartner anzufassen, um Kontakt herzustellen; ein anderer hat gelernt, daß Berührungen in der Öffentlichkeit anstößig sind. Eine dritte Person findet dieses Verhalten aufregend erotisch und eine vierte fühlt sich vielleicht in ihrer territorialen Souveränität bedroht. Hinzu kommen situative Faktoren. Körpersprache geschieht immer im Kontext einer speziellen Situation, die über die aktuelle Bedeutung der Signale bestimmt. Wenn jemand allein zu Hause vor dem Fernsehschirm mit einer Dose Bier in der Hand laut rülpst, hat dies eine andere Bedeutung, als wenn er es beim Geschäftsessen im Restaurant mit einem Glas Champagner in der Hand tut.

Kreativität

Kreativität ist schöpferische Kraft. Wenn ein Mensch kreativ handelt, verändert er bestehende Muster und erschafft neue Strukturen. Solange er nur den konditionierten Verhaltensprogrammen folgt, hat er sein kreatives Potential noch nicht erschlossen. Jeder Mensch ist potentiell kreativ. Kreativität kann stimuliert werden; sowohl von außen (extrinsisch) als auch von innen (intrinsisch). Die extrinsische Stimulanz wirkt wie eine Herausforderung. Not macht erfinderisch! Wenn die bestehenden Verhaltensoptionen keine adäquaten Lösungen bieten, beginnt der kreative Mensch neue Wege zu suchen. Er probiert, experimentiert und findet durch Versuch und Irrtum schließlich kreative Lösungen. Die intrinsische Stimulanz wird auch als Spieltrieb bezeichnet. Lust und Neugierde sind innere Antriebe, die kreatives Verhalten fördern. Kinder sind kreativer als die meisten Erwachsenen. Kreativität ist ein spontanes Phänomen. Es kann gefördert, aber nicht erzwungen werden. Die menschliche Kreativität wird auch in der Wissenschaft zunehmend als alternative Form der Intelligenz anerkannt. Intelligenz und Kreativität sind zwei Aspekte des selben Phänomens. Die Psychologie unterscheidet zwischen konvergentem und divergentem Denken. Konvergentes Denken ist die Fähigkeit, bestehende Strukturen zu erkennen und eine richtige Lösung in einem vorgegebenen Rahmen zu finden. Die meisten Intelligenztests messen die Fähigkeit zum konvergenten Denken. Divergentes Denken ist die Fähigkeit, bestehende Strukturen in Frage zu stellen und jenseits des vorgegebenen Rahmens neue Lösungen zu entwickeln. Divergentes Denken ist eine wichtige Grundlage des kreativen Handelns. Die konsequente Anwendung des NLP führt zu einer kreativen Lebensweise. „Wenn das, was Sie bisher getan haben, nicht funktioniert, dann tun Sie jetzt etwas anderes!"

Coaching ist ein kreativer Prozeß. Dabei werden die vorhandenen Ressourcen auf eine neue Weise organisiert. Ein Coach muß zunächst den aktuellen Zustand seines Klienten pacen. Dann kann er ihn durch kreatives Leading stimulieren, neue Wahrnehmungsfilter und bessere Verhaltensweisen zu entwickeln.

Viele Techniken des NLP werden in der Practitioner-Ausbildung in Form eines schematischen Ablaufs gelehrt. Dieses Schema dient in erster Linie als Orientierungshilfe für den noch unerfahrenen Coach. In der späteren Praxis sind alle NLP-Techniken flexibel kombinierbar. Die Struktur des klassischen Interventionsschemas wird durch die Individualität des Klienten modifiziert. Je flexibler ein Coach kommunizieren kann, desto kreativer kann er seine Vorgehensweise gestalten. Wer Interventionstechniken kreativ anwenden möchte, ist jedoch gut beraten, vorher die Standardtechniken einzuüben. Kreatives Intervenieren ist ein Prozeß, bei dem bereits vorhandene Elemente auf eine neue Weise eingesetzt werden. Deshalb muß sich im Repertoire des Coach bereits einiges an Know How befinden, bevor er es kreativ einsetzen kann. Das eingeübte Know How bildet ein kreatives Potential, aus dem der intuitive Coach dann schöpfen kann. Auch große Künstler sind diesen Weg gegangen. Wenn Eric Clapton auf der Gitarre kreativ improvisiert, dann kann er dies tun, weil er jahrelang Tonleitern und Läufe geübt hat. Erst die Übung führt zur Beherrschung einer Disziplin. Im Laufe dieses Weges bildet sich ein unerschöpfliches Potential von kreativen Variationen. Ebenso konnte Picasso meisterhaft perspektivisch malen und zeichnen, bevor er in der Lage war, die Grenzen seiner Kunst zu überschreiten und damit kreativ zu spielen. In den asiatischen Kampfkünsten, den Martial Arts, geht der Lernende einen ähnlichen Weg. Zuerst werden die Grundtechniken eingeübt. Im Laufe der Zeit entsteht durch regelmäßige Übung ein kreatives Potential, und der Schüler beginnt, die Standards zu variieren. Dann lernt er, die Techniken situativ anzuwenden, sie auf seine eigene Persönlichkeit abzustimmen und sich durch sie auszudrücken. Wenn er seine Disziplin beherrscht, hat sich der Schüler zum Meister entwickelt. Verfügt er über eine innovative Persönlichkeit, können sich aus seinen kreativen Impulsen sogar neue Stilrichtungen entwickeln.

Im Unbewußten jedes Menschen schlummern kreative Ressourcen. Besonders deutlich wird dies in der Technik des Six Step-Reframing. Hier wird bewußter Kontakt zu einem kreativen Teil hergestellt. Der kreative Teil arbeitet sehr eng mit dem Teil zusammen, der die Träume träumt. Es gibt keinen Traum, der nicht kreativ ist; jeder Traum enthält kreative Elemente. Im Schlaf ist der Zensor weniger rigide, er wird durchlässiger. So können die im Gehirn gespeicherten Eindrücke des Tages aufgearbeitet und mit früheren Erfahrungen verknüpft werden. Ein ähnlich kreativer Prozeß geschieht beim Six Step-Reframing. Falls der Kontakt zum kreativen Teil einmal erfolgreich aktiviert wurde, kann er über die Coaching-Situation hinaus auf andere Lebensbereiche generalisieren und dem Menschen als dauerhafte Ressource zur Verfügung stehen. Der kreative Teil kann in vielen Situationen als ideenreicher Ratgeber fungieren und wertvolles Wissen aus dem Unbewußten an die Oberfläche des Bewußtseins transportieren. Kreatives Brainstorming wird zur nützlichen Gewohnheit. Wenn ein Mensch lernt, lebendigen Kontakt mit seinem kreativen Teil zu pflegen, erschließt er sich eine wertvolle Blanko-Ressource.

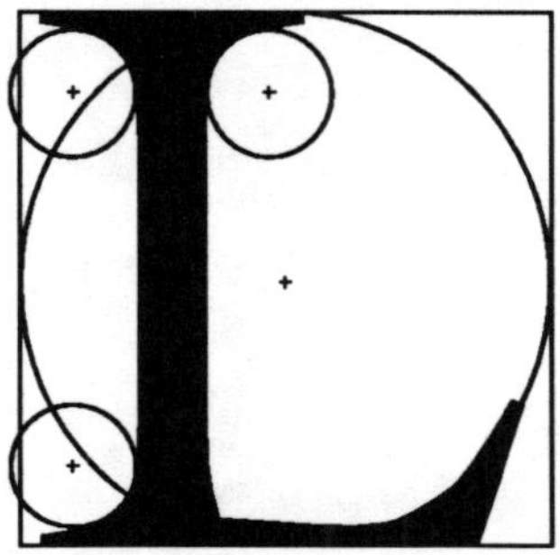

Leading

Lernen

Libido

Leading

Leading bezeichnet das Führen von anderen Menschen. Im NLP wird Leading durch Pacing initiiert. Erst wenn eine gemeinsame Synchronisierung stattgefunden hat, kann ein Mensch den anderen überzeugend führen. Wer erfolgreich führen möchte, muß zuvor einen gemeinsamen Schwingungszustand herstellen. Musiker nennen es den Groove. Im NLP heißt es Rapport. Ein guter Rapport ist die Voraussetzung für müheloses und respektvolles Leading. Der Rapport ist ein magisches Band zwischen interagierenden Menschen. Es ist ein spontanes Phänomen. Geht der Rapport verloren, reißt auch das magische Band. Wenn der Führende dies nicht bemerkt und trotzdem versucht, weiter zu intervenieren, wird der andere ihm Widerstand entgegensetzen. Dafür sorgen die unbewußten Kräfte des Geführten, die für seine persönliche Ökologie verantwortlich sind. Widerstand bedeutet mangelnde Flexibilität des Führenden. In solchen Situationen gilt es, durch einfühlsames Pacing wieder Rapport zu erzeugen. Wenn guter Rapport besteht, bilden die Kommunikationspartner eine Einheit. Der flexiblere Partner wird die Einheit führen. Deshalb braucht ein guter Coach möglichst hohe Flexibilität. Je weniger der Coach in das System des Klienten involviert ist, desto effektiver kann er führen. Um sinnvoll führen zu können, braucht man ein Ziel, oder zumindest eine Intuition für die Richtung des gemeinsamen Weges. Im NLP gibt es zur Zielbestimmung das PeneTRANCE-Modell. Hier kalibriert sich der Coach auf die Ziel-Physiologie des Klienten; sie dient ihm als sinnlicher Kompaß, um den Klienten zielorientiert durch den Veränderungsprozeß zu führen.

Es gibt verschiedene Arten des Leading. Der direkte Weg ist der Appell. Ein Mensch gibt einen verbalen Impuls, dem der andere folgt. Der Impuls kann auch verdeckt gegeben werden, so daß ihn das Bewußtsein des anderen vielleicht gar nicht bemerkt. Prozeßinstruktionen sind subtile Appelle. Sie können konkret oder auch sehr vage im Sinne des Milton-Modells gegeben werden. Mit ihrer Hilfe führt der Coach seinen Klienten durch den gewünschten Lernprozeß. Eine weitere Methode, um ein Gespräch elegant zu führen, sind gezielte Fragen. Ein guter Coach verfügt über ein reiches Repertoire von konstruktiven Fragen. Ressourcevolle Fragen können auch ein exzellentes Pacing sein. Das Meta-Modell bietet eine komplexe Fragetechnik zur systematischen Gesprächsführung. Auch durch geschickten Einsatz von Ankern und Separatoren können innere Zustände gesteuert und Menschen souverän geführt werden.

Lernen

Der moderne Mensch befindet sich in einem Dilemma. Einerseits veranlaßt uns unsere Natur immer wieder, die bereits erlernten und bewährten Verhaltensweisen zu reproduzieren und unseren Gewohnheiten zu folgen. Gewohnheiten geben Sicherheit und sie sind bequem. Die Steuerung durch unbewußte Gewohnheiten erwächst aus dem evolutionsgeschichtlichen Kontext, wo sich unsere menschliche Spezies so erfolgreich entwickelte. Menschen sind geeicht auf eine Umwelt, die sich im Laufe eines Menschenlebens nicht wesentlich ändert. Andererseits wissen wir, daß unser bisheriges Verhalten der wachsenden Komplexität und der Verantwortung der heutigen Zeit nicht mehr gerecht wird. Die menschliche Neigung, konditionierten Gewohnheiten zu folgen, setzt stabile Umweltbedingungen voraus. Die heutige Umwelt verändert sich jedoch rasend schnell. Vieles was wir gestern gelernt haben, gilt morgen nicht mehr. Dadurch entsteht Verunsicherung. Die Auflösung des Dilemmas gelingt durch Neues Lernen. Der Mensch hat lebenslange Lernfähigkeit als Ressource zur Verfügung. Differenzierter und intelligenter als jedes andere Lebewesen können wir unser Verhalten durch Lernen an die Erfordernisse der Umwelt anpassen. Wer mit der aktuellen Entwicklung Schritt halten will, muß bereit sein, alte inadäquate Verhaltensmuster auf intelligente Weise in Frage zu stellen und stattdessen flexible Verhaltenweisen erlernen.

Wir Menschen sind in der Lage, unser Handeln und auch unser Erleben durch Lernen ständig zu optimieren. Wir haben die Chance, unsere Persönlichkeit durch Lernen kontinuierlich zu entwickeln. Die konsequente Anwendung des NLP impliziert einen lebenslangen Lernprozeß. Dabei wird das eigene Repertoire von Verhaltensweisen erweitert und die Flexibilität zunehmend erhöht. Lernen bedeutet, das eigene Gehirn gezielt zu benutzen und es in Schwung zu halten. Nicht wenige Senioren widmen sich der Weiterbildung im hohen Alter, weil sie wissen, daß dies ihre Vitalkräfte aktiviert. Erfolgreiche Unternehmen organisieren für ihre Mitarbeiter Weiterbildungsmöglichkeiten in Form von Seminaren und Trainings. Führungskräfte kommen ins Coaching, um auf individuelle Weise die eigene Kompetenz zu optimieren. Jede NLP-Intervention impliziert einen Lernprozeß des Klienten, wobei neue neurologische Verknüpfungen geschaffen werden. Um das Gelernte im realen Kontext anwenden zu können, macht man im NLP einen Future Pace. Durch mentales Probehandeln wird eine neurologische Struktur für das zukünftige Verhalten geschaffen.

Das Lernen am Modell (Modeling) ist eine besonders wirkungsvolle Art des Lernens. Dabei gibt das Modell dem Lernenden eine konkrete Zielvorstellung zur Orientierung. Auf diese Weise hat der Lernprozeß von Anfang an eine genaue Richtung und konkrete Kriterien zur Einhaltung dieser Richtung. Das NLP wurde durch Master-Modeling, also Lernen am erfolgreichen Modell entwickelt. Auch in der praktischen Anwendung des NLP gibt es Techniken, die auf dieser Idee basieren. Wenn ein Klient beispielsweise glaubt, eine bestimmte Ressource nicht selbst zur Verfügung zu haben, fragt ihn sein Coach: „Kennst Du jemanden, der das kann? Wie macht der das? Tu mal so, als ob Du das so wie er können würdest..." Beim Modeling ist es wichtig für den Modellierer, sich eine Zeitlang möglichst intensiv in die Welt seines Modells hineinzufühlen. Um die relevanten Strategien des Modells zu verstehen, tut der Modellierer so, als ob er das Modell wäre. Zur ökologischen Integration des Gelernten ist es jedoch wichtig, die neuen Fähigkeiten anschließend bewußt in das eigene Repertoire zu integrieren. Nicht die Persönlichkeit des Modells wird modelliert, sondern seine Fähigkeiten. Natürlich kann das Modell als Person ein willkommener Anker sein, doch entscheidend beim ökologischen Modeling ist, daß die Verfügbarkeit der neuen Fähigkeiten mit der eigenen Identität verknüpft wird.

Das NLP wurde entwickelt, um Lernprozesse zu erforschen und effizienter zu gestalten. Richard Bandler und John Grinder wollten herausfinden, wie die Star-Therapeuten so erfolgreich kommunizieren konnten. Ihr Ziel war es, die Forschungsergebnisse so aufzuarbeiten, daß mit ihrer Hilfe auch andere Menschen die Kunst der Kommunikation erlernen können. Deshalb wurden komplexe Fähigkeiten aufgeschlüsselt und in einfache Techniken zerlegt. Dabei wurden die intuitiven Vorgehensweisen der erfolgreichen Kommunikatoren genau untersucht. Die Ergebnisse wurden so dargestellt, daß sie von jedem Menschen nachvollzogen werden können. Die NLP-Ausbildung beginnt mit dem Einüben von Techniken. Wenn die Techniken sorgfältig eingeübt wurden, hat der Anwender einen inneren Prozeß durchlaufen, der ihn wissen läßt, daß sich hinter den Techniken eine tiefere Qualität der Kommunikation verbirgt. Diese Erkenntnis führt ihn zu den Mental Martial Arts. Beim Lernen gibt es kein Versagen und keine Fehler. Jede Erfahrung kann als nützliches Feedback verstanden werden, um dem zukünftigen Lernprozeß eine bessere Ausrichtung zu geben. Gesunder Humor kann beim kreativen Verarbeiten von schwierigem Feedback gute Dienste leisten. Lernen ist der Weg in die Freiheit. Es gibt vieles, was Menschen jetzt noch nicht tun können und in Zukunft lernen werden.

Libido

„Machen Sie Ihre Ziele unwiderstehlich!" Richard Bandler empfiehlt seinen Klienten, die angestrebten Ziele libidinös zu besetzen. „Finden Sie heraus, was Sie wirklich begeistern würde! Was müßte passieren, damit auch Ihr Unbewußtes Lust bekommt, das Ziel zu realisieren? Was würde Sie dabei am meisten motivieren?" Libido bringt Lust und Leidenschaft. Es ist eine wunderbare Ressource, die schöpferische Energien freisetzt und kreative Kräfte weckt. Libido-Energie nutzt die stärkste Motivationsquelle des Menschen. Der freie Fluß der Libido bewegt Menschen auf natürliche Weise. Wenn ein Ziel libidinös besetzt ist, entwickelt man eine lustvolle Motivation, die von innen heraus wirkt. NLP ist ein lustbetontes Instrumentarium. Persönliche Freiheit, Selbstverwirklichung und optimale Organisation von Ressourcen können spielerisch erworben werden, wenn libidinöse Kräfte ökologisch genutzt werden.

Richard Bandler und John Grinder bezeichnen sich als „Modell-Bauer". Sie beobachteten die Phänomene der Realität und suchten nach sprachlichen Modellen, um Ihre Beobachtungen angemessen zu beschreiben. Durch die funktionale Eleganz guter Modelle können NLP-Anwender ihre inneren Landkarten so gestalten, daß sie optimale Wahlfreiheit ermöglichen. Auch der Fluß der Libido-Energie kann im NLP als nützliches Modell verstanden werden. Gemeint ist die Lebensenergie. Die Chinesen nennen sie Chi, die Japaner Ki und die Inder Prana. Bekannt wurde der Libido-Begriff durch die Psychoanalyse von Sigmund Freud. Er verstand Sexualität als ursprüngliche Quelle der Libido. Verwirklichte Libido-Energie bringt uns in die Gewinner-Physiologie. So zu tun, als ob wir genetische Information fortpflanzen, gibt dem Unbewußten ein gutes Gefühl. Wir sind auf dem besten Weg, die wesentliche biologische Funktion zu erfüllen. Das Modell der Libido-Energie ist darüber hinaus sehr hilfreich zum allgemeinen Verständnis der Dynamik unseres Unbewußten. Die Libido-Energie befindet sich im ständigen Fluß. Wenn ein Ziel libidinös besetzt ist, wird der energetische Fluß verstärkt in diese Richtung geleitet. Der für das Ziel verantwortliche Teil der Persönlichkeit wird auf diese Weise mit Libido-Energie aufgeladen. Kann die dahinterstehende Absicht nicht adäquat realisiert werden, staut sich die Energie. Es entstehen innere Konflikte. Sobald die Konflikte gelöst werden, schmilzt die energetische Blockade und die Energie kann wieder frei fließen. Dabei entspannt sich die Psyche, und dies drückt sich dann auch in der Physiologie aus.

Magie des Wünschens

Manipulation

Meditation

Mental Martial Arts

Meta Modell

Meta-Programme

Metapher

Modeling

Moment of Excellence

Magie des Wünschens

Am Anfang war der Wunsch! Unsere Wünsche sind eine grundlegende Motivation für unser Verhalten. Das menschliche Unbewußte ist darauf geeicht, unsere Wünsche zu erfüllen. Nicht umsonst sind erwachsene Männer und Frauen im tiefsten Inneren gerührt, wenn alte Kinderträume wahr werden. Die Magie des Wünschens ist eine einfache und leicht erlernbare Form der Magie. Sie ist für Kinder, Künstler und Liebende ebenso geeignet wie für ganz normale Erwachsene. Wenn dabei ehrlich gewünscht, empfangen und gewürdigt wird, ist sie ökologisch sehr verträglich und unterstützt den Selbstheilungsprozeß. Durch den bewußten Umgang mit unseren wahren Wünschen können wir unser Leben gestalten. Wünsche ziehen ihre Verwirklichung an! Wenn ein Wunsch durch ein kleines Ritual libidinös aufgeladen und zugleich als wohlgeformtes Ziel formuliert wird, bekommt das Unbewußte eine wirkungsvolle Programmierung. Die selektive Wahrnehmung wird gezielt ausgerichtet, neue Wahrnehmungsfilter entstehen. Das schriftliche Ankern der Time Line gibt den organisierten Wünschen einen transparenten Rahmen und ermöglicht ein ökologisches Projekt-Management. Wenn der wünschende Magier sicherer wird und allmählich ein fundiertes magisches Know How erworben hat, sollte er gleichzeitig ein gesundes Gefühl für Respekt entwickeln. Daraus ergeben sich neue Möglichkeiten und zugleich mehr Verantwortung für die Folgen seiner Magie. So gelangt der übende Magier zu den Mental Martial Arts. Für das fruchtbare Wünschen im Kontakt mit anderen wurde von Thies Stahl die Schule des Wünschens entwickelt. Hier werden Konflikte in wohlgeformte Wünsche verwandelt, während die Partner die Kunst des Wünschens erlernen.

Das NLP beschreibt die Strukturen der Magie. Die Wurzeln der magischen Kräfte liegen im menschlichen Unbewußten. Das NLP macht psychologische Prozesse bewußt, die normalerweise unbewußt ablaufen. Dadurch wird ein verfügbarer Zugang zu Kräften geschaffen, die dem Menschen sonst verschlossen sind. Im Grunde sind magische Vorgänge nur solange magisch, bis unser Bewußtsein verstanden hat, wie sie funktionieren. Für Menschen aus früheren Zeiten, selbst für die gebildetsten, wären Autos, Schußwaffen, Computer oder Telefone magische Phänomene. In der heutigen Zeit bezeichnen wir all das als magisch, was wir (noch) nicht verstehen, weil unsere Wissenschaftler es (noch) nicht erklären können. Vieles was heute magisch erscheint, wird morgen als natürlich, logisch und vielleicht sogar als banal gelten.

Manipulation

Manipulieren bedeutet Hand anlegen, geschickte Handgriffe machen, etwas durch äußere Einwirkung verändern und auch, andere Menschen gezielt aber unmerklich zu beeinflussen. Der Begriff der Manipulation ist im gewöhnlichen Sprachgebrauch oft negativ besetzt. Darunter wird verstanden, auf einen Menschen so einzuwirken, daß dieser etwas tut, was er eigentlich nicht tun möchte. Diese Form der Manipulation nennt das NLP nicht-ökologische Manipulation. Manipulation im weiteren Sinne findet jedoch zwangsläufig in jeder Kommunikation statt. Je wirksamer eine Kommunikation, desto weitreichender die Manipulation. Wir können nicht nicht manipulieren! Jeder Mensch projiziert ständig seine eigene innere Landkarte in andere Menschen hinein und konfrontiert sie mit seinen unterschwelligen Erwartungen. Jeder Mensch hat unbewußte Mechanismen, die dafür sorgen, daß in der Auseinandersetzung mit anderen auch die eigenen Interessen vertreten werden. Falls die anderen Menschen unseren Erwartungen folgen, belohnen wir sie durch Sympathie und Zuneigung. Falls nicht, entstehen Konflikte und Aggressionen. Unbewußte Manipulationen sind normal und durch die Natur der menschlichen Psyche bedingt. Die eigentliche Gefahr der nicht-ökologischen Manipulation beginnt dann, wenn jemand versucht, über effektive Methoden gezielt und tiefgreifend in der Psyche anderer Menschen zu intervenieren. Das NLP stellt solche Methoden zur Verfügung. Trainierte NLP-Anwender sind als Therapeut, Trainer, Lehrer, Management-Coach oder Führungskraft in einer machtvollen Position. Um dieser Verantwortung gerecht zu werden, brauchen wir ein echtes Verständnis von dem ökologischen Gleichgewicht menschlicher Systeme.

Glücklicherweise gibt es Alarmsignale bei nicht-ökologischer Manipulation. Die Erfahrung zeigt, daß das Unbewußte eines Menschen sehr genau bemerkt, wenn es manipuliert wird. Einwanderhebende Teile melden sich, um die ökologische Integrität zu schützen. Jetzt stellt sich die Frage, inwieweit das Bewußtsein des betroffenen Menschen in der Lage ist, diese unterschwelligen Signale aktiv zu integrieren. Wenn ein NLP-Anwender andere Menschen dabei unterstützt, seine Integrität zu wahren, verbessert sich der Rapport. Werden solche Alarmsignale jedoch überhört, setzt oft unbewußter Widerstand ein und der Rapport wird beeinträchtigt. Die effektive Anwendung von NLP-Techniken setzt jedoch einen guten Rapport voraus. Wenn ein Klient einen Coach aufsucht, dann erwartet er von ihm eine hilfreiche Beeinflussung – also eine gezielte Manipulation. Niemand möchte jedoch von einem anderen Menschen ohne Einwilligung manipuliert werden. Das Unbewußte begegnet dem unerlaubten Manipulator mit gesundem Widerstand. Dauert dieser Zustand an, verschlechtert sich das emotionale Klima, auch wenn vom Bewußtsein scheinbar nichts bemerkt wird. Der Volksmund sagt über einen unerlaubten Manipulator: „Ich weiß nicht warum, aber irgendwie ist mir dieser Mensch unsymphatisch. Er versucht ständig, irgend etwas mit mir zu machen, und das mag ich einfach nicht."

Im Verkauf von Produkten und Dienstleistungen spielt die Frage der Manipulation eine wichtige Rolle. Ein geschickter Verkäufer kann beispielsweise die Produkte für die Wahrnehmung seines Kunden so attraktiv framen, daß dieser mehr kauft, als er eigentlich braucht. Im Nachhinein wird der Kunde jedoch feststellen, daß der Verkäufer ihm etwas angedreht hat. Dieses Phänomen nennt man Buyers Rumors oder den Katzenjammer des Kunden. Der Kunde ärgert sich und wird nächstes Mal vermutlich lieber woanders kaufen. Nicht-ökologische Manipulation bringt nur kurzfristige Gewinne, denn sie führt zu negativen zwischenmenschlichen Beziehungen. Dem Katzenjammer des Kunden kann man vorbeugen, indem man als geschickter Kommunikator auf Inkongruenzen achtet und schon frühzeitig mögliche Dissoziationen überprüft. Gelungene Lösungen für solche Problemstellungen führen zu Gewinner-Gewinner-Modellen. Hier findet eine Synthese aller an der Kommunikation beteiligten Interessen statt. Hinter jedem Verhalten steht eine positive Absicht. Auch manipulative Ambitionen lassen sich durch bewußtes Reframing in einen positiven Rahmen setzen und können in nützliche Impulse verwandelt werden. Solange Menschen darin noch ungeübt sind, ist diese Vorgehensweise vielleicht etwas zeitaufwendiger, dafür werden jedoch Synergie-Effekte freigesetzt und die Beteiligten erhalten einen Extra-Bonus. Eine gelungene Kommunikation bringt gemeinsame Erfolgserlebnisse. Dadurch steigt auch die Motivation zur zukünftigen Zusammenarbeit enorm.

Das Erlangen von Bewußtheit bietet die Chance zu ethischem Verhalten. Jede Kommunikation ist eine Manipulation. Da wir nicht nicht manipulieren können, ist es für NLP-Anwender eine berufsethische Verpflichtung, so viel wie möglich über Manipulation zu lernen. Nur wer die ohnehin stattfindenden Mechanismen der zwischenmenschlichen Beeinflussung verstanden hat, kann die Folgen seiner Manipulationen realistisch einschätzen. Erst dann hat man eine Chance, ethisch integer zu manipulieren und dabei die Ökologie und die Würde seiner Mitmenschen zu respektieren.

Meditation

Der Begriff der Meditation bezeichnete ursprünglich Methoden der Selbstversenkung aus dem östlichen Kulturkreis, die an religiöse Praktiken gekoppelt waren. Heute versteht man darunter verschiedene Möglichkeiten, um die eigene Aufmerksamkeit nach innen zu richten und zu zentrieren. Jeder Trance-Zustand ist eine kleine Meditation. Die Aufmerksamkeit richtet sich nach innen, wir lösen uns vom Alltagsbewußtsein und folgen mit der Wahrnehmung unseren inneren Impulsen. Die Praxis der Meditation versorgt uns langfristig mit der notwendigen Energie, um eine geistige Präsenz auszustrahlen. Die bewußte Anwendung von NLP-Techniken setzt einen kurzen Moment der Meditation voraus. Fehlt dieser Moment der Selbsterinnerung, bewegen wir uns in Bereichen der mechanischen Kommunikation. Ein kompetenter NLP-Anwender benötigt bewußte Energie, um im Hier und Jetzt präsent zu sein. Die Fähigkeit zur Selbsterinnerung kann eine souveräne Meta-Ebene erzeugen, die es erlaubt, über das aktuelle Geschehen zu reflektieren und dabei die eigene Subjektivität zu relativieren. Der Mensch erwirbt echtes Selbstbewußtsein, indem er sich daran erinnert, wer er ist.

Um während der Meditation geistige Präsenz zu gewinnen, brauchen wir energetische Anker. Diese können unterschiedlich beschaffen sein. Einige Methoden konzentrieren sich während der Praxis auf den Fluß des eigenen Atems. Die Berührung des Atems in der Nase ist ein wirkungsvoller olfaktorischer Anker. Das ständige Wiederholen eines Mantras bindet die Aufmerksamkeit des Meditierenden im auditiven Kanal. Das Fokussieren auf beruhigende Bilder wie Kerzenlicht fungiert als visueller Anker. Auch bewußtes Essen kann eine intensive Meditation mit gustatorischen Qualitäten sein. Die Konzentration auf bestimmte Körperwahrnehmungen bietet mannigfaltige Möglichkeiten, um den Fokus der Aumerksamkeit im kinästhetischen Kanal zu ankern. Es gibt eine Vielzahl von verschiedenen Arten der Meditation. Sie alle dienen der Entwicklung von bestimmten Bewußtseinszuständen. Durch die praktizierte Meditation bekommt der Mensch die Möglichkeit, seine inneren Programme zu beobachten und zu reflektieren. Durch regelmäßige Übung und geeignete Techniken können wir eine feine geistige Substanz entwickeln. Sie kann gereinigt, poliert und in der alltäglichen Realität veredelt werden. Die indischen Yogi nennen diesen Prozeß „the brillant mind – like working with diamonds".

Mental Martial Arts

Der Geist der Martial Arts stammt aus den asiatischen Kampfkünsten. Karate, Judo Aikido, Taekwondo, Kung Fu oder Tai Chi sind Wege zur Gesundheit und Bewußtwerdung. Sie sind seit Jahrtausenden erprobt und basieren auf verfeinertem Wissen. Durch ihre Ausübung werden Methoden zur effektiven Kommunikation auf körperlicher und geistiger Ebene vermittelt. Das NLP kann als Disziplin der Mental Martial Arts verstanden werden. Dabei geht es in erster Linie um die Entwicklung von geistigen Fähigkeiten. Der Erwerb von Kompetenz geschieht auf dem Weg der Übung. Es reicht nicht aus, nur über NLP zu lesen, zu reden oder Seminare zu besuchen; damit ist noch keine echte Anwenderkompetenz erworben. Die entscheidenden Schritte bestehen darin, die Prinzipien auszuprobieren und damit eigene Erfahrungen zu sammeln. So füllen sich die abstrakten Strukturen mit lebendiger Wahrheit. In der Praxis macht Übung den Meister. Manuela Brinkmann gibt in ihrem Buch „NLP und Rolfing – Unterwegs zur Vollkommenheit" einige Ideen zum Verständnis des NLP als Disziplin der Mental Martial Arts. Eugen Herrigel beschreibt in seinem Buch „Zen in der Kunst des Bogenschießens" das diesem Weg des Lernens zugrundeliegende Prinzip. Japanische Zen-Mönche erlangen ihre erstaunlichen Fähigkeiten auf ähnliche Weise, wie NLP-Coaches magische Kompetenz erwerben.

Ein Schüler der Martial Arts lernt und trainiert zuerst einfache Grundtechniken, die ihn flexibler und sensibler machen. Später lernt der Schüler eine Vielzahl von komplizierter werdenden Techniken. Er kann sein Verhalten nun gezielt variieren. Wenn die Zeit reif ist, wird der Schüler sein eigener Meister. Er beginnt auf der Grundlage des Gelernten, selbst neue Möglichkeiten der Anwendung zu schaffen. Er entwickelt eigene Wege des Lernens und seinen eigenen Stil der Anwendung. Das Erlernen des NLP ist ein ähnlicher Prozeß. Lebendiges Wissen wächst aufgrund von Erfahrungen. Robert Dilts betont ebenso wie Albert Einstein die Bedeutung der sinnlichen Erfahrung für den Kompetenzerwerb. In „Therapie in Trance" erklären Bandler und Grinder, wie Menschen komplexe Fähigkeiten erlernen, indem einzelne Elemente so lange geübt werden, bis der Lernende sie beherrscht. Verbunden mit geistiger Präsenz kann sich dabei ein Weg der inneren Arbeit eröffnen, der den Lernenden in die Freiheit führt. Dieser Prozeß ermöglicht sowohl ressourcevollen Kontakt mit anderen Menschen als auch die Befreiung von unnötigen Einschränkungen im Sinne einer Selbstheilung.

Meta-Modell

Das Meta-Modell ist ein explizites Rüstzeug zur Gewinnung von sprachlichen Informationen. Es ist ein Ergebnis der frühen Untersuchungen von Richard Bandler und John Grinder und bildet somit einen Grundstein des NLP. Das Meta-Modell wird in ihrem Buch „Metasprache und Psychotherapie" ausführlich beschrieben. Eine kurze und prägnante Zusammenfassung findet man bei Leslie Cameron-Bandler in ihrem Buch zur Paartherapie „Wieder Zusammenfinden". Winfried Bachmann hat in „Das Neue Lernen" Leslies Version aufgegriffen und in einen interessanten wissenschaftlichen Rahmen gebracht.

Der Einsatz der Fragen des Meta-Modells verbindet den Menschen mit seinem originalen Erleben. Das Meta-Modell wurde erdacht, um die Sprache eines Menschen mit der durch die Sprache repräsentierten Erfahrung zu verknüpfen. Sprache ist nicht Erfahrung, sondern eine Repräsentation der Erfahrung. Ebenso ist die Landkarte nicht das Territorium, sondern nur eine Abbildung davon. Da wir nicht direkt auf die Welt einwirken, erschaffen wir in unseren Köpfen neurologische Modelle von der Realität – unsere inneren Landkarten. Sie vermitteln uns die Orientierung für unser Verhalten. Wir entwickeln unsere Landkarten durch drei universelle Gestaltungsprozesse: Generalisierung, Tilgung und Verzerrung. Da sich diese drei Gestaltungsprozesse in sprachlichen Mustern ausdrücken, können wir das Meta-Modell als Instrument einsetzen, um die sprachlichen Formulierungen zu hinterfragen. Auf diese Weise wird die Verbindung zwischen der Sprache und der durch sie repräsentierten Erfahrung wieder hergestellt. Es wird eine Voraussetzung geschaffen, um die problemerzeugenden Strukturen der inneren Landkarte zu korrigieren.

Für jeden guten Kommunikator ist es entscheidend, die Landkarten der anderen Menschen zu verstehen. Deshalb ist das Meta-Modell in allen Situationen, die mit menschlicher Sprache zu tun haben, ein nützliches Instrument. Es ermöglicht dem Empfänger von Informationen durch systematisches Fragen, die reduzierte und verzerrte Oberflächenstruktur auf die ursprüngliche Tiefenstruktur zurückzuführen. So ist es möglich, sowohl die Ressourcen als auch die Einschränkungen auf den Landkarten der anderen Menschen systematisch zu erforschen. Die Fragen des Meta-Modells können zur Informationsgewinnung von Therapeuten und Ärzten ebenso erfolgreich eingesetzt werden wie von Anwälten oder Managern.

Meta-Programme

Meta-Programme machen Aussagen über wiederkehrende Eigenarten eines Menschen, die sich in verschiedenen Lebensbereichen und in vielfältigen Verhaltensweisen offenbaren. Es sind innere Strukturen, die im Kopf des Menschen immer wieder durchlaufen werden. Die Meta-Programme wurden ursprünglich von Robert Dilts entwickelt. Inzwischen gibt es im NLP zwei unterschiedliche Varianten in der Darstellung von Meta-Programmen. Eine geht auf Robert Dilts zurück; die andere wurde von Tad James und Wyatt Woodsmall in Verbindung mit den psychologischen Typen von Carl Gustav Jung aufgearbeitet. Die Grundlagen dieser Modelle hat Jung bereits 1923 in seinem Buch „Psychologische Typen" beschrieben. Demnach gibt es vier einfache Meta-Programme und mindestens zwanzig komplexe Meta-Programme, die sich durch die einfachen bedingen. Die einfachen Meta-Programme beschreiben auf einer bipolaren Skala das äußere Verhalten, die inneren Prozesse, die inneren Zustände und die adaptive Reaktion.

Meta-Programme beschreiben die strategischen Muster, die wir Menschen für unsere Orientierung benutzen. In jeder Strategie gibt es zum Beispiel eine Abbildung des Ziel-Zustandes. Einige Meta-Programme beziehen sich auf die Beschaffenheit der Zielrepräsentation. Dabei gibt es zwei grundlegende Motivationsrichtungen: „Hin zum Positiven" oder „Weg vom Negativen" – hinein ins Paradies oder hinaus aus der Hölle? Ein weiteres Programm beschreibt die Ebene der bevorzugten Chunks: Motivieren konkrete Details oder geht es um den globalen Nutzen? Dann gibt es Meta-Programme zur Abgleichung von Ist-Zustand und Ziel-Zustand: Wird nach Ähnlichkeiten (Matching) oder nach Unterschieden (Mis-Matching) gesucht? Außerdem geht es um die Frage, woran ein Mensch erkennt, wann ein Ziel es wert ist, ein Ziel zu sein: Geben interne Sensationen oder externe Referenzen den Ausschlag? Keines der Meta-Programm-Muster ist besser oder schlechter als die anderen. Für eine möglichst hohe Flexibilität ist es sinnvoll, die Muster auszubalancieren und damit beweglich zu sein. Meta-Programme sind Wahrnehmungsfilter. Sie formen unsere Persönlichkeit und bilden die Strukturen unserer Orientierung im Privatleben und im Beruf. Die Programme sind durch prägende Erfahrungen (Imprints) entstanden. Sie sind tief in unserem Unbewußten verankert. Das NLP bietet Möglichkeiten, um diese grundlegenden Muster unserer Persönlichkeit bewußt zu machen und bei Bedarf zu verändern.

Metapher

Eine Metapher ist dadurch bestimmt, daß sie einen Sachverhalt in den Begriffen eines anderen ausdrückt, wobei diese Verknüpfung ein neues Licht auf den Sachverhalt wirft. Metaphern können unbewußt im Leben entstehen oder bewußt konstruiert und gezielt angeboten werden, um psychische Prozesse zu beeinflussen. Die Nutzung von Metaphern im NLP geht zurück auf Milton Erickson, der besonders in seinen späteren Jahren sehr intensiv damit gearbeitet hat. Ein NLP-Klassiker zu diesem Thema ist das Buch „Therapeutische Metaphern" von David Gordon. Eine gelungene Metapher bietet ein vereinfachendes und zugleich treffendes Modell der Realität. Sie bildet eine bestimmte Situation, Konstellation oder einen Sachverhalt auf einer anderen Ebene ab. Dadurch kann die irritierende Komplexität der realen Situation auf prägnante Weise dargestellt werden. Dies kann in Form eines bildhaften Beispiels oder eines einleuchtenden Gleichnisses geschehen. Biblische Texte enthalten viele Metaphern, um auch einfachen Menschen komplexe Zusammenhänge auf verständliche Weise zu vermitteln. Bekannte Sprichworte wie „er sieht den Wald vor lauter Bäumen nicht", „alter Wein in neuen Schläuchen" oder die „zwei Seiten einer Medaille" sind kleine Metaphern. Besonders gut zur Konstruktion von Metaphern eignen sich klassische Archetypen wie König, Prinzessin oder Bettler, da sie die Muster des Unbewußten aktivieren.

Im Coaching können Metaphern bei der Lösung von Problemen eingesetzt werden. Die Metapher bietet einen Stimulus für das Unbewußte, um in einer neuen Weise über etwas nachzudenken. Sie versetzt die aktuelle Problematik in einen anderen Kontext, den der Betroffene besser und mit mehr Distanz überschauen kann, da er darin weniger involviert ist. Wenn dem Klienten eine Geschichte erzählt wird, in der jemand anderes, vielleicht eine Märchenfigur oder ein Fabelwesen, ein ähnliches Problem erfolgreich bewältigt, erhält das Unbewußte eine Idee, wie sein eigenes Problem gelöst werden könnte. Dabei ist es wichtig, daß die Metapher die Struktur der problematischen Situation isomorph abbildet. Die interpersonellen Beziehungen und die Bewältigungsmuster müssen im metaphorischen Kontext wiedererkennbar sein. Wenn die Metapher und das reale Problem strukturell ähnlich sind, wird der Mensch sie bewußt oder unbewußt miteinander in Beziehung setzen. Wenn in der Metapher eine Lösung des Problems angeboten wird, kann der Mensch das Prinzip der Problemlösung auf seine eigene Situation übertragen.

Modeling

Das gezielte Lernen am Modell ist ein wesentlicher Prozeß im NLP. Wenn eine gewünschte Verhaltensweise oder Fähigkeit noch nicht verfügbar ist, kann man sich real oder in der Vorstellung jemanden suchen, der darüber verfügt: „Kennen Sie jemanden, der das kann, was Sie gern können würden? Wie macht er das? Wie wäre es, wenn Sie es so wie er tun würden?" Mit Hilfe des Modeling kann man lernen, die gewünschte Ressource in das eigene Verhaltensrepertoire zu integrieren. Modelle begleiten und steuern unsere Entwicklung. Modell-Lernen ist evolutionsgeschichtlich sinnvoll und somit eine archetypische Ressource. Kinder lernen von ihren Eltern. Ob wir es wollten oder nicht – als Kinder haben wir unsere Eltern modelliert. Als wir uns in der Pubertät von den Eltern lösten, suchten wir uns neue Modelle: Tennisspieler, Fotomodelle, Rocksänger oder Filmstars. Wir alle haben die Fähigkeit zum Modell-Lernen, und unser Unbewußtes sucht sich immer wieder neue Modelle – den erfolgreichen Kollegen, den charismatischen Chef, die attraktive Nachbarin oder den rüstigen Spaßvogel im Kegelverein.

Beim Modeling werden Ressourcen erschlossen. Dabei wird eine nützliche Strategie modelliert. Der Modellierer lernt, die eigenen Ressourcen so zu organisieren, daß er sie in eine ähnliche Struktur bringen kann wie sein Modell. Komplexe Verhaltensweisen werden in kleinere Sequenzen zerlegt (Chunking Down). Robert Dilts beschreibt das Modeling in seinem Buch über Albert Einstein. Er bringt es in das Spannungsfeld von Religion und Wissenschaft, modelliert die legendäre Relativitätstheorie und erläutert Einsteins persönliches Verständnis von der Arbeit mit Modellen. Dem Ansatz des NLP lag die Überlegung zugrunde, daß selbst Könner und Experten nur zu einem kleinen Teil bewußt wissen, was sie im einzelnen genau tun. Sie tun es einfach und folgen ihrer Intuition. Erst der Prozeß des Modeling wirft ein bewußtes Licht auf die tatsächlich eingesetzten Erfolgsstrategien. Davon profitieren dann sowohl der Modellierer als auch das Modell. Modeling ist ein Gewinner-Gewinner-Projekt. Das Modell gewinnt ein neues Bewußtsein für die eigenen Fähigkeiten. Durch die konkreten Fragen des Modellierers wird es angeregt, die eigenen Strategien im Detail zu erforschen. Darüber hinaus erfolgt während des Prozesses oft ein Streamlining. Das modellierte Verhalten wird dadurch noch eleganter. Streamlining ist das Begradigen und Optimieren von Strategien. Sie werden bewußt erkannt, validiert, gewürdigt und metaphorisch poliert.

Beim Modeling befindet sich der Modellierer in der Rolle des Lernenden. Er ist ein Schüler, der zugleich seinem Lehrer hilft, bisher unbewußte Erfolgsstrategien bewußt zu machen. Eine spezielle Form des Modeling ist das Master Modeling. Hier werden Vorbilder modelliert, die durch einen Selektionsprozeß als besonders erfolgreich erkannt wurden. Nun wird ein konkretes Trainingsprogramm erstellt, das sich an den Eigenschaften und Verhaltensweisen der erfolgreichen Vorbilder orientiert. So können andere Menschen auf schnellem Wege lernen, in dieser Disziplin ebenfalls erfolgreich zu sein, indem sie von den Erfahrungen der Vorbilder direkt profitieren. Wichtig dabei ist, daß die Modellierer das Verhalten des Vorbildes nicht unreflektiert kopieren, sondern nur die wirklich erwünschten Ressourcen ökologisch in ihre Persönlichkeit integrieren. Der Lernende muß sein Modell zunächst imitieren, doch sobald er das Gelernte verinnerlicht hat, soll er sich bewußt wieder vom Modell lösen und seine eigene Identität betonen.

Durch Modeling von erfolgreichen Kommunikatoren wie Virginia Satir, Milton Erickson und Fritz Perls, ist das NLP entstanden. Modeling kann überall dort eingesetzt werden, wo potente Vorbilder zur Verfügung stehen, zum Beispiel bei der Schulung von Verkäufern oder Führungskräften, im Sport oder in der Frauenförderung. Modeling kann auch beiderseitig betrieben werden, zum Beispiel von Co-Trainern oder Co-Therapeuten, die gemeinsame Veranstaltungen durchführen. Diese fruchtbare Form der Zusammenarbeit wird Ressourcen-Modeling genannt, da die Partner wechselseitig die Ressourcen des anderen in das eigene Repertoire integrieren. In langjährigen Freundschaften und in Ehen wird oft Ressourcen-Modeling betrieben, ohne daß sich die Lernenden darüber bewußt sind. Das Unbewußte übernimmt Fähigkeiten aus dem Repertoire des anderen und setzt sie wie selbstverständlich im eigenen Kontext ein. Auch ein Coach kann die Ressourcen seines Klienten modellieren. Solche Manöver werden Stealing Anchors oder Ressourcen-Klauen genannt. Diese nicht ganz ernst gemeinten Formulierungen bezeichnen einen nützlichen Nebeneffekt beim Coaching. Dabei bringt der Coach seinen Klienten in einen ressourcevollen Zustand. Dann folgt er durch intensives Pacing seinem Klienten. Er fühlt sich möglichst vollständig in den ressourcevollen Zustand ein und lernt, die auslösenden Anker zu aktivieren. Nun zeigen beide die gleiche kraftvolle Physiologie. In Zukunft haben sowohl der Klient als auch der Coach die Ressource in ihrem Verhaltensrepertoire zur Verfügung.

Moment of Excellence

Es gibt Momente im Leben, da gelingt einem einfach alles. Man fühlt sich kraftvoll und die Dinge laufen mühelos. Der Kontakt mit anderen Menschen gestaltet sich angenehm, bester Rapport entsteht spontan. Ein Moment of Excellence ist ein besonders ressourcevoller Zustand. Im Moment of Excellence hat der Mensch guten Zugriff auf alle benötigten Ressourcen. Mit Hilfe der gleichnamigen Übung können solche Zustände aufgefunden und revitalisiert werden. Durch Nutzung von Ankern werden sie dauerhaft verfügbar gemacht. Dadurch entsteht eine wertvolle Blanco-Ressource, die der Mensch dann jederzeit aktivieren kann.

Zu Beginn der Übung bittet der Coach seinen Klienten, drei Situationen in seinem Leben zu finden, in denen er sehr guten Zugang zu seinen Fähigkeiten hatte. Durch diesen Suchprozeß gelangt der Klient bereits in eine ressourcevolle Physiologie. Dann wählt er diejenige Situation aus, die ihm jetzt am attraktivsten erscheint. Dabei kann auch eine kreative Synthese aus mehreren Situationen geschaffen werden. Über die V.A.K.O.-Hypnose führt der Coach den Klienten in den exzellenten Zustand hinein: „Während Sie immer besseren Kontakt zu der Situation bekommen, machen Sie sich bewußt, was Sie dort sehen ... (Pause) ... und während Sie all das sehen, hören Sie auch etwas ... (Pause) ... und während Sie all das wahrnehmen, spüren Sie Ihren Körper und Ihre Gefühle ... (Pause) ... und vielleicht nehmen Sie einen bestimmten Geruch oder Geschmack wahr ..." Dabei ist es wichtig, daß der Klient sich vollkommen in das Erlebnis hinein assoziiert, damit die Energie für das anschließende Ankern wieder total lebendig ist.

Der Anker für die exzellente Energie wird mit Hilfe einer ideomotorischen Bewegung installiert, die spontan im Peak der Physiologie, also im intensivsten Moment, auftaucht. Die ideomotorische Bewegung wird vom Klienten solange eingeübt, bis sie als wirkungsvoller Anker für den ressourcevollen Zustand fungiert. Der Anker soll so beschaffen sein, daß er durch eine kleine, möglichst unauffällige Bewegung elegant aktiviert werden kann. Wenn der Klient sich selbst in Zukunft in einen ressourcevollen Zustand versetzen möchte, kann er den Anker betätigen und so Kontakt zu seiner exzellenten Energie herstellen. Um die zukünftige Anwendung auch für schwierige Kontexte zu gewährleisten, können zum Abschluß der Übung noch ein Öko-Check und ein Future Pace als Transfersicherung gemacht werden.

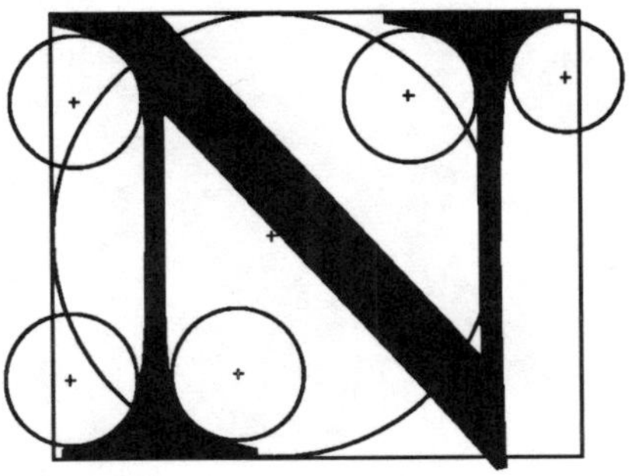

Negation

New Behavior Generator

Nominalisierung

Negation

Negation bedeutet Verneinung. Eine Negation ist eine negative verbale Aussage. Man erkennt Negationen an der Vorsilbe un- oder an Worten wie nicht, kein, ohne: „Ich will nicht mehr rauchen", „Ich möchte keinen Alkohol mehr trinken.", „Ich wünsche mir ein Leben ohne Zwänge". Gut, diese Erkenntnis kann eine Ressource darstellen, nur – was stattdessen? Wir brauchen Alternativen! Das menschliche Unbewußte kann nicht negieren. Es kann die Negation nicht verarbeiten. Unser Unbewußtes arbeitet analog, und negieren ist eine digitale Funktion. Der Gedanke an irgendetwas bringt uns bereits damit in Kontakt, auch wenn wir verbal ein „nicht" davor setzen. Die Aufforderung „Denke nicht an eine kleine schwarze Katze" führt dazu, daß wir an eine kleine schwarze Katze denken. Wir müssen uns zunächst eine kleine schwarze Katze vorstellen, bevor wir dann beschließen können, es nicht zu tun. Deshalb brauchen wir positiv formulierte Alternativen, zum Beispiel einen großen weißen Hund.

Im NLP gilt es als Herausforderung, Negationen in positive Aussagen zu verwandeln. Positives Denken und positives Formulieren sind grundlegende Fähigkeiten eines kompetenten NLP-Anwenders. Sie können durch konsequentes Reframing geübt und kultiviert werden. Reframing von negativen Aussagen bringt Spaß und stimuliert die kreativen Geister. Die Vorgehensweise des NLP ist konsequent zielorientiert und entspricht somit der Funktionsweise unserer Psyche. Negationen hingegen verwirren den unbewußten Autopiloten. Insbesondere beim Formulieren von Zielen widersprechen sie den Kriterien der Wohlgeformtheit. Falls der Klient im Coaching Negationen gebraucht, um sein Ziel zu beschreiben, fragt ihn der Coach, was er stattdessen erreichen möchte. Ein Klient sagt: „Ich will nicht mehr depressiv sein." Daraufhin stimuliert ihn der Coach, eine attraktive Alternative zu entwickeln: „Wie wird es denn sein, wenn Sie nicht mehr depressiv sind? In welchem Zustand möchten Sie stattdessen sein? Was wollen Sie erreichen? Was ist Ihr Ziel?" Das PeneTRANCE-Modell ist ein hilfreiches Instrument zur Zieldefinition. Dabei hinterfragt der Coach die Negationen des Klienten solange, bis eine positive Entsprechung gefunden wurde. Viele Menschen sind es nicht gewohnt, sich auf eine zielorientierte Weise mit ihren Problemen auseinanderzusetzen. Daher braucht der Coach oft eine gewisse Beharrlichkeit, um die Negationen zu verwandeln. Aufgrund dieser Beharrlichkeit bekam das PeneTRANCE-Modell seinen Namen.

New Behavior Generator

Der New Behavior Generator dient der Optimierung von Verhalten. Er kann im Wachzustand oder in Trance eingesetzt werden. Die Technik wurde von Robert Dilts und Richard Bandler entwickelt, indem sie das Lernverhalten von John Grinder modellierten. Es ist eine kreative Form des Mentalen Trainings. Der Coach steuert den Lernprozeß durch Fragen und Prozeßinstruktionen, wobei er sich an der Physiologie des Lernenden orientiert. Er braucht das konkrete Verhalten des Klienten nicht zu kennen. Das Modell der Augenbewegungen dient dabei als Orientierungshilfe. Bestimmte Blickrichtungen sind Indikatoren für entsprechende innere Zustände. Die Zustände werden vom Coach geankert, indem zum Beispiel mehrere Stühle als räumliche Anker arrangiert werden. Ausgangspunkt ist eine Situation, in der sich der Klient anders verhalten möchte, als sein bisheriges Repertoire erlaubt. „Wie möchten Sie sich in Zukunft stattdessen verhalten?“ Der Klient geht in den inneren Dialog und denkt über seine Situation nach. Diese Position entspricht dem Blick nach unten links. Als Ergebnis entwickelt der Klient eine auditive Repräsentation des erwünschten Verhaltens. Zur Unterstützung können die Als-Ob-Methode oder das Modeling eingesetzt werden: „Tun Sie einfach mal so, als wenn Sie es bereits können würden ... oder vielleicht kennen Sie jemanden, der das kann, was Sie gern können würden – wie macht er das? Wie wäre es, wenn Sie es so tun würden, wie er es tut?“

Sobald der Klient weiß, wie er sich in Zukunft verhalten möchte, schickt ihn der Coach in die nächste Position. Jetzt blickt er nach oben rechts und sieht sich selbst dissoziiert in der relevanten Situation das neue Verhalten ausprobieren. Dann wechselt er zurück in die erste Position und reflektiert im inneren Dialog seine eben erlebte Vision. „Was hat Ihnen gefallen? Was kann wie verändert werden? Verfügen Sie bereits über die Kompetenz, um es zu tun? Welche Konsequenzen wird das neue Verhalten in Zukunft auslösen?“ Sobald der Klient mit seinem Verhalten zufrieden ist, schickt ihn der Coach in die dritte Position. Jetzt wechselt der Blick zwischen oben rechts und unten rechts. Der Klient sieht sich assoziert und fühlt dabei in sich hinein. Dann wechselt er zurück in die erste Position, um die Erfahrung zu reflektieren und das neue Verhalten weiter zu verbessern. Dieses Rotationsverfahren wird solange vollzogen, bis er sich in einer kongruent ressourcevollen Physiologie befindet. Abschließend wird ein Future Pace gemacht. „Wann genau werden Sie das neue Verhalten anwenden?“

Nominalisierung

Nominalisierungen sind Substantive, die aus Prozeßworten entstanden sind. Aus einem fortlaufendem Prozeß wurde ein Ding oder ein Ereignis. Die Formulierung „Wir haben eine Beziehung" impliziert eine gewisse Statik. Der Begriff „Beziehung" ist eine Nominalisierung für vieles, was die Partner gemeinsam tun: reden, essen, sich berühren oder spazierengehen. Viele sinnliche Details werden in einem digitalen Begriff zusammengefaßt. Nominalisierungen entsprechen dem Chunking Up. Metaphorisch ausgedrückt reduziert die Nominalisierung einen dynamischen Film auf ein einziges Bild. Es gibt zwei Arten von Tests, um Nominalisierungen von regulären Nomina zu unterscheiden. Beim ersten Test fragt man: „Ist dieses Ding in Wirklichkeit ein Prozeß? Kann man das Wort *andauernd* davor setzen?" Falls es paßt, ist es eine Nominalisierung: ein andauerndes Problem, eine andauernde Beziehung versus ein andauerndes Auto, ein andauerndes Haus. Beim zweiten Test fragt man: „Ist dieses Ding als konkretes Objekt sinnlich wahrnehmbar? Könnte man es auf einen LKW legen?" Falls ja, ist es keine Nominalisierung. Oder man fragt: „Welche Farbe hat es? Welches Geräusch entsteht, wenn ich mit einem Hammer dagegen klopfe? Wie fühlt sich die Oberfläche an? Wie riecht es? Kann man da hineinbeißen?"

Bei der Hypnose werden Nominalisierungen im Sinne des Milton-Modells als verbale Projektionsflächen eingesetzt. Wenn der Klient derartige Formulierungen in hypnotischer Sprache angeboten bekommt, kann er seine eigene Erfahrung in den auditiven Stimulus hineinprojizieren. Nominalisierungen sind nützliche auditiv-digitale Anker. Ihr großer Vorteil ist, daß komplexe Abläufe praktischerweise durch nur einen Begriff erfaßt werden. Wenn jedoch vergessen wird, daß sich hinter dem statischen Begriff ein dynamischer Prozeß verbirgt, wird die innere Landkarte reduziert und der Mensch verliert Wahlmöglichkeiten. Das Meta-Modell hilft, Nominalisierungen wieder in dynamische Prozeßworte zu verwandeln. Die dynamische Formulierung führt dazu, daß ein bisher abgeschlossenes und der Kontrolle entzogenes Ereignis jetzt wieder als lebendiger Prozeß erfahren wird. Ein Klient klagt: „Ich bekomme keinerlei Anerkennung." Falls der Coach ihn fragt: „Wie möchten Sie denn gern von Wem für Was anerkannt werden?", vitalisiert er den Prozeß des Anerkannt-Werdens im Erleben des Klienten. Dadurch werden leblose Informationen wieder wachgerufen. Der Klient spürt, daß er sein Leben aktiv und kreativ gestalten kann.

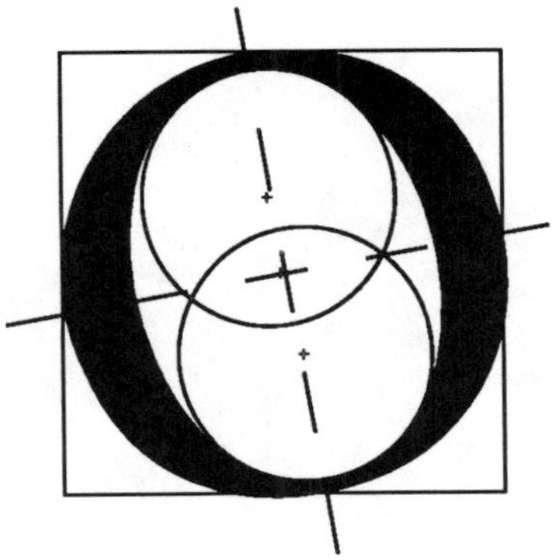

Ökologie

Öko-Check

Olfaktorisch

Organsprache

Ökologie

Der Begriff der Ökologie meint im allgemeinen Sprachverständnis die Wissenschaft von den Beziehungen zwischen den Lebewesen und ihren Biotopen. Im NLP wurde der Begriff spezifiziert und meint das komplexe Gleichgewicht eines Menschen als lebendiges System. Es wird bestimmt durch die Beziehungen der verschiedenen Persönlichkeits-Teile und durch ihr Zusammenwirken als psychisches und körperliches System. Bei jeder Intervention sollte die ökologische Verträglichkeit überprüft werden. Dies geschieht im Öko-Check. Eine Veränderung ist dann ökologisch, wenn sie mit den Anforderungen des Systems verträglich ist. Der Einfluß von Virginia Satir hat die systemische Denkweise im NLP geprägt. Sie hat Menschengruppen, wie zum Beispiel Familien, als soziales System verstanden. Ebenso kann ein einzelner Mensch als personales System betrachtet werden. Körper und Geist beeinflussen sich wechselseitig, alle Verhaltensweisen erfüllen eine oder mehrere Funktionen innerhalb des Systems. Dabei gibt es unbewußte Programme und Funktionen, deren Aufgabe es ist, die Stabilität unserer Welt zu wahren. Stabilität steht jedoch im Gegensatz zur Veränderung. Die Sicherung des Überlebens ist der stärkste menschliche Impuls, und jede Veränderung birgt Risiken. Deshalb darf nicht vergessen werden, daß jeder Mensch ein System darstellt, das sich in erster Linie selbst erhalten will. So läßt sich erklären, warum viele Verhaltensweisen oder Gewohnheiten beibehalten werden, obwohl der Mensch sie nicht mag und sich verändern möchte. Sie erfüllen ökologische Funktionen, bringen sekundäre Gewinne und stabilisieren unsere Existenz.

Die Systemtheorie besagt, daß die Veränderung eines einzelnen Elementes das gesamte System beeinflußt. So führt exzessives Essen nicht nur zur Sättigung, sondern auch zu Müdigkeit und Verlangsamung und längerfristig oft zur Gewichtszunahme. Auch Erfolgserlebnisse bewirken eine positive Eigendynamik. Wenn ein Mensch mit einer bestimmten Tätigkeit Erfolg hat, hebt dies sein Selbstwertgefühl. Erfolgreiches Verhalten bringt Anerkennung durch die Mitmenschen. Dies wirkt sich wiederum auf die Arbeitsmoral, Leistungsmotivation und Lebensfreude aus. Dadurch können weitere Ressourcen wie Kreativität, Humor oder Gelassenheit aktiviert werden. Die ökologischen Vernetzungen in einem System können weitreichende Folgen haben. Dieser Effekt wirkt auch umgekehrt. Wenn jemand beispielsweise das Rauchen aufgibt, verliert er dadurch vermutlich viele sekundäre Gewinne, die oft mit dem

Rauchen verknüpft sind; wie zum Beispiel gesellige Kontakte mit anderen Rauchern, Möglichkeiten zu kleinen Pausen oder bewußtes Atmen. Ähnliche Verknüpfungen gibt es in allen Lebensbereichen. Bei jeder psychischen Intervention muß daher mit unvorhergesehenen Nebeneffekten gerechnet werden.

Jeder Mensch lebt innerhalb von sozialen Systemen. Er fungiert als Projektionsfläche für die anderen und erfüllt Rollenerwartungen. Wenn durch psychische Interventionen seine Verhaltensmuster verändert werden, beeinflußt dies auch die ihn umgebenden sozialen Systeme. Wenn ein Mensch zum Beispiel nicht „Nein" sagen konnte und im Coaching ohne Öko-Check jetzt neue Abgrenzungsmechanismen installiert werden, kann dies zu weitreichenden sozialen Konflikten führen. Ein bekanntes Beispiel zum ökologischen Verständnis ist die Arbeit von Virginia Satir mit einer sehr dicken Frau. Ihre übermäßige Leibesfülle hatte die ökologische Funktion, für Männer unattraktiv zu sein. Dadurch wurde ihre Ehe stabilisiert. Außer ihr waren an ihrem Arbeitsplatz nur Männer tätig. Die Frau hatte in ihrem Repertoire keine Verhaltensweisen, um mit sexuellen Anträgen von Männern angemessen umzugehen. Entweder sie mußte mit dem Mann sofort ins Bett gehen oder sie konnte ihn nur sehr brüsk (psychoanalytisch ausgedrückt: geradezu kastrierend) abweisen. Beide Wege gefährdeten ihr System. Für Männer sexuell attraktiv zu sein, war für sie eine überaus bedrohliche Situation. Deshalb wählte ihr Unbewußtes durch das Dicksein einen sicheren Weg, um die Ökologie ihrer Lebenssituation zu schützen. Virginia Satir entwickelte dann mit der Klientin angemessene Verhaltensweisen zum Umgang mit männlichen Anträgen und übte sie mit ihr ein. Durch diese Intervention bereicherte sich das Verhaltensrepertoire der Klientin um die notwendigen Fähigkeiten, um als attraktive Frau ökologisch zu leben. Anschließend war es möglich, die Eßgewohnheiten der Frau zu verändern. Sie konnte abnehmen und ein normales Körpergewicht halten.

Jede Veränderung hat Auswirkungen auf das gesamte System. Falls die Veränderung tiefgreifend ist, kann es sein, daß sie das Gleichgewicht des Systems stört. Zum Ausgleichen der Störung müßte das System viel Energie aufwenden. Vielleicht ist die Störung sogar so gravierend, daß sie die Stabilität des Systems gefährdet oder dessen Sicherheit bedroht. In diesem Fall ist die Veränderung nicht ökologisch verträglich. Sie wird von den betroffenen Teilen im Unbewußten sabotiert werden und sich vermutlich nicht realisieren lassen. Deshalb ist es für die erfolgreiche Veränderungsarbeit wichtig, die geplanten Innovationen im Öko-Check auf ihre Verträglichkeit hin zu überprüfen.

Öko-Check

Der Öko-Check ist ein Schritt, der im Rahmen einer sauberen Arbeitsweise bei keiner NLP-Intervention fehlen darf. Es ist die bewußte Überprüfung, ob eine geplante Veränderung ökologisch ist. Dabei wird überprüft, ob eine Neuerung mit der bisherigen Organisation des bestehenden Systems verträglich ist. Der Öko-Check respektiert den Ist-Zustand und die Integrität eines Systems. Jedes Verhalten kann subjektiv als sinnvoll erkannt werden. Es erfüllt nützliche Funktionen innerhalb des menschlichen Systems. Jede Veränderung in einem komplexen System beeinflußt das gesamte System und kann unerwünschte Nebenwirkungen erzeugen. Ein lebendiges System ist darum bemüht, sich selbst im Zustand der Stabilität zu halten. Veränderung steht häufig im Widerspruch zur Stabilität. Hier liegt ein prinzipielles Konfliktpotential. Um eventuelle Konflikte rechtzeitig zu bemerken, fragt der Coach im Anschluß an eine getätigte Intervention, ob es einwand-erhebende Teile gibt. Mögliche Einwände können auch von zur Zeit unbewußten Teilen erhoben werden. Solche Einwände können an unterschwelligen Inkongruenzen erkannt werden. Der Klient ist jedoch oft nicht darin trainiert, derartige Signale aus eigener Initiative wahrzunehmen; deshalb liegt es in der Verantwortung des Coach, hier kritische Fragen zu stellen. Dabei kann sich herausstellen, daß die geplante Veränderung so weitreichend ist, daß sie andere Teile in ihrer Funktion stören würde. In diesem Fall werden die betroffenen Teile die Veränderung bekämpfen. Deshalb ist es intelligent, die Interessen dieser Teile frühzeitig zu berücksichtigen und in die geplante Veränderung zu integrieren, damit auch sie ihre Funktion einwandfrei erfüllen können. Erst dann wird die Innovation ökologisch verträglich sein und somit von allen Teilen unterstützt werden.

In der Veränderungsarbeit wird davon ausgegangen, daß das Unbewußte für die Ökologie zuständig ist und als ihr Anwalt fungiert. Manchmal ist der Klient im Coaching aber so begeistert von den anvisierten Zielen und den neuen Wegen, um seine Ziele zu erreichen, daß er mögliche Einwände aus dem Bewußtsein verdrängt. Falls er im Sturm der Begeisterung die Stimme der unbewußten Weisheit überhören sollte, kann der Coach ihn auffordern, mögliche Einwände zu phantasieren. Erfahrungsgemäß ergreift das Unbewußte diese Chance, um sich zu äußern und auf mögliche Störungen oder Nebenwirkungen aufmerksam zu machen. Dabei kann der Coach den Advokatus Diaboli spielen und weitere unbequeme Fragen stellen: „Was würde passieren, wenn ...?!"

Olfaktorisch

Der Begriff olfaktorisch bezieht sich auf die Orientierung über den Wahrnehmungskanal Riechen. Bei der Einteilung in drei Wahrnehmungs-Typen wird der olfaktorische Kanal gemeinsam mit dem gustatorischen und dem kinästhetischen Kanal zusammengefaßt. Von den meisten zivilisierten Menschen werden olfaktorische Reize nur selten bewußt wahrgenommen, was bei den Gerüchen in den Großstädten vermutlich eine gesunde Schutzreaktion darstellt. Die Schwelle, die ein olfaktorischer Reiz an Intensität erreichen muß, um vom Bewußtsein registriert zu werden, ist relativ hoch. Trotzdem orientiert sich unser Unbewußtes an Gerüchen. Der überraschende Geruch von Feuer zum Beispiel weckt die Aufmerksamkeit fast aller Menschen auf beeindruckende Weise. Alle Menschen riechen! Wir benutzen Parfums, Rasierwasser und wohlriechende Shampoos, um für andere Menschen attraktiv zu sein. Mundgeruch gilt als hochgradig unangenehm und peinlich. Wenn wir jemanden nicht riechen können, hat derjenige kaum eine Chance, unser Freund zu werden. Olfaktorischer Reichtum entsteht durch die Sensibilisierung der Nase als bewußtes Sinnesorgan. Durch das Einatmen der uns umgebenden Luft sind wir in Kontakt mit unserer Umwelt. Dabei können wir eine Vielzahl interessanter Informationen aufnehmen, wenn unsere Nase sensibel genug ist, um sie zu dekodieren. Die Atmung verbindet uns Menschen mit dem Element Luft und der Atmosphäre des Planeten. Atmen ist eine Form der Ernährung, die in jedem Moment geschieht. Bewußtes Atmen bringt uns ins Hier und Jetzt und stärkt unsere Präsenz. Die Vielfalt der olfaktorischen Metaphorik im Sprachgebrauch wird durch folgende Beispiele illustriert.

Beispiele für sinnlich-olfaktorische Sprache

Das stinkt mir, den kann ich nicht riechen, die Nase rümpfen, der Duft der großen weiten Welt, das ist dufte, er ist eine Säufernase, eine anrüchige Person, ich rieche den Braten, wir müssen uns erst beschnuppern, er ist ein Naseweis, immer der Nase nach, sie hat den richtigen Riecher, das riecht nach Ärger, da drin ist dicke Luft, eine steife Brise, da weht ein frischer Wind, etwas anbrennen lassen, meine Nase verrät mir, da kann man nur in der Nase bohren, ich habe die Nase voll, sie steckt ihre Nase überall rein, er ist ein Nasenbär, Geld stinkt nicht, er ist muffig, sich den Wind um die Nase pfeifen lassen, dafür habe ich eine Nase, der Stallgeruch eines Unternehmens, die Luft ist rein.

Organsprache

Die Organsprache besteht aus metaphorischen Aussagen, die sich auf Teile des Körpers beziehen. Es ist eine Kunst, die körpersprachlichen Signale anderer Menschen zu empfangen, subtile Bedeutungen zu erahnen und dem anderen als geschicktes Feedback anzubieten. Dabei darf jedoch nicht vergessen werden, daß es zur Deutung der Organsprache keine Patentrezepte gibt. Die Interpretation der Organsprache ist eine intuitive Angelegenheit. Ein Coach mit einer guten Intuition entwickelt im Rapport zu seinem Klienten ein Gefühl für relevante Bedeutungen. Er kann aus den unzähligen Möglichkeiten diejenige Verbalisierung auswählen, die seinem Empfinden nach hier am besten paßt. Dann kann er sie seinem Klienten anbieten und beobachten, wie dieser darauf reagiert. Vielleicht reagiert auch direkt der Teil des Unbewußten, der das organsprachliche Phänomen erzeugt hat. Zum Beispiel sitzt ein Klient in einer schiefen Körperhaltung und der Coach sagt: „Manchmal kann es wichtig sein, zuerst nur eine Seite sehr einzubeziehen ...“ Dann sitzt der Klient einen Moment lang noch schiefer und der Coach fährt fort: „ ...um dann zu einer ausgewogenen Position zu gelangen.“ Jetzt richtet sich der Klient langsam auf und sitzt gerade. Solche Bewegungen werden vom Bewußtsein des Klienten während der Trance oft nicht bemerkt, das Unbewußte reagiert direkt auf das Feedback des Coach.

Im NLP geht man davon aus, daß sinnesspezifische Sprachmuster Zugangshinweise zu den bevorzugten Repräsentations-Systemen liefern. Auch durch die Organsprache kann der NLP-Anwender Zugangshinweise gewinnen. Das Unbewußte versteht Sprache oft sehr wörtlich. Die Organsprache kann aufgrund der vielen Metaphern ein Schlüssel zur Gesundheit sein. Bei der Arbeit mit gesundheitlichen Problemen kann eine Interpretation der Organsprache helfen, die Ursachen der Symptome zu erforschen. „Kann es sein, daß irgend etwas an Ihnen frißt oder nagt? Wird Ihnen beim Gedanken an irgend etwas übel? Gibt es etwas, das Sie nicht verdauen können?“ Bei Magenproblemen könnten solche Fragen psychosomatische Zusammenhänge aufdecken. Bei Nackenschmerzen könnte der Coach fragen: „Sitzt Ihnen irgend etwas im Nacken? Lastet eine schwere Verantwortung auf Ihren Schultern? Könnte etwas Ihr Genick brechen?“ Robert B. Dilts gibt in seinem Buch „Identität, Glaubenssysteme und Gesundheit“ weitere Beispiele und erklärt, wie die Organsprache als diagnostisches Werkzeug eingesetzt wird.

P

Pacing

Parts Party

PeneTRANCE-Modell

Peripherer Blick

Phobie-Technik

Physiologie

Positive Absicht

Präsenz

Projektion

Prozeßinstruktionen

Psychotherapie

Pacing

Das amerikanische Wort Pace bedeutet Gangart oder Schritt. Ein Pacemaker ist ein Schrittmacher, der zum Beispiel beim Pferderennen in der ersten Runde mitfährt und die Pferde in den Gleichschritt bringt. Auch ein Herzschrittmacher ist ein Pacemaker. Wenn Menschen den gleichen Pace haben, bewegen sie sich im gleichen Tempo, im gleichen Rhythmus, im gleichen Schwingungsfeld. Sie sind im Rapport. Während der Kommunikation sind ihre Bewegungen synchronisiert, die Wesen harmonieren miteinander. Die Tätigkeit des Pacing hat im NLP eine sehr komplexe Bedeutung. Sinngemäß geht es darum, sich auf die Gangart von anderen Menschen einzustellen und mit ihnen im Gleichschritt zu gehen. Pacing wird unterschiedlich ins Deutsche übersetzt. Dabei werden verschiedene Aspekte dieser subtilen Tätigkeit betont: guten Kontakt herstellen, eine positive Verbindung schaffen, eine gemeinsame Schwingung erzeugen, sich in die Welt des anderen einfühlen, sich an den anderen angleichen. Einige NLP-Anwender bezeichnen Pacing auch als Spiegeln, weil sie es in erster Linie als gezieltes Einnehmen der gleichen Körperhaltung verstehen.

Die Untersuchungen von Bandler und Grinder haben gezeigt, daß erfolgreiche Therapeuten eine besondere Art der Kontaktaufnahme praktizieren. Zunächst pacen sie die aktuelle Welt des Klienten, bevor sie ihn dann aktiv und gezielt beeinflussen. Sie holen ihren Klienten dort ab, wo er sich gerade befindet und führen ihn dann in bessere Zustände. Pacing and Leading. Jeder gute Kommunikator versucht zunächst, das Vertrauen seines Gesprächspartners zu gewinnen. Pacing ist eine vertrauensbildende Maßnahme. Sobald ein harmonischer Kontakt geschaffen wurde, entsteht Rapport. Ein fähiger Kommunikator kann seinen Gesprächspartner bei gutem Rapport mühelos in ressourcevolle Zustände führen. Falls der Rapport schwindet, gilt es besser zu pacen. Kreativität ist gefragt. Die Vielfalt der menschlichen Existenz bietet unzählige Möglichkeiten, um potentielle Ähnlichkeiten zu entdecken, zu verstärken und so natürlichen Zugang zur Welt des anderen zu gewinnen. Ein trainierter NLP-Anwender kann auf allen Kanälen pacen: Körperhaltung, Mimik und Gestik, Atemrhythmus, Augenbewegungen, Sprechweise, Stimmlage, Lachen, Kleidung, besondere Vorlieben oder Lebensstil. Dabei können alle Wahrnehmungsfilter eingesetzt werden. Auch psychische Aspekte der menschlichen Persönlichkeit, wie Glaubenssysteme, Überzeugungen, Einstellungen oder Werte können gepaced werden. Pacing kann auf verschiedenen Ebenen stattfinden. Werden grundlegende Glaubenssätze erfolgreich gepaced, führt dies vermutlich zu stärkerem Rapport als das Spiegeln von Körperhaltungen. Deshalb spricht man von Pacing auf der Mikro-Ebene und Makro-Ebene. Die Mikro-Ebene bezieht sich auf kurzlebige Phänomene, die aus der Physiologie im Hier und Jetzt resultieren. Zur Makro-Ebene gehören kontinuierliche Merkmale, die charakteristisch für einen Menschen sind.

Unbewußtes Pacing geschieht ständig im täglichen Leben. Sobald Menschen einander sympathisch sind, pacen sie sich, indem sie ihr Verhalten in der Kommunikation aufeinander abstimmen. Dies sind vielschichtige und feinsinnige Prozesse, die meistens unbemerkt stattfinden. Auch unbewußtes Pacing verbessert die Interaktion. Es führt Menschen in gemeinsame Schwingungszustände und sorgt für gute Stimmung. Pacing wird auch durch soziale Rituale initiiert, wie zum Beispiel beim gegenseitigen Zuprosten beim Konsum alkoholischer Getränke. Hier bekräftigen die Trinkenden durch das synchronisierende Anstoßen ihren gemeinsamen Rapport. Gesellige Raucher ziehen gleichzeitig an ihrer Zigarette und machen synchrone Bewegungen zum Aschenbecher. Sehr deutlich kann man das Prinzip des Pacing bei Liebespaaren beobachten. Verliebte Paare wirken auf andere Menschen oft wie ein einziges Wesen, so harmonisch sind ihre Schwingungen miteinander synchronisiert.

Die Idee des Pacing ist auch ein Schlüssel zum Verständnis der Massenpsychologie. Bereits Sigmund Freud hat sich darüber Gedanken gemacht; vermutlich würde er kollektives Pacing als libidinöses Gruppenerlebnis verstehen. Bei Fußballspielen pacen sich die Schlachtenbummler auf vielen Ebenen, singende Fans schunkeln gemeinsam in einem homogenen Farbenmeer. Wenn Soldaten in die Schlacht gezogen sind, gingen sie im Gleichschritt und sangen gemeinsame Lieder. Alle trugen die gleiche Uniform, den gleichen Haarschnitt und ein gemeinsames Feindbild im Kopf. Pacing verbindet, egal ob es unbewußt stattfindet oder bewußt initiiert wird. Durch gezieltes Pacing kann ein fruchtbares Gesprächsklima geschaffen werden. Dabei gibt es unbegrenzte Möglichkeiten zur Kontaktaufnahme. Ein konsequenter NLP-Anwender begibt sich zunächst respektvoll auf die aktuelle Schwingungsebene seines Gesprächspartners, um dann eine effektive Kommunikation zu führen. Dafür braucht er sensible Sinnesorgane und flexibles Ausdrucksvermögen. Er kann auf verschiedenen Kanälen Kontakt aufnehmen und dabei die Sprache des anderen sprechen, verbal und nonverbal. Bewußtes Pacing wird durch äußere Aktivität initiiert, wesentlich dabei ist jedoch der subtile innere Prozeß des Gleichschwingens.

Parts Party

Eine Parts Party ist eine Technik zur Integration verschiedener Persönlichkeits-Teile. Sie dient der Versöhnung der inneren Dämonen. Die Parts Party basiert auf dem Teile-Modell der menschlichen Persönlichkeit. Die zugrundeliegende Idee ähnelt dem Six Step-Reframing. Unterschiedliche Teile der eigenen Persönlichkeit interagieren miteinander. Das Ziel ist es, einen Zukunftsentwurf zu entwickeln, der für alle betroffenen Teile ökologisch ist. Vermutlich wurde die Technik von Virginia Satir entwickelt, obgleich sie viele Charakteristika der Gestaltpsychologie aufweist. In dem Buch „Kompetenz und Integrität" schildert Genie Z. Laborde anhand eines persönlichen Beispiels, wie eine Parts Party ablaufen kann. In dem Buch „Multimind" erläutert Robert Ornstein, wie das Erscheinen der verschiedenen Teile vom Gehirn organisiert wird.

Eine Parts Party ist ein Ritual, das in verschiedenen Formen durchgeführt werden kann. Sie kann schriftlich auf einem Blatt Papier oder in einem Tagebuch geankert werden. Eine Parts Party kann auch mit Karten und kleinen Zettelchen an einer Pin-Wand visualisiert werden. Sie kann ebenso als Rollenspiel arrangiert werden, wo durch Rollenspieler die verschiedenen Teile eines Menschen symbolisiert werden. Dabei können Kostüme oder ähnliche Accessoires eingesetzt werden. Welche Variante auch gewählt wird, entscheidend für eine Parts Party ist die Möglichkeit zur Selbstdarstellung von verschiedenen Persönlichkeits-Teilen. Jeder Teil symbolisiert den Menschen in speziellen Lebensbezügen. Ähnlich wie das Six Step-Reframing kommen auf einer Parts Party auch ungeliebte oder konfligierende Persönlichkeits-Teile zu Wort. Sie können ihre Ziele, ihre Ängste, oder ihre Konflikte mit anderen Teilen darstellen. Dabei werden Meta-Ziele und positive Absichten deutlich. Konflikte zwischen verschiedenen Teilen können ausgehandelt und aufgelöst werden. Das Ergebnis einer Parts Party ist ein Gewinn an Kongruenz. Es wird ein Zukunfts-Szenario geschaffen, mit dem alle Teile einverstanden sind. Als Abschluß kann der Mensch einen Future Pace formulieren. Die Chance der tatsächlichen Realisierung ist enorm hoch, da er von allen relevanten Teilen ökologisch überprüft wurde. Ein auf diese Weise entwickelter Future Pace motiviert den ganzen Menschen, weil er nun aus vollem Herzen daran glauben kann, daß seine zukünftige Lebensweise allen relevanten Bedürfnissen gerecht wird.

PeneTRANCE-Modell

Das PeneTRANCE-Modell wurde von dem Hamburger Diplom-Psychologen Thies Stahl entwickelt. Es ist ein Verfahren, um den Klienten durch konsequentes Nachfragen zu wohlgeformten Zielvorstellungen hinsichtlich seiner Veränderungswünsche zu führen. Dabei wird die Ökologie von Interventionen in besonderem Maße betont. Der Name der Methode setzt sich aus den Worten „penetrant" und „Trance" zusammen, weil der Coach solange konsequent hartnäckige Fragen stellt, bis die Zieldefinition bestimmten Kriterien der Wohlgeformtheit genügt. Um die Fragen ernsthaft beantworten zu können, muß der Klient innere Suchprozesse durchlaufen. Dabei geht er in Trance. Das PeneTRANCE-Modell ist eine Metapher für das generelle Vorgehen des NLP in der Veränderungsarbeit. Als erstes wird eine Zieldefinition formuliert. Dann werden Ressourcen zur Zielerreichung aktiviert. Danach wird die gewünschte Veränderung auf ihre ökologische Verträglichkeit hin überprüft. Dabei wird auch das als unerwünscht empfundene Problemverhalten gewürdigt. Alte Verhaltensweisen werden neu kontextualisiert und als Ressource in das Repertoire des Klienten integriert. Abschließend wird ein Future Pace als Transfersicherung gemacht. Wenn die Intervention erfolgreich war, wird der Klient zum Abschluß entweder eine motivierte Ziel-Physiologie oder eine entspannte Versöhnungs-Physiologie zeigen.

„Woran werden Sie merken, daß Sie Ihr Ziel erreicht haben?" Diese Frage führt meist nicht auf Anhieb zu einer Antwort, die alle Kriterien der Wohlgeformtheit erfüllt. Um das Ziel in Übereinstimmung mit diesen Kriterien formulieren zu können, muß der Klient in leichte Trance-Zustände gehen. Er richtet seine Aufmerksamkeit nach innen, nimmt bisher unbewußte Impulse wahr und wird von dem Coach immer wieder in den Zukunftsentwurf der Zielerreichung hinein hypnotisiert. Wenn ein guter Rapport und eine klare Arbeitsvereinbarung bestehen, erlebt der Klient die Fragen seines Coach trotz ihrer Penetranz nicht als unangenehm, denn er merkt, daß jede dieser Fragen seinen Zustand verbessert. Durch die Fragen wird er konsequent aus dem Problem-Zustand in einen Ziel-Zustand geführt. Jede weitere, im Sinne der Kriterien der Wohlgeformtheit beantwortete Frage, bringt ihn der erwünschten Zielerreichung ein Stück näher. Die Orientierung anhand von Kriterien gehört zum Handwerkszeug des NLP. Konkrete Kriterien schaffen klare Strukturen und geben der gemeinsamen

Arbeit eine verbindliche Basis. Im PeneTRANCE-Modell zeigen die Kriterien der Wohlgeformtheit, ob das gewünschte Ziel bereits optimal formuliert ist oder ob noch weiter daran gearbeitet werden muß. Sobald die Zieldefinition alle Kriterien der Wohlgeformtheit erfüllt, wird ein Ressource-Zustand induziert. Die Prozeßinstruktionen wurden bei Virginia Satir modelliert. Sie führen den Klienten auf respektvolle Weise an seine Ressourcen: „Du als erwachsener und reifer Mensch hast eine Menge gelernt in verschiedenen Zeiten Deines Lebens, mit verschiedenen Menschen, an verschiedenen Orten – was von all diesen Fähigkeiten kann Dir jetzt helfen, um Dein Ziel zu erreichen?" Der Klient findet daraufhin mindestens fünf Ressourcen in Form von verfügbaren Fähigkeiten. Sie werden anschließend durch einen Future Pace im Unbewußten geankert: „Jetzt mache bitte innerlich ein kleines Ritual und träume einen kleinen Traum, der sicherstellt, daß Du Dich im relevanten Kontext ... (wörtliche Zitate des Klienten) ... an diese Fähigkeiten erinnern kannst ... und daß Du sie so einsetzen wirst, wie es in der Situation am besten ist ..."

Im NLP geht es grundsätzlich darum, bestehende Verhaltensoptionen zu erhalten und dadurch für die Zukunft erhöhte Wahlfreiheit zu erwerben. Deshalb folgt ein Kontext-Reframing: „Finde oder erfinde bitte drei Kontexte, wo Du die neue Fähigkeit nicht anwenden möchtest, sondern lieber das alte Verhalten zur Verfügung haben möchtest." Auf diese Weise wird der Klient in die Versöhnungs-Physiologie geführt. Er kann nun erkennen, daß sein ursprüngliches Problemverhalten in bestimmten Kontexten auch eine wertvolle Fähigkeit darstellt. So braucht sein Unbewußtes nicht zu befürchten, daß es ökologisch notwendige Verhaltensoptionen verliert. Nur dann wird das Unbewußte bereit sein, die Realisierung des neuen erwünschten Verhaltens aus vollen Kräften zu unterstützen. Als nächstes wird ein gründlicher Öko-Check gemacht. Dabei schlüpft der Coach in die Rolle von Teufel's Advokat. Zur Überprüfung von möglichen unerwünschten Nebenwirkungen fordert er seinen Klienten auf, ein Bedeutungs-Reframing vorzunehmen: „Finde oder erfinde bitte drei negative Konsequenzen, die es in Deinem Leben geben könnte, wenn Du Dein Ziel erreicht hast." Oftmals sind Klienten so erfreut über ihre wohlgeformten Ziele, daß sie diese Transfersicherung als unnötig abtun. Doch gerade hier sollte ein gewissenhafter Coach penetrant nachfragen, um das neu Gelernte ökologisch zu überprüfen. Anschließend werden Möglichkeiten zum Umgang mit diesen negativen Konsequenzen gesucht: „Finde nun für jede der möglichen Konsequenzen verschiedene Ideen, wie Du ihnen vorbeugen kannst oder wie Du sie bewältigen wirst." Abschließend wird ein Future Pace gemacht: „Wann genau wirst Du Dein Ziel erreichen? Wie wird das sein? In welcher konkreten Situation in der Zukunft wirst Du das neue Verhalten zum ersten Mal anwenden?"

Peripherer Blick

Der periphere Blick ist eine besondere Art, die visuelle Aufmerksamkeit zu lenken. Dabei fixieren die Augen nicht wie gewöhnlich einen Ausschnitt des Gesichtsfeldes, sondern sehen das Gesamtbild als weiches Panorama. Es gibt keinen Fokus. Bei Arbeitstreffen, Konferenzen, Familientherapien oder anderen Zusammenkünften von Menschen, kann man mit Hilfe des peripheren Blickes den Tanz der Physiologien beobachten. Die Synchronizität und die Bezogenheit der Bewegungen zueinander werden dabei sehr deutlich. Trainer oder Gruppentherapeuten können durch den peripheren Blick die Dynamik einer Gruppe erkennen. Diese Art der visuellen Wahrnehmung gehört zum natürlichen Verhaltensrepertoire des Menschen. Unsere Vorfahren schützten sich auf diese Weise vor möglichen Angriffen. Der periphere Blick registriert auch unauffällige Bewegungen. Im Alltag hilft diese Sichtweise, ein Auto sicher durch den Straßenverkehr zu lenken, Mannschaftssport zu spielen oder verschiedene Arbeitsvorgänge gleichzeitig zu überwachen.

Für die meisten Menschen ist der periphere Blick eine ungewohnte Art der Wahrnehmung. Deshalb kann er als wirkungsvoller Separator eingesetzt werden. Der periphere Blick bietet eine interessante Möglichkeit, die eigenen Wahrnehmungsgewohnheiten für einen kurzen Moment zu unterbrechen und einen Zustand der inneren Ruhe zu erzeugen. Die Bedeutung des peripheren Blickes ist jedoch von Mensch zu Mensch verschieden. Wir haben unterschiedliche Strategien bei der Organisation unserer Wahrnehmung. Es gibt auch Menschen, für die der periphere Blick zum gewohnten Repertoire gehört. Er kann sogar Bestandteil einer Problem-Physiologie sein. Das Sehen ohne Fokus wirkt dann wie ein Starren ins Leere. Die damit einhergehende Trance ist ein Zustand der geistigen Abwesenheit. In solchen Fällen ist das Herbeiführen eines scharfen Fokus eher als Separator geeignet. Der periphere Blick kann auch als meditative Technik zur Zentrierung der inneren Aufmerksamkeit eingesetzt werden. Dabei entsteht eine besondere visuelle Sensibilität, die sich auf andere Sinnessysteme übertragen kann. Plötzlich hören wir auch die leisen Geräusche um uns herum und spüren den eigenen Körper auf eine feinfühlige Weise. So entsteht sinnliche Präsenz, die durch bewußtes Atmen verstärkt wird. Dabei kann sogar der innere Dialog für einen Moment in die Stille geführt und anschließend bewußt beobachtet werden.

Phobie-Technik

Eine Phobie ist eine heftige Angst vor bestimmten Dingen, Ereignissen oder Situationen. Auslöser für Phobien können zum Beispiel Mäuse, Spinnen, Spritzen, der Anblick von Blut, Zahnarztbesuche, Fahrstühle oder Eisenbahnwaggons sein. Charakteristisch für Phobien ist die Verkoppelung von äußeren Reizen und inneren Zuständen. Immer wenn ein Spinnenphobiker eine Spinne sieht, gerät er in einen Stuck State. Er ist innerlich von seinen Ressourcen abgeschnitten, verliert die Kontrolle und wird von seiner Angst überwältigt. Phobien werden meist durch traumatische Erlebnisse erzeugt und sind somit eine Schutzreaktion. Das Unbewußte versucht, durch die phobische Reaktion den Menschen vor einem weiteren Trauma zu bewahren. Eine Phobie ist ein traumatischer Puffer. Vom subjektiven Erleben her geht es dabei oft um Leben und Tod – die phobische Reaktion wird als absolut zwingend erlebt. Das NLP ist bekannt für seine spektakulären Erfolge in der Heilung von Phobien in kürzester Zeit. Dies geschieht durch die gezielte Entkoppelung des inneren Zustandes vom äußeren Reiz.

Als Einstieg in die Phobie-Technik wird der Rapport zwischen Coach und Klient überprüft. Dann wird eine Ressource-Physiologie geankert. Anschließend wird mit dem Teil Kontakt aufgenommen, der für die phobische Reaktion verantwortlich ist. Er wird gewürdigt und es wird sichergestellt, daß ihm die phobische Reaktion auch in Zukunft als Wahlmöglichkeit erhalten bleibt. Als nächstes wird die phobische Physiologie geankert. Dann wird eine doppelte Dissoziation etabliert. Dabei schwebt der Klient im Geiste aus seinem Körper. Er sieht Bilder oder einen Film von seinem jüngeren Selbst, aus der Zeit, als er die phobische Reaktion erlernt hat. So entwickelt der Klient ein tiefes Verständnis für den Sinn des damaligen Lernprozesses. Anschließend schlüpft der Klient wieder in seinen Körper im Hier und Jetzt. Nun geht er mit neuen Ressourcen zu seinem jüngeren Selbst, stärkt es und ermöglicht ihm dadurch, auf eine angemessene Weise mit der traumatischen Situation umzugehen. Dadurch wird die phobische Reaktion unnötig und der Klient kann sein jüngeres Selbst wieder integrieren. Im Öko-Check wird anschließend überprüft, ob alle Teile mit der Veränderung einverstanden sind. Falls die phobische Reaktion sekundäre Gewinne gebracht hat, werden diese durch das Six Step-Reframing integriert. Abschließend erfolgt ein Future Pace, um die freigewordene Energie, die jetzt nicht mehr an die phobische Situation gebunden ist, auf andere Art zu nutzen.

Physiologie

Im NLP meint der Begriff der Physiologie all das, was an einem Menschen wahrnehmbar ist. Die Physiologie bezeichnet den momentanen psycho-physiologischen Gesamtzustand. Dazu gehört sowohl das innere Erleben als auch das äußere Verhalten. Deshalb können die Begriffe „Physiologie" und „Zustand" synonym verwendet werden. Dabei wird davon ausgegangen, daß Körper und Geist Teile eines gemeinsamen kybernetischen Systems sind und sich gegenseitig beeinflussen. Die aktuelle Physiologie wird durch innere und äußere Wahrnehmungen bestimmt. Sobald der Mensch neuen Wahrnehmungen ausgesetzt ist, verändert sich seine Physiologie. Der Wechsel von Physiologien ist charakteristisch für die menschliche Existenz. Das Leben ist ein kontinuierlicher Fluß und unterliegt ständigem Wandel. Genaugenommen gibt es unendlich viele verschiedene Zustände, da jeder Moment einmalig ist und einzigartige Wahrnehmungen bietet. Die Veränderung der Physiologie läßt sich an beobachtbaren Parametern erkennen: Körperhaltung, Muskeltonus, Gesichtsausdruck, Augenbewegungen, Gesichtsfarbe, Lippengröße, Atmung, Stimmklang oder ideomotorische Bewegungen. An der Veränderung dieser Variablen kann der geschulte NLP-Anwender den Wechsel von inneren Zuständen verfolgen, indem er seine Wahrnehmung kalibriert. In der Veränderungsarbeit werden prinzipiell vier Physiologien unterschieden: Problem-, Ziel-, Ressource- und Versöhnungs-Physiologie. Außerdem haben Trance-Zustände ihre eigene Trance-Physiologie, und natürlich gibt es darüber hinaus unzählige Misch-Physiologien.

Wenn ein Mensch emotional mit seinem Problem stark assoziiert ist, drückt sich dies auch körperlich aus. Er zeigt eine Problem-Physiologie. Menschen treffen jedoch immer die subjektiv beste Wahl. Eine Problem-Physiologie bedeutet, daß der Betroffene hier noch keine besseren Wahlmöglichkeiten zur Verfügung hat. Eine extreme Form des Problem-Zustands ist der Stuck State. Hier hat der Klient jeden Kontakt zu seinen Ressourcen verloren. Um einen Menschen aus der Problem-Physiologie herauszuführen, muß der Coach zunächst guten Rapport herstellen. Dann kann er einen Separator setzen, um der Wahrnehmung einen neuen Impuls zu geben. Bei der Anwendung von einigen Interventions-Techniken wird der Problem-Zustand geankert. Durch Betätigung des Ankers kann im Laufe der Veränderungsarbeit immer wieder direkter Kontakt zum Kern des Problems hergestellt werden, und das bisher Erreichte kann überprüft und integriert werden.

Das NLP ist eine zielorientierte Methodik. Dabei wird der Klient so schnell wie möglich aus der Problem-Physiologie in die Ziel-Physiologie geführt. Zum Formulieren von Zielen kann das PeneTRANCE-Modell eingesetzt werden. Der Klient gelangt in die Ziel-Physiologie, sobald er innerlich Kontakt zu seinen Zielen herstellt. Dabei kann der Coach ihn durch konsequente Fragen unterstützen: „Wie soll es stattdessen sein? Was möchtest Du erreichen? Was ist Dein Ziel? Woran merkst Du, daß Du es erreicht hast? Tu mal so, als ob Du es bereits erreicht hättest ... jetzt!" Je genauer die Zielformulierung herausgearbeitet wurde, desto deutlicher wird die Ziel-Physiologie. Der Coach kalibriert seine Wahrnehmung auf diese Physiologie als Zielerkennungs-Phänomen. Diese Kalibrierung dient ihm als sinnlicher Kompaß, um den Klienten zielorientiert zu führen, während dieser auf seiner Suche nach den benötigten Ressourcen unzählige Physiologien durchläuft.

In der Ressource-Physiologie ist der Mensch in Kontakt mit seinen Ressourcen. Er verfügt über Wahlmöglichkeiten und ein positives Selbstwert-Gefühl. Er fühlt sich seinen Problemen gewachsen und kann ihnen als Herausforderung begegnen. Virginia Satir induzierte Ressource-Zustände, indem sie Menschen an ihre bisherige Lebenserfahrung und die damit verbundene Würde erinnerte: „Du als erwachsener Mensch, der Du jetzt hier vor mir stehst ..." Die Ressource-Physiologie ist der Ziel-Physiologie ähnlich. Der entscheidende Unterschied besteht darin, daß die Ziel-Physiologie sich auf die Zukunft bezieht, während die Ressource-Physiologie Erfahrungen aus der Vergangenheit nutzbar macht. Ein extrem ressourcevoller Zustand ist der Moment of Excellence, hier ist der Mensch im Vollbesitz seiner Kräfte.

Die Versöhnungs-Physiologie zeichnet sich durch eine psychische Entspannung aus, die vom Klienten als positiv erlebt wird. Mediziner würden von einem Wechsel von der sympathikus- zur parasympathikus-aktivierten Physiologie sprechen. Dazu gehören mehr Durchblutung, tiefere Atmung, eine entspanntere, symmetrische, aufrechte Haltung und ein bewegter oder berührter Gesichtsausdruck. Die Versöhnungs-Physiologie ist das Ergebnis eines gelungenen Reframing. Der Mensch erkennt, daß sein Verhalten, das bisher als Problem betrachtet wurde, eine nützliche Funktion in seinem Leben erfüllt. Dies führt zur Bewußtwerdung von sekundären Gewinnen und wichtigen Schutzfunktionen. Dabei werden ungeliebte Teile, die bisher abgelehnt oder bekämpft worden sind, als wertvoll erkannt, gewürdigt und in die Persönlichkeit integriert.

Positive Absicht

Jede Verhaltensweise des Menschen entspringt einer positiven Absicht. Manchmal fällt es schwer, dieses Axiom konsequent zu verifizieren. Das Verständnis der positiven Absicht impliziert eine systemische Denkweise. Der Mensch wird als System betrachtet. Alle Impulse dienen dem optimalen Überleben des menschlichen Systems. Das NLP trennt zwischen Absicht und Verhalten. Die lebensdienliche und somit positive Absicht entspricht dem Ursprung des Impulses; die konkrete Verhaltensweise ist lediglich ein möglicher Weg der Realisierung. Da der gewählte Weg in vielen Fällen von unbewußten Teilen bestimmt wird, kann das tatsächliche Verhalten der Absicht nicht immer gerecht werden. Entweder wird der beabsichtigte Effekt nur teilweise erreicht, oder das Verhalten erzeugt unerwünschte Nebenwirkungen. In solchen Fällen bewertet unser Bewußtsein die inadäquaten Verhaltensweisen als negativ. Dann wollen wir uns verändern und bekämpfen das störende Verhalten. Derartige Kämpfe erzeugen Inkongruenzen und verbrauchen Energie. Die Erkenntnis der positiven Absicht kann den Kampf beenden und eine heilsame Aussöhnung bewirken.

Hier spielt das Prinzip des sekundären Gewinnes eine wichtige Rolle. Zum Beispiel sind die Trinkgewohnheiten von Alkoholikern häufig mit verschiedenen sekundären Gewinnen verbunden. Die Gewohnheit wird meist vom Bewußtsein bekämpft, weil der übermäßige Alkoholgenuß unerwünschte und schädliche Nebenwirkungen mit sich bringt. Trotzdem verbergen sich hinter dem Impuls des Trinkens positive Absichten wie Geselligkeit, inneres Loslassen, Zugang zur eigenen Kreativität oder andere Ressourcen. Wenn die positive Absicht als Motiv der unerwünschten Verhaltensweise erkannt wurde, können neue, adäquatere Wege zur Realisierung der sekundären Gewinne gefunden werden. Dieser Prozeß wird im Six Step-Reframing durchlaufen. Erst wenn der Mensch lernt, sich die sekundären Gewinne auf eine bessere Weise zu verschaffen, verliert die alte Gewohnheit ihren Sinn und kann aufgegeben werden. Die konsequente Frage nach der positiven Absicht bietet die Möglichkeit, alle Teile unserer Persönlichkeit zu akzeptieren. Jedes Verhalten ist ein sinnvoller Bestandteil der persönlichen Ökologie. Wenn wir unerwünschte Verhaltensweisen aufgeben wollen, müssen wir den systemischen Nutzen auf andere Weise gewährleisten. Für jede Veränderung brauchen wir alternative Verhaltensweisen, um die zugrundeliegende positive Absicht auf ökologische Weise zu realisieren.

Präsenz

Mit Präsenz ist die Fähigkeit gemeint, im Hier und Jetzt als wahrnehmender Mensch gegenwärtig zu sein. Geistige Präsenz entsteht durch bewußte Aufmerksamkeit für die aktuelle Situation. In Verbindung mit Kongruenz wirken präsente Menschen auf andere besonders anziehend und überzeugend. Der Volksmund spricht dann von Ausstrahlung oder Charisma. Im Prinzip hat jeder Mensch eine Ausstrahlung, doch erst wenn ein gewisses Maß an Präsenz vorhanden ist, wird sie so intensiv, daß auch andere Menschen aufmerken. Jeden Menschen umgibt ein feines Schwingungsfeld. Je präsenter ein Mensch ist, desto intensiver werden seine Schwingungen. Wenn die Schwingungen eines Menschen harmonisch sind, wirkt er kongruent. Disharmonie erzeugt Inkongruenzen. Falls Inkongruenzen von einem Coach während der Veränderungsarbeit bewußt wahrgenommen werden, liefern sie wertvolle Informationen. Sie zeigen dem Coach, wo seine Intervention noch nicht ökologisch ist. Ein präsenter Coach hat die Chance, sehr frühzeitig zu bemerken, wann er wieder pacen muß, um den Rapport zu stabilisieren.

Wenn Menschen miteinander kommunizieren, prallen die sie umgebenden unsichtbaren Schwingungsfelder aufeinander. Durch Pacing werden die Schwingungen synchronisiert. Sobald dieser Prozeß in einem ausreichenden Maße gelungen ist, entsteht Rapport. Je präsenter die Gesprächspartner dabei sind, desto bewußter und subtiler kann die Abstimmung auf den anderen gestaltet werden. Präsenz ermöglicht echte menschliche Begegnung. Carl Rogers, der Begründer der Gesprächspsychotherapie, wurde ebenfalls von Richard Bandler und John Grinder beobachtet. Er galt als Meister der Präsenz und erzielte beeindruckende therapeutische Erfolge. Die von ihm entwickelte Therapieform basiert auf Kongruenz, Wertschätzung und Einfühlungsvermögen. Ohne Präsenz wären die drei Grundhaltungen jedoch nur ein theoretisches Konstrukt. Erst wenn der Therapeut seinem Klienten in der aktuellen Situation wahrhaftig begegnet, werden heilsame Veränderungen bewirkt. Ohne Präsenz wird dem Coach keine erfolgreiche Intervention möglich sein, selbst wenn er über die Techniken des NLP in seinem Repertoire verfügt. Der Klient braucht ein Beziehungsangebot, um sich auf die gemeinsame Arbeit einlassen zu können. Es ist eine gelungene Synthese von Präsenz und Technik, die einen erfolgreichen NLP-Anwender auszeichnet. Je kompetenter der Coach ist, desto weniger braucht er strukturierte

Techniken, um seinen Klienten zu führen. Für den noch ungeübten Coach ist jedoch das saubere Einüben von Techniken der Schlüssel zum Erlernen von gezielten Interventionen. Das NLP stellt dem Coach ein großes Repertoire von Interventionstechniken zur Verfügung. In der NLP-Ausbildung steht die Struktur der Techniken oft im Vordergrund, da das Einüben von Techniken gleichzeitig eine Schulung der Präsenz bewirkt. Manchmal führt die Orientierung an den Techniken jedoch zu dem Irrtum, technische Brillanz sei das wesentliche Element der erfolgreichen Kommunikation. Dies ist nicht der Fall. Die Techniken sind nur ein Vehikel, um intuitive Prozesse zu strukturieren. Erst durch die Präsenz des Anwenders entfalten die NLP-Techniken ihre volle Würze. Interventions-Muster wie zum Beispiel das Six Step-Reframing dienen als Hilfe, um die Prozesse, die im Klienten stattfinden, zu verlangsamen und zu strukturieren. Dadurch kann der Coach seine Vorgehensweise gezielt auf die aktuellen Bedürfnisse des Klienten abstimmen. Hätte der Therapeut die Präsenz eines Milton Erickson, bräuchte er das Six Step-Reframing nicht als unterstützendes Korsett, sondern könnte jenseits von strukturierten Techniken mit dem Unbewußten erfolgreich kommunizieren.

Präsenz entsteht durch innere Aufmerksamkeit, die ständig stimuliert werden möchte, um nicht wieder zu erlöschen. Ein nützliches Mittel zum Erzeugen von Präsenz sind Separator State-Manöver. Sie re-orientieren den Menschen in das aktuelle Geschehen. Virginia Satir arbeitete häufig mit Separator States, damit während der therapeutischen Arbeit nicht nur sie selbst, sondern auch ihre Klienten in der Kommunikation möglichst präsent waren. Außerdem stellte sie sicher, daß Blickkontakt herrschte. Wenn sie mit kleinen Menschen oder Kindern arbeitete, wurde sogar ein Podest errichtet, um ein Eye-To-Eye-Level herzustellen. Je präsenter ein Mensch in der aktuellen Situation ist, desto geringer wird die Wahrscheinlichkeit einer Übertragung, weil alle Sinnessysteme für das reale Geschehen offen sind. Die ökologische Befreiung von konditionierten Verhaltensmustern erfordert geistige Präsenz. Ohne Präsenz gäbe es keine bewußte Steuerung, sondern nur unbewußte Programme, die nicht immer geeignet sind, um die reale Situation optimal zu gestalten. Geistige Präsenz ermöglicht es, diese Programme als solche zu erkennen und bei Bedarf gezielt zu verändern. „Wenn das, was Sie bisher getan haben, nicht funktionierte, dann tun Sie in Zukunft etwas anderes!" Geistige Präsenz begünstigt flexibles Verhalten, da vorhandene Wahlmöglichkeiten bewußt erkannt werden. Insofern beginnt angewandtes NLP mit der bewußten Beobachtung des eigenen Selbst, der anderen Menschen und der zwischenmenschlichen Prozesse.

Projektion

Der menschliche Geist wirkt wie ein Projektor. Wir projizieren ständig unsere innere Landkarte auf die aktuellen Wahrnehmungen. So können wir unsere Erfahrungen einordnen und bewerten. Dabei erfolgt ein permanenter Abgleichungsprozeß mit den bereits vorhandenen Erfahrungen. Sie werden in jeder Situation als Referenzen herangezogen, um eine schnelle Orientierung zu gewährleisten. In unseren alltäglichen Beziehungen zu anderen Menschen spielt die Projektion eine entscheidende Rolle. Jedes Gespräch ist ein Austausch sinnlicher Projektionen. Die Wahrnehmung unserer Mitmenschen wird durch frühere Erfahrungen mit anderen Personen in ähnlichen Situationen unterschwellig beeinflußt. Wir nehmen die Welt nicht so wahr wie sie wirklich ist, sondern wir erleben sie durch unsere eigenen Wahrnehmungsfilter. Wir interpretieren Ereignisse, Situationen oder andere Menschen gemäß unserer eigenen inneren Landkarte. Selbst wenn wir schlafen, projizieren wir unsere Träume auf die innere Leinwand. Wir können nicht nicht projizieren.

Andere Menschen dienen uns als Projektionsfläche. Wenn wir uns verlieben, wird dieser Effekt besonders deutlich – libidinöse Projektionsfläche auf den ersten Blick! Wir projizieren unsere unbewußten Traumvorstellungen in den Partner hinein. Solange der Partner diesen Vorstellungen entspricht, sehen wir die Welt durch die rosarote Brille, schweben auf Wolken und hören die Engel singen. Doch im Laufe der Zeit fällt es immer schwerer, die Traumvorstellung aufrecht zu erhalten. Die Märchenfee oder der Traumprinz entpuppen sich als Menschen mit Eigenschaften, die nicht mit unserem Konzept vom ersehnten Partner übereinstimmen. Wir müssen realisieren, daß wir einer Täuschung unterlagen und sind dementsprechend enttäuscht. Vielleicht geben wir sogar dem anderen die Schuld dafür, daß er nicht so ist, wie wir es von ihm erwarteten. Als wir uns verliebten, glaubten wir, eine passende Projektionsfläche für das Erleben von leidenschaftlichen und romantischen Träumen gefunden zu haben. Dann entdeckte das Unbewußte, daß diese Projektionsfläche doch nicht unseren inneren Vorstellungen entspricht. Das Objekt der Begierde verliert seine Attraktivität und der libidinöse Vulkan erlischt. Das Gefühl der Verliebtheit verschwindet. Glücklicherweise haben Menschen die Möglichkeit, sich ihrer eigenen Projektionen bewußt zu werden. Wir können lernen, über solche psychologischen Mechanismen hinauszuwachsen. Die Liebe ist kreativ und findet immer wieder Wege, um sich selbst und auch den anderen wahrhaftig zu erkennen.

Das NLP bietet vielfältige Möglichkeiten, Projektionen nutzbar zu machen. Zum Beispiel beinhalten die Interpretationen, die für ein inhaltliches Reframing angeboten werden, auch Projektionen. Eine im Reframing angebotene Projektion zielt darauf ab, beim Klienten eine positive Veränderung in der Physiologie zu bewirken. Der Klient wird dann ressourcevoller, seine Körperhaltung wird symmetrischer und die spontanen Trance-Zustände werden länger und tiefer. Diese Prozeßmerkmale zeigen, daß ein inhaltliches Reframing erfolgreich war. Die angebotenen Projektionen wurden vom Unbewußten des Klienten als nützlich akzeptiert. In den psychoanalytischen Schulen hat der Begriff der Projektion eine doppelte Bedeutung, eine spezielle und eine allgemeine. Die spezielle Bedeutung meint Projektion als Angst-Abwehrmechanismus. Die Psychoanalytiker kennen verschiedene psychische Funktionen, die dem Unterbewußtsein dazu dienen, Ängste abzuwehren, die der Mensch nicht spüren möchte. Projektion ist einer dieser Mechanismen. Vereinfacht kann man sagen, daß Eigenschaften, die ein Mensch bei sich selbst nicht wahrhaben möchte, weil sie ihm Angst machen, in andere Menschen hineinprojiziert und dort bekämpft werden.

Die allgemeine Bedeutung der Projektion in der Psychoanalyse entspricht dem NLP. Dabei projiziert der Mensch sein inneres Erleben nach außen, während die Umwelt als Kulisse dient. Jede Wahrnehmung ist zugleich ein Spiegel der eigenen Subjektivität. Wir können in der Außenwelt nur das erkennen, wofür es auf der eigenen inneren Landkarte einen Wahrnehmungsfilter gibt. Wenn uns ein aktuelles Thema beschäftigt, wird unsere selektive Wahrnehmung in der Außenwelt verstärkt Gestalten zu diesem Thema entdecken. Dieser interessante Mechanismus ist unter anderem verantwortlich für die erstaunlichen Synchronizitäten beim Legen von Tarotkarten. Auch die projektiven Persönlichkeitstests nutzen diesen Mechanismus. Zum Beispiel werden im Rohrschach-Test dem Probanden Bilder mit Tintenklecksen vorgelegt. Er wird aufgefordert, die Bilder zu interpretieren. Dabei projiziert er eine für ihn und seine Psyche spezifische Bedeutung in die Kleckse hinein. Die Bilder dienen als Projektionsfläche, die Beschaffenheit der Kleckse bildet eine Kulisse. Sie bieten einen Stimulus für die Aussagen des Probanden über die eigene innere Landkarte. Auf diese Weise gewinnt ein geschulter Psychologe Informationen über die Welt des Probanden. Jedoch darf nicht vergessen werden, daß projektive Tests keine zuverlässigen Diagnosen über den Probanden erlauben, sondern lediglich subjektive Hinweise geben. Die Tiefenstruktur seiner Erfahrung ist sehr viel komplexer als die verbalisierte Oberflächenstruktur. Der Psychologe wertet den Test aus, indem er sein eigenes diagnostisches Verständnis in die Aussagen des Probanden hinein projiziert.

Prozeßinstruktionen

Prozeßinstruktionen sind gezielte Botschaften des Coach an den Klienten, um ihn einen bestimmten inneren Prozeß durchlaufen zu lassen. Sie können sehr direkt gegeben werden: „Schließen Sie die Augen. Atmen Sie tief durch und vergegenwärtigen Sie sich bitte die folgende Szene, die ich Ihnen nun beschreiben werde ..." Prozeßinstruktionen können auch sehr indirekt in Form von vagen Formulierungen angeboten werden, wie zum Beispiel bei der Trance-Induktion nach dem Milton-Modell: „... und während Sie all das wahrnehmen was Sie jetzt innerlich erleben, wissen Sie, daß Sie dabei aus Ihrer Vergangenheit lernen ... und in einer ganz bestimmten Art kann Ihr Unbewußtes es genießen, auf angenehm leichte, erfrischende und vielleicht sogar amüsante Weise Erfahrungen aus Ihrer Vergangenheit zu betrachten, zu durchdenken und ganz neu in sie hineinzuspüren ... jetzt! ... während Sie noch tiefer in Trance gehen ..." Als Teil einer Prozeßinstruktion für hypnotische Manöver hat der Gebrauch des Wortes „während" eine integrierende Funktion. Gleichzeitigkeit verbindet verschiedene Wahrnehmungen auf elegante Weise. Die sanften Übergänge lassen Pacing und Leading miteinander verschmelzen, der Rapport verstärkt sich durch das Validieren der aktuellen Wahrnehmungen.

Prozeßinstruktionen können mit oder ohne konkreten Inhalt gegeben werden. Meistens bezieht sich der Begriff jedoch auf Instruktionen ohne konkreten Inhalt im Sinne des Milton-Modells. Deshalb wird die Vorgehensweise des NLP auch als Geheimtherapie bezeichnet. Ein guter und flexibler Coach kann mit einem Klienten erfolgreich arbeiten, ohne die Probleme inhaltlich zu kennen. Durch gezielte Fragen und souveränes Leading läßt der Coach seinen Klienten innere Prozesse durchlaufen, die tiefgreifende Persönlichkeitsveränderungen bewirken können. Ein großer Vorteil der inhaltsfreien Arbeit ist, daß der Coach auf diese Weise nicht in die Probleme des Klienten involviert wird. Stattdessen kann er sich voll auf die Steuerung der Kommunikation konzentrieren. Er hat den nötigen Abstand, um auch auf der Meta-Ebene präsent zu sein. Er kann seine Instruktionen so formulieren, daß sie das innere Lernen des Klienten möglichst effizient gestalten. Der Coach orientiert sich dabei an der Physiologie des Klienten und bekommt so laufend Feedback über die aktuelle Wirkung seiner Interventionen. Darüber hinaus folgt er den Strukturen der NLP-Techniken und variiert sie mit Hilfe seiner eigenen Intuition.

Psychotherapie

Die Geschichte der Psychotherapie läßt sich weit zurückverfolgen. Der Psychotherapeut bekleidet ein Amt, das es in allen menschlichen Gesellschaften gab. Bereits das Wirken der alten Schamanen entsprach dem Charakter der Psychotherapie. Ebenso haben in der Vergangenheit Ärzte, Priester oder Heiler die Funktionen des Psychotherapeuten erfüllt. Heute gibt es vielfältige Formen der Psychotherapie, die sich in der Vorgehensweise teilweise stark voneinander unterscheiden. Wie die Studien von Richard Bandler und John Grinder gezeigt haben, gibt es jedoch durch die verschiedenen Schulen hindurch einige auffällige Gemeinsamkeiten. Besonders erfolgreiche Therapeuten folgen bei der Arbeit mit Klienten ähnlichen Prinzipien, obwohl sie unterschiedlichen Richtungen angehören. Die Basis des NLP ist ein Extrakt von nützlichen Verhaltensweisen, das bei kompetenten Therapeuten aus verschiedenen Schulen modelliert wurde.

Das NLP hat sich bisher nicht als eigene psychotherapeutische Richtung verstanden. Richard Bandler und John Grinder haben immer betont, daß NLP nicht neu ist, sondern nur ein Konzentrat bereits vorhandener Ansätze darstellt. Die zunehmende Verbreitung wird aber vermutlich dazu führen, daß aus den Techniken in Verbindung mit den Axiomen eine neue psychotherapeutische Schule entsteht. Außerdem wurden von innovativen NLP-Anwendern inzwischen doch einige wirklich neue Konzepte entwickelt und in das Repertoire des NLP integriert, wie zum Beispiel das Muster der Augenbewegungen. Das ursprüngliche NLP bestand hauptsächlich aus Elementen der Hypnose-, Gestalt- und Familientherapie. Darüber hinaus ist das NLP auch mit anderen Methoden verwandt, zum Beispiel mit der kognitiven Verhaltenstherapie, aufgrund der Idee des Lernens und Konditionierens. Parallelen zur Psychoanalyse entstehen durch die starke Auseinandersetzung mit dem Unbewußten. Die Körpertherapie arbeitet mit verschiedenen Physiologien, schult die Wahrnehmung und setzt kinästhetische Anker. Die Gesprächspsychotherapie betont Kongruenz und Präsenz in der zwischenmenschlichen Begegnung. Gute Gesprächstherapeuten sind oft meisterhaft im Pacing durch einfühlsames Verstehen. Diese Aufzählung der Verwandtschaften des NLP mit anderen Systemen ließe sich weiter fortführen. Das NLP ist ein offenes System und betont erforderliche Vielfalt. Jede nützliche Fähigkeit ist willkommen, um den psychologischen Werkzeugkoffer zu optimieren.

R

Rapport

Realitäts-Tunnel

Reanchoring Couples

Reframing

Regression

Repertoire

Repräsentations-Systeme

Ressourcen

Ritual

Rapport

Der aus dem Französischen stammende Begriff des Rapport beschreibt im NLP den Kontakt oder die Verbindung zwischen interagierenden Menschen. In der Kommunikation bildet eine positive Beziehung die Basis für einen funktionierenden Kontakt. Zwischen zwei Menschen besteht guter Rapport, wenn der Tanz ihrer Physiologien synchron verläuft. Die Bewegungen wirken aufeinander bezogen, und es gibt einen gemeinsamen Pace. Die emotionale Verbindung ist ressourcevoll. Das Klima zwischen den Kommunikationspartnern ist offen und durch gegenseitiges Vertrauen geprägt. Die Partner gehen aufeinander ein und respektieren die Ökologie des anderen. Keiner hat das Gefühl, sich gegenüber dem anderen schützen zu müssen. Dieses offene Vertrauen ermöglicht einen vollständigen und lebendigen Fluß von Informationen. Dadurch verläuft die Kommunikation effektiv und lustvoll zugleich. Ein weiterer Kontext, in dem der Begriff des Rapports verwendet wird, ist die Gestaltung von Tapeten, Textilien oder ähnlichen Materialien. Dort bezeichnet man fortlaufende oder wiederkehrende Muster als Rapport. Tapetenbahnen sind also im Rapport, wenn sie sich in den Mustern angleichen und ein harmonisches, in sich stimmiges Gesamtbild entsteht.

Die Idee des Rapport kam durch die Hypnose ins NLP. Hier bezeichnet er den engen Kontakt zwischen Hypnotiseur und Hypnotisand. Guter Rapport bewirkt eine gesteigerte Suggestibilität des Hypnotisanden. Er ist bereit, den Instruktionen des Hypnotiseurs zu folgen. Dieser intime Kontakt ist natürlich auch eine emotionale Verbindung. Sigmund Freud, der viel mit Hypnose gearbeitet hat, war der Meinung, daß im hypnotischen Rapport eine Form der frühkindlichen Liebe wirkt. Dies würde die manchmal unglaubliche Intensität der hypnotischen Verbindung erklären. Dafür spricht ebenfalls, daß Milton Erickson oft in eine Kindersprache verfiel, wenn er mit dem Unbewußten seiner Klienten hypnotisch interagierte. Rapport kann durch Pacing erzeugt werden. Durch das Betonen von Gemeinsamkeiten und das damit verbundene Sich-Aufeinander-Einschwingen entsteht Rapport. Kennzeichen für gelungenes Pacing sind zum Beispiel eine synchronisierte Körpersprache oder echtes gemeinsames Lachen. Glücklich verliebte Paare sind in ihrem Verhalten ein Musterbeispiel für exzellenten Rapport. Echter Rapport ist ein heiliges und köstliches Spontanphänomen! Falls der Rapport verloren geht, weil einer der Partner blockiert, sich verschließt, Informationen zurückhält oder dem anderen mißtraut, bedeutet dies eine Störung auf der Beziehungsebene. Um die Kommunikation auf eine sinnvolle Weise fortzusetzen, ist es notwendig, zunächst den Rapport wieder neu aufzubauen. Sonst würden die Partner aneinander vorbeireden und den ressourcevollen Kontakt zueinander verlieren. Dies wäre für beide frustrierend, vielleicht entstünden Reibereien, Mißverständnisse und Konflikte. Negative Erlebnisse können den Rapport beeinträchtigen, doch sie können als humorvolle Anekdoten, interessante Lernerfahrungen oder emotionale Abenteuer reframed werden. Manipulative Absichten jedoch, die für einen der Partner nicht-ökologisch wären, verhindern einen wirklich guten Rapport. Das menschliche Unbewußte ist nur sehr schwer zu täuschen. Es spürt genau, ob ein anderer Mensch ihm tatsächlich wohlgesinnt ist oder dies nur vorgibt. Hier stellt sich dann die Frage, inwieweit der manipulierte Mensch in Kontakt mit den Wahrnehmungen seines Unbewußten ist, und wie ernst er diese Impulse nimmt. Wenn er nur schwachen Kontakt zu seinen subtilen Sensoren hat, mag es sein, daß er sich von der Magie der Situation manipulieren läßt. Im Nachhinein wird er die Manipulation jedoch bemerken und in Zukunft dem Manipulator mit einem gesunden Mißtrauen begegnen.

In der Coaching-Situation ist ein guter Rapport notwendige Voraussetzung für effizientes Arbeiten. Er kann beeinträchtigt werden durch mangelndes Pacing, ungeschicktes Ankern, Übertragungen, unerledigte Geschäfte oder reale gegensätzliche Interessen. In solchen Fällen sollte der Coach zunächst besser pacen. Führt dies nicht zum erwünschten Rapport, sollte er überprüfen, ob er wirklich zum Besten des Klienten interveniert oder ob er eigene Karten im Spiel hat. Ein Coach muß in der Lage sein, guten Rapport herzustellen, sonst wehrt sich der Klient unbewußt gegen seine Interventionen. Die klassischen Therapieschulen bezeichnen diesen Schutzmechanismus als „Widerstand". Der Widerstand des Klienten setzt ein, wenn die Interventionen des Coach für den Klienten nicht ökologisch sind. Widerstand zeigt sich in der Physiologie; die Körpersprache wird abwehrend, verschlossen oder aggressiv. Der Tanz der Physiologien verläuft nicht mehr synchron. Mißtrauen, Disharmonie und Blockaden entstehen. In solchen Situationen ist Flexibilität gefragt! Im NLP gibt es keine unfähigen Klienten, sondern lediglich Coaches, denen es an Flexibilität mangelt, um ihre Klienten tatsächlich zu erreichen. Falls der Coach bemerkt, daß sein Klient ihm Widerstand leistet, muß er aufmerksamer pacen und besseren Kontakt zur aktuellen Situation seines Klienten herstellen. Dabei muß er sein Verhalten kreativ variieren und Flexibilität beweisen, um den Rapport wieder aufzubauen. Erst wenn der Rapport stimmt, macht es Sinn, vom Pacing wieder zum Leading überzugehen.

Realitäts-Tunnel

Die Landkarte ist nicht das Territorium! Die Frage nach der Realität fasziniert die Philosophen seit Jahrtausenden. Das NLP akzeptiert die Existenz von Realität – wie sie jedoch beschaffen ist, bleibt dahingestellt. Im NLP geht es nicht um Wahrheit, sondern um Funktionalität. Die Wirklichkeit bietet eine vielfältige Projektionsfläche, die von jedem Menschen auf individuelle Weise genutzt wird. Entscheidend für den kommunikativen Umgang mit der Realität ist die Berücksichtigung der Tatsache, daß jeder Mensch seine eigene Vorstellung von der Beschaffenheit der Wirklichkeit entwickelt hat. Der Realitäts-Tunnel ist eine Metapher für den begrenzten Horizont der menschlichen Wahrnehmung. Sie betont die Subjektivität des Erlebens. Der Begriff wurde von Timothy Leary und Robert Anton Wilson geprägt und trägt auch im NLP zum Verständnis unserer Psyche bei. Dem Realitäts-Tunnel liegt die innere Landkarte zugrunde. Sie strukturiert unsere Erfahrungen mit der Wirklichkeit. Der Realitäts-Tunnel resultiert aus der Projektion der inneren Landkarte auf die realen Geschehnisse.

Jeder Realitäts-Tunnel ist anders. Frauen haben einen anderen Realitäts-Tunnel als Männer, Jugendliche haben einen anderen als Rentner, Radfahrer einen anderen als Autofahrer und ein Chef hat garantiert einen anderen Realitäts-Tunnel als seine Mitarbeiter. Das Wissen um die individuellen Realitäts-Tunnel erinnert uns daran, daß andere Menschen unterschiedliche Ausschnitte der Wirklichkeit wahrnehmen, selbst wenn sie sich in derselben Situation befinden. Wenn ein Mensch verstanden hat, daß die eigene Wahrnehmung durch seine ganz speziellen Filter organisiert wird, kann er die Subjektivität seiner Erfahrung relativieren. In der Kommunikation mit anderen Menschen kann er sich daran erinnern, daß deren Wahrnehmung durch deren Filter bestimmt wird. So entstehen zwangsläufig unterschiedliche Wahrnehmungen von derselben Realität. Das Ignorieren der Verschiedenheit unserer Realitäts-Tunnel erzeugt unnötige Konflikte, die leider nicht selten in heimliche Glaubenskriege ausarten. Toleranz und Respekt gegenüber den Realitäten anderer Menschen können uns viele solcher Konflikte ersparen. Wenn wir jedem Menschen das Recht auf seinen eigenen Realitäts-Tunnel zugestehen – den er ja ohnehin hat und sein Leben lang haben wird – entspannt sich die zwischenmenschliche Kommunikation. In diesem Klima sind Synergie-Effekte wahrscheinlich, und fremde Realitäts-Tunnel werden zu Quellen von wertvollem Feedback.

Reanchoring Couples

Reanchoring Couples bedeutet wörtlich übersetzt Neu-Ankern von Paaren. Diese Technik wurde von Bandler und Grinder zusammen mit dem Reframing Couples bei Virginia Satir modelliert. Beide Techniken stammen aus der Familientherapie, speziell aus der Arbeit mit Paaren. Sie können überall dort eingesetzt werden, wo Menschen in kontinuierlichem Kontakt miteinander stehen und eingeschliffene Kommunikationsmuster entwickelt haben. Solche Reiz-Reaktions-Muster werden kalibrierte Schleifen genannt. Während das Reframing Couples mit dem Sender, also dem Auslöser der kalibrierten Schleife arbeitet, ermöglicht das Reanchoring Couples dem Partner eine neue Reaktion, der als Empfänger durch die kalibrierte Schleife in die Problem-Physiologie gerät.

Voraussetzung für das Reanchoring Couples ist ein guter Rapport zu beiden Partnern und die Erlaubnis, deren Kommunikation unterbrechen zu dürfen. Dann beobachtet der Coach die Interaktion der Partner und identifiziert eine kalibrierte Schleife. In dem Moment, in dem ein Partner den auslösenden Anker aktiviert, unterbricht der Coach den Kontakt und wendet sich blitzschnell an den anderen Partner, der gerade in die Problem-Physiologie zu geraten droht. Der Coach unterbricht das Reiz-Reaktions-Muster durch eine intervenierende Frage: „Eben ist etwas Bestimmtes passiert – kennen Sie das ...?" Diese Frage wirkt als Separator und konfrontiert mit der problematischen Reaktion. Da hier eine kalibrierte Schleife aufgedeckt wurde, die sich über lange Zeit eingeschliffen hat, wird der betroffene Partner den Zustand kennen. Als nächstes bietet der Coach ihm an, eine neue Ressource zu erschließen und sie in den problematischen Kontext hineinzunehmen: „Wie würden Sie sich in dieser Situation gerne verhalten können? Was bräuchten Sie, um in einem ressourcevollen Zustand zu sein?" Während der eine Partner die benötigte Ressource entwickelt, ist es wichtig, daß der Coach den Rapport auch zum anderen Partner behält. Dies kann beispielsweise durch Blickkontakt überprüft werden. Virginia Satir liebte es, zu beiden Partnern kontinuierlich Körperkontakt zu halten. Dadurch konnte sie die Prozesse sehr subtil steuern. Sobald der Empfänger der kalibrierten Schleife seine benötigte Ressource erschlossen und im Geiste eingeübt hat, ankert der Coach die neue ressourcevolle Reaktion. Dabei spielt das Timing eine wichtige Rolle. Wenn die Intervention gelungen ist, führt das auslösende Signal den Empfänger in Zukunft nicht mehr in die Problem-, sondern in eine Ressource-Physiologie.

Reframing

Es sind nicht die Ereignisse selbst, die uns Menschen beschäftigen, sondern unsere Gedanken, Gefühle und Einstellungen zu den Ereignissen. Das Reframing ist eine grundlegende Technik im NLP, um diese Erkenntnis praktisch zu nutzen. Durch ein Reframing verändern wir die Wirkung, die bestimmte Wahrnehmungen auf uns ausüben. Reframing heißt sinngemäß, den Dingen einen anderen Rahmen geben oder sie in einem anderen Licht betrachten. „Hat Deine Therapie denn dazu geführt, daß Du jetzt nachts nicht mehr ins Bett pinkelst?" fragt ein Freund. „Ich pinkel immer noch ins Bett", antwortet der Klient des Psychotherapeuten, „aber jetzt stört es mich nicht mehr." In diesem Witz hat ein Reframing stattgefunden. Auf der Verhaltensebene hat sich nichts geändert, aber die Tatsachen werden jetzt anders bewertet. Ob ein Reframing im Falle des Bettnässens eine angemessene Intervention darstellt, ist eine andere Frage. Nur der Betroffene selbst kann entscheiden, ob das Reframing eine gelungene Lösung darstellt. Dann wird er von der Problem-Physiologie in die Versöhnungs-Physiologie wechseln. Falls er sogar verborgene Werte in seinem ehemaligen Problem entdecken kann, zeigt er vermutlich eine Ressource-Physiologie.

Prinzipiell gibt es zwei Formen des Reframing: Kontext-Reframing und Bedeutungs-Reframing. Das vielzitierte Six Step-Reframing ist ein komplexes Interventionsmuster, in dem beide Formen eingesetzt werden. Beim Kontext-Reframing wird eine problematische Verhaltensweise oder eine unerwünschte Eigenschaft in einen anderen, passenderen Kontext gebracht. Hier werden sie zu einer nützlichen Fähigkeit oder positiven Eigenschaft. Herr Sparsam klagt: „Ich bin zu geizig." Frau Nützlich hat eine gute Idee und findet einen passenden Kontext: „Wunderbar, dann sind Sie genau der richtige Kassenwart für unseren Sparverein!"

Beim Bedeutungs-Reframing wird einer Situation oder einem Sachverhalt eine neue Bewertung verliehen, indem sie aus einer anderen Perspektive betrachtet werden. Herr Sparsam klagt: „Ich bin zu geizig." Frau Kaufrausch hat immer Schulden. Sie leidet darunter, daß sie ihr Geld aus dem Fenster wirft und sich ständig unsinnige Sachen kauft. Sie bewertet die Neigung aus einer anderen Perspektive: „Mensch toll, dann können Sie ja Ihr Geld zusammenhalten!" Gezieltes Reframing erfordert Flexibilität und Phantasie. Es führt zur geistigen Freiheit. Sofern man dabei ökologisch vorgeht, ist es eine wirkungsvolle Methode, um negative Gefühle zu transformieren.

Regression

Regression bedeutet ursprünglich Zurückschreiten oder Zurückfallen. Im NLP meint die Fähigkeit zur Regression, innere Zeitreisen zu erleben. Die Regression spielt in der Psychotherapie ein wichtige Rolle und kann mitunter sehr heilsam sein. Wenn ein Mensch in frühere Entwicklungsphasen regrediert, kann er in Zustände geraten, in denen er Bedürfnisse ausleben und befriedigen darf, die er im normalen Leben nicht zulassen kann. Dadurch werden emotionale Defizite ausgeglichen. Dieser Prozeß setzt Energien frei, die lange Zeit gebunden oder sogar blockiert waren. Wenn ein Klient in der therapeutischen Situation regrediert, kann der Coach ihm helfen, vergangene Szenen noch einmal zu erleben. Durch diese Rückführung, die in der Gestalttherapie eine wichtige Rolle spielt, kann der Kontakt zu dissoziierten Gefühlen wieder hergestellt werden.

Die Regression ist eine innere Zeitreise, die mit der Time Line gesteuert werden kann. Der Klient regrediert gezielt in die relevanten Situationen. Dabei kann er sowohl in die Vergangenheit als auch in die Zukunft reisen. Eine gezielte Regression ermöglicht assoziierten Kontakt mit Zuständen, die der Klient in der Vergangenheit entweder tatsächlich erlebt hat oder die er sich in der Zukunft mit Hilfe seiner Phantasie vorstellt. Die Zeitreise kann sowohl mit geschlossenen als auch mit offenen Augen erlebt werden. Geschlossene Augen ermöglichen eine ganzheitliche Repräsentation der sinnlichen Erfahrung und vertiefen den damit verbundenen Trance-Zustand. Falls der Klient mit offenen Augen reist, kann der Coach die Trance unterstützen, indem er den Klienten auf dem Weg in die Vergangenheit nach oben links blicken läßt, während der Blick nach oben rechts helfen kann, zukünftige Situationen zu erleben. Regressionen ins Kind-Ich können auch hilfreich für die Kontaktaufnahme mit dem Unbewußten sein. Es ist bekannt, daß Milton Erickson häufig in eine kindliche Sprache verfiel, wenn er mit dem Unbewußten seiner Klienten sprach. Trotz technischem Fortschritt, weltpolitischer Entwicklung und allgemeiner Schulbildung müssen wir davon ausgehen, daß die Entwicklungsstufe des menschlichen Unbewußten oft einer kindlichen entspricht. Viele erwachsene Menschen kennen auch im alltäglichen Leben emotionale Zustände, die man eher bei Kindern vermuten würde. Kindliche Zustände sind oft mit wertvollen Ressourcen wie Phantasie, Kreativität, Spontanität und Wahrhaftigkeit verknüpft. Das NLP begrüßt auch solche Zustände als willkommene Bereicherung des menschlichen Repertoires.

Repertoire

Je vielfältiger des Verhaltensrepertoire eines Menschen, desto größer seine Wahlmöglichkeiten. Das NLP geht davon aus, daß in einem System dasjenige Element die Kontrolle gewinnt, das über die meisten Wahlmöglichkeiten verfügt. Deshalb erwirbt der NLP-Anwender im Laufe seiner Ausbildung ein vielfältiges Repertoire von Verhaltensoptionen. Dieses Repertoire ist dann die Grundlage seines psychologischen Werkzeugkoffers. Viele Teilnehmer stellen während ihrer NLP-Ausbildung fest, daß sie seit Jahren NLP betreiben, ohne es zu wissen. Dies liegt daran, daß viele Elemente des NLP zum natürlichen Repertoire jedes kompetenten Kommunikators gehören. NLP ist nichts Neues; es ist lediglich eine systematische Abbildung von nützlichen Verhaltensprinzipien, um in der Kommunikation gewünschte Ergebnisse zu erzielen. Die Auseinandersetzung mit dem NLP führt oft dazu, das eigene, bereits vorhandene Repertoire als solches zu erkennen und wertzuschätzen.

Ein wichtiges Ziel im NLP ist hohe Flexibilität. In der Veränderungsarbeit geht es nicht nur darum, ein problematisches Verhalten gegen ein erwünschtes Verhalten zu ersetzen. Das Ziel jeder Intervention ist es, das eigene Verhaltensrepertoire um das erwünschte Verhalten zu bereichern. Dabei stellt auch die problematische Verhaltensweise eine Ressource dar, wenn sie im richtigen Kontext eingesetzt wird oder zur Synthese von neuen Fähigkeiten genutzt wird. Das NLP wird als Werkzeugkoffer für professionelle Kommunikateure bezeichnet. In dieser Metapher sind die verschiedenen Techniken, Wahrnehmungsfilter und Modelle die Werkzeuge (Tools). Sie können kreativ in verschiedenen Kontexten eingesetzt werden. Die Qualität der geleisteten Arbeit hängt dabei ebenso von der Vielfalt der zur Verfügung stehenden Werkzeuge ab, wie von der Kompetenz des Benutzers. Bei der Anwendung gilt die Regel: Es gibt kein Versagen, nur Feedback. Wenn ein Werkzeug nicht die gewünschten Resultate erzielt, wählt der kreative NLP-Anwender ein anderes. Bei der Auswahl von Alternativen wird die Reaktion des Gesprächspartners als Feedback genutzt, um zunächst besser zu pacen und dann neue Wege des Leading zu ersinnen. Mit Hilfe des NLP kann für jeden Kontext und für jede Situation ein maßgeschneidertes Verhalten geschaffen werden, um andere Menschen tatsächlich zu erreichen. Diese Kunst führt zu den Mental Martial Arts. Werkzeuge möchten gemeistert werden; ein reiches Repertoire entsteht durch praktische Erfahrungen auf dem Weg der Übung.

Repräsentations-Systeme

Im NLP wird die innere Repräsentation unserer Erfahrungen in verschiedene Systeme unterteilt: das visuelle, das auditive, das kinästhetische und das olfaktorisch/gustatorische System. Die Repräsentations-Systeme entsprechen den Wahrnehmungskanälen (V.A.K.O.). Jeder Kanal kann bestimmte Frequenzen der Realität erfassen und ist geeignet, die entsprechenden Informationen auf der inneren Landkarte zu repräsentieren. Dabei ist es wichtig, die Informationen so abzubilden, daß sie in ihren wesentlichen Merkmalen wiedergegeben und die verschiedenen Elemente angemessen in Beziehung gesetzt werden. In dem Buch „Strukturen subjektiver Erfahrung" gibt es eine ausführliche Erläuterung der Repräsentations-Systeme im NLP.

Jeder Mensch hat seine eigene Art, sich in der Wirklichkeit zu orientieren und seinen Sinnen bevorzugt zu vertrauen. Entsprechend seiner individuellen Lerngeschichte entwickelt er Strategien, um die Realität in seinem Gehirn abzubilden. Dabei darf jedoch nicht vergessen werden, daß die individuelle Bevorzugung von Sinnessystemen natürlich auch situativen Einflüssen unterliegt. Im Kino benutzen vermutlich alle Menschen bevorzugt den visuellen Kanal. Die große Leinwand überflutet die Wahrnehmung mit visuellen Eindrücken. Allerdings wird ein auditiver Typ auch den Dialogen zwischen den Schauspielern ein großes Maß an Aufmerksamkeit schenken. Ein kinästhetischer Typ wird wahrscheinlich bemerken wie bequem die Kinositze sind, ein olfaktorisch orientierter Mensch wird wahrnehmen, wie die Luft im Kino immer stickiger wird, und mancher Gustatoriker findet fast jeden Film gut, solange er im Kino Bier trinken und Erdnüsse essen darf.

In Streß-Situationen vertraut jeder Mensch seinem bevorzugten Sinneskanal, um die Orientierung zu behalten. Beim Erinnern von Situationen werden die Erlebnisse noch einmal in diesem Repräsentations-System wachgerufen und in entsprechend sinnlicher Spache codiert. Natürlich gibt es Synästhesien mit anderen Systemen, doch ein geschulter Beobachter vermag in vielen Fällen den Wahrnehmungs-Typ zu erkennen. Bei einer Zeugenaussage vor Gericht beschreiben drei Zeugen, wie sie denselben Täter wahrgenommen haben. Alle Zeugen haben dieselbe Situation erlebt, sie speichern die Informationen jedoch in anderen Systemen. Dies zeigt sich an den Worten, die sie meist unbewußt wählen, um ihre Erfahrung zu schildern.

Der visuelle Typ blickt häufig nach oben und spricht darüber, was er mit seinen Augen gesehen hat: „Ich sah ihn vorsichtig durch die Tür kommen. Er trug einen schwarzen Mantel, braune Stiefel und eine dunkelgrüne Hose. Dann sah ich, wie er eine große Pistole aus einem eleganten Lederkoffer holte. Er zeigte mit der Waffe in die Luft und hatte dabei einen furchterregenden Gesichtsausdruck. Obwohl er die Augen zusammenkniff, sah ich ein kaltes Flackern in seinen Pupillen."

Der auditive Typ blickt bevorzugt nach rechts und links außen, während er sich erinnert. Er berichtet von dem, was er gehört hat: „Ich sprach gerade an der Kasse mit der Kassiererin. Plötzlich hörte ich einen ohrenbetäubenden Knall. Dann sagte jemand mit einer heiseren Stimme, wir sollen die Hände hoch nehmen. Zuerst sprach er ganz kontrolliert, doch dann brüllte er lauthals durch den Raum, er würde mit seinem Ballermann jeden abknallen, der auch nur einen Mucks von sich gäbe."

Der kinästhetische Typ blickt oft nach unten rechts, fühlt in sich hinein und unterstreicht seine Aussagen mit den Händen: „Er drehte sich plötzlich um, machte eine ruckartige Bewegung und zog eine Pistole. Er fuchtelte damit umher und schoß dann nach oben. Ich fühlte wie mein Herz in die Hose rutschte, mir wurde heiß und kalt zugleich. Der Mann bedrohte uns wirklich mit dieser schweren Waffe. Er hatte seinen Finger am Abzug und wirkte ziemlich verkrampft. Die Atmosphäre war bis zum Zerreißen gespannt. Ich erstarrte zu Stein, keiner im Raum durfte sich bewegen."

Um herauszufinden, in welchem Repräsentations-System sich der Gesprächspartner orientiert, achten NLP-Anwender auf Zugangshinweise (Accessing Cues). Sie geben Aufschluß über die aktuelle Informationsverarbeitung im Gehirn des Menschen. Mit diesen Informationen kann man pacen, intelligente Fragen stellen und gezielt intervenieren. Zugangshinweise können zum Beispiel über die Augenbewegungen und über die sinnliche Metaphorik im Sprachgebrauch gewonnen werden. Die individuellen Eigenarten bei der Repräsentation von Informationen offenbaren sich besonders in der Sprache des Menschen. Man kann anhand der sinnlichen Wortwahl erkennen, in welchem Repräsentations-System sich der Gesprächspartner gerade befindet. Ein aufmerksamer Beobachter kann innere Strategien identifizieren und sein eigenes Verhalten darauf einstellen. Zur Diagnose des Wahrnehmungs-Typs kann man herausfinden, in welchem System die meisten Differenzierungen geschehen und wo die individuellen Kriterien liegen, um Bewertungen vorzunehmen und Entscheidungen zu treffen.

Ressourcen

Im NLP gilt als Ressource, was dem Menschen als Fähigkeit und als persönliches Potential für seine Lebensgestaltung zur Verfügung steht. Ressourcen sind Kraftquellen, die dem Menschen helfen, gewünschte Ziele zu verwirklichen. Dies können alle denkbaren Arten von Fähigkeiten sein: die Fähigkeit, gespeichertes Wissen nutzbar zu machen oder neues Wissen zu erwerben; die Fähigkeit, sich selbst und andere zu motivieren; die Fähigkeit, bestimmte Handlungen zu planen und konsequent durchzuführen; die Fähigkeit, menschliche Kontakte zu knüpfen und aufrechtzuerhalten; die Fähigkeit, materielle Werte zu schaffen und anzureichern; die Fähigkeit, kreative Ideen zu entwickeln und im richtigen Tempo zu realisieren – alles, was potentiell nutzbar gemacht werden kann, ist eine Ressource. Bereits vorhandene Ressourcen können als Komponenten für neu zu synthetisierende Ressourcen genutzt werden. Wenn ein Mensch zum Beispiel Schlittschuhlaufen lernen möchte, sind zum Erlernen dieser neuen Fähigkeit vermutlich bereits Ressourcen vorhanden. Der Mensch kann laufen und stehen. Er kann sich im Kreis drehen. Vielleicht kann er Rollschuhlaufen, Skateboardfahren, Surfen oder eine andere Sportart, in der ein Gefühl für Balance erworben wurde. Wenn die bereits vorhandenen Ressourcen bewußt eingesetzt werden, ist der Transferprozeß oft eine sehr einfache Übung.

Eine Grundannahme des NLP ist, daß jeder Mensch prinzipiell alle Ressourcen für eine gewünschte Veränderung selbst zur Verfügung hat oder sie bei anderen Personen modellieren kann. Bei der Arbeit mit NLP geht es darum, mit den vorhandenen Ressourcen in Kontakt zu kommen und sie zielstrebig einzusetzen. Ressourcen stellen die persönliche Power zur Verfügung, die ein Mensch braucht, um seine Ziele zu erreichen. Veränderungsmotivation ist ebenfalls eine wichtige Ressource, selbst wenn sie einen unangenehmen Leidensdruck erzeugt. Manchmal gibt erst der Leidensdruck einer Intervention den nötigen Schub, damit eine schwierige Veränderung anschließend tatsächlich realisiert wird. Die Erkenntnis der positiven Absicht, die sich hinter einem Problemverhalten verbirgt, kann neue Ressourcen erschließen. Man gelangt in die Versöhnungs-Physiologie und bekommt dadurch auf spontane Weise Kontakt zu bisher ungenutzten Ressourcen. Dies geschieht zum Beispiel im Six Step-Reframing. Auch das Vertrauen in die autotherapeutische Eigendynamik des Unbewußten ist eine wertvolle Ressource zur Realisierung von gewünschten Veränderungen. Falls Menschen den Zugang zu ihren Ressourcen verlieren, entstehen Problem-Zustände oder Stuck States. In chronischen Fällen kann ein Coach helfen, die Ressourcen neu zu organisieren. Das PeneTRANCE-Modell ist ein Instrument, um Ziele zu formulieren und die benötigten Ressourcen zu kontaktieren. Dabei fungiert das innere Brainstorming als kreative Methode, um Ideen zu sammeln und neue Ressourcen zu erschließen. Durch die penetranten Fragen des Coach realisiert der Klient, welche Fähigkeiten ihm prinzipiell zur Verfügung stehen, um seine Ziele zu erreichen. Der Reichtum an Ressourcen ist für das alltägliche Bewußtsein der meisten Menschen schwer zu würdigen. In solchen Fällen führen ressourcevolle Fragen zu einer positiven Betrachtungsweise: „Was ist gut an der bestehenden Situation? Was mag ich an dem anderen Menschen, obwohl wir uns momentan in einem Konflikt befinden? Was gefällt mir an der gemeinsamen Zusammenarbeit, die wir schon seit Jahren intensiv betreiben?“

Ressourcen schlummern im Unbewußten! Das gewöhnliche Bewußtsein kann die komplexe Vielfalt der Ressourcen nicht immer optimal managen. Das NLP geht davon aus, daß jeder Mensch im Laufe seines Lebens unzählige Fähigkeiten erworben hat. Sie sind im Unbewußten verankert und dienen als Grundlage, um weitere benötigte Ressourcen zu organisieren. Diese Idee stammt von Milton Erickson, der seine Klienten in Trance versetzte, um das Wissen um Ressourcen aus dem Unbewußten ans Tageslicht zu transportieren. Oft werden Fähigkeiten nur in bestimmten Lebensbereichen aktiviert. In anderen Lebensbereichen hat der Mensch keinen Zugang zu diesen Fähigkeiten, obwohl sie potentiell vorhanden sind. In solchen Fällen sind die verschiedenen Lerntexte voneinander dissoziiert. Die erlernten Fähigkeiten sind an bestimmte Anker gebunden (zustands-abhängiges Lernen). Hier kann die Integration dissoziierter Physiologien helfen, um die bisher abgeschnittenen Ressourcen auch für die problematischen Lebensbereiche verfügbar zu machen.

Ressourcen können geankert werden. Eine gute Möglichkeit zum Ressourcen-Ankern im Selbstversuch ist die Fünf-Finger-Methode. Dabei werden fünf besonders ressourcevolle Erinnerungen ausgewählt. Diese Moments of Excellence werden der Reihe nach über die V.A.K.O.-Instruktion auf je einen Finger einer Hand geankert, indem die andere Hand den Finger während der intensiven, assoziierten Erinnerung berührt. Anschließend werden die Anker getestet und dabei noch einmal nachgeladen. Wird die Hand jetzt zur Faust geformt oder werden die Finger beider Hände wie im Gebet aneinander gelegt, so werden alle fünf Ressourcen zugleich aktiviert und ein Moment of Excellence hoch fünf induziert.

Ritual

Rituale stammen ursprünglich aus dem religiösen Kontext. Es sind magische Verhaltensweisen, die emotional stark besetzt sind und eine symbolische Bedeutung haben. Rituale können einen Selbstheilungsprozeß aktivieren. Wenn der Halbgott in Weiß dem erkrankten Menschen eine Medizin verschreibt, kann es sein, daß Arztbesuch, Gang zur Apotheke und Pillen-Schlucken sich zu einem magischen Ritual verbinden, welches das Unbewußte glauben läßt, daß man nun geheilt sei; selbst wenn das Medikament nur ein wirkungsloser Placebo war. Echte Rituale sind extrem wirkungsvolle Anker. Auch die Anwendung von Interventionstechniken kann als Ritual verstanden werden. Dabei übernimmt der Coach die Rolle des Zeremonien-Meisters. Rituale werden eingesetzt, um mit dem Unbewußten zu kommunizieren. In der Trance-Arbeit helfen sie, direkten Zugriff auf innere Prozesse zu gewinnen, die normalerweise unbewußt stattfinden. Rituale bewirken, daß im Gehirn bestimmte Suchprozesse gezielt durchlaufen werden, um benötigte Informationen aus dem riesigen Ressourcenspeicher des Unbewußten an die Oberfläche des Bewußtseins zu transportieren. Außerdem werden die neuen Lernprozesse in der Psyche des Klienten verankert und in sein ökologisches Gefüge eingenetzt. So werden Ressourcen organisiert. Gleichzeitig wird sichergestellt, daß der Klient die neuen Fähigkeiten in zukünftigen Problemkontexten zur Verfügung hat. Im Coaching werden Rituale als Future Pace zur gezielten Transfersicherung eingesetzt. Sie erzeugen eine kontinuierliche Motivation zur gezielten Veränderung und bringen die Lernerfahrungen aus dem Coaching ins tägliche Leben hinein. Dabei kann ein individueller Anker installiert werden, der dem Klienten in kritischen Situationen als Schlüssel zum Ressourcenspeicher zur Verfügung steht. Der Anker erinnert das Unbewußte des Klienten an seine vorhandenen Fähigkeiten.

Eine Parts Party, wie sie von Genie Z. Laborde in „Kompetenz und Integrität" beschrieben wird, kann als Ritual durchgeführt werden. Jeder Mensch kann selbst kleine Rituale entwickeln, die in seinem individuellen Kontext als Handlungsanweisung für sein Unbewußtes fungieren. Dadurch wird die selektive Wahrnehmung im Sinne der Magie des Wünschens gezielt ausgerichtet. Rituale können einmal als richtungsweisendes Schlüsselerlebnis eingesetzt oder auch regelmäßig wiederholt werden, um Gewohnheiten zu steuern. Sie können sowohl an äußere Verhaltensweisen gebunden sein, als auch innerlich im Geiste vollzogen werden.

Schule des Wünschens

Sekundärer Gewinn

Selektive Wahrnehmung

Separator

Siebte Himmel-Physiologie

Six Step-Reframing

Strategien

Stuck State

Submodalitäten

Symptom

Synästhesien

Schule des Wünschens

Die Schule des Wünschens ist ein Interventionsmuster, das von Thies Stahl für die Arbeit mit Paaren, Familien, Arbeitsgruppen oder anderen Systemen entwickelt wurde. Es ist eine grundlegende Form des kreativen Konflikt-Managements. Die Betroffenen arbeiten in der Schule des Wünschens an konkreten Reibungspunkten und lernen dabei exemplarisch das ökologische Wünschen. Der Coach fungiert als Konflikt-Manager und zugleich als Lehrer in der Kunst des Wünschens. Zu Beginn stellt er Rapport her, sowohl zu den einzelnen Personen als auch zu dem Paar oder der Gruppe als Gesamtsystem. Dabei wird eine Arbeitsvereinbarung formuliert, die besagt, daß alle Beteiligten ihre Fähigkeit des Wünschens verbessern wollen. Der Coach braucht die Erlaubnis, die Interaktion jederzeit unterbrechen zu dürfen. So kann er durch gezielte Separator die kalibrierten Schleifen verändern. Außerdem erlauben sich die Konfliktpartner gegenseitig, zu wünschen, zu fordern oder über Wünsche zu verhandeln. Wenn diese Vorausetzungen erfüllt sind, formuliert ein Partner den ersten Wunsch.

Ähnlich wie bei der Formulierung von Zielen im PeneTRANCE-Modell gelten in der Schule des Wünschens Kriterien der Wohlgeformtheit für die Formulierung eines Wunsches. Jeder Wunsch entspringt einem inneren Bedürfnis, das dem Menschen oft nur zum Teil bewußt ist. Die sprachliche Formulierung ist die Verpackung des Bedürfnisses. Sie ist ein Werkzeug, um den Wunsch zu realisieren. Durch die Gestaltung der Formulierung anhand der Kriterien wird das Werkzeug solange verfeinert, bis es ein Optimum an Effektivität erreicht. Sobald der Wunsch den Kriterien genügt, wendet sich der Coach an den anderen Partner. Er fragt ihn, ob er wüßte, wie er sich verhalten müßte, um den Wunsch zu erfüllen. Dabei ist es wichtig, daß die Frage im Konjunktiv gestellt wird, um zu betonen, daß dieses Wissen nicht automatisch impliziert, daß er den Wunsch tatsächlich erfüllen wird. Erst wenn sichergestellt ist, daß beide Partner genau wissen, wie sie sich verhalten müßten, werden Bedingungen zur Erfüllung des Wunsches ausgehandelt. Im Idealfall führt die wohlgeformte Formulierung des Wunsches bereits dazu, daß der andere Partner den Wunsch ohne Bedingungen erfüllen möchte. Meistens ist es jedoch notwendig, daß der andere Partner seine eigenen Bedürfnisse in Form von Bedingungen vorbringt. Durch diese Integration wird die Realisierung des Wunsches zunehmend wahrscheinlicher.

Falls die Integration der Bedingungen kein Ergebnis bringt, mit dem beide Partner wirklich zufrieden sind, erforscht der Coach das Meta-Bedürfnis, das sich hinter der Ablehnung des Wunsches verbirgt. Dieses Meta-Bedürfnis kann reframed und ebenfalls als Wunsch formuliert werden. Dann wendet sich der Coach wieder an den ersten Partner. Er hypnotisiert ihn in die Siebte Himmel-Physiologie und exploriert auch hier das Meta-Bedürfnis. Jetzt kann er den Wünschenden bitten, weitere Wünsche zu formulieren, die das Meta-Bedürfnis auf alternativen Wegen erfüllen würden. Als Ergebnis wird ein wohlgeformter Wunsch formuliert, der auch für den anderen Partner akzeptabel ist. Die Bedingungen zur Erfüllung sind klar definiert und von beiden gemeinsam entwickelt worden.

Im nächsten Schritt beginnt die Arbeit mit einem Wunsch des anderen Partners, und die Schule des Wünschens wird erneut durchlaufen. Im Konflikt-Management gilt ein balancierter Rapport zu allen Beteiligten als notwendige Voraussetzung. Ein guter Coach beobachtet ständig die Physiologien seiner Klienten und hat ein effektives Repertoire von Separatoren zur Verfügung, um etwaige Problem-Physiologien wieder in Ressource-Zustände zu verwandeln. Kontinuierlicher Kontakt zu beiden Partnern in möglichst vielen Sinnessystemen unterstützt den Rapport. Virginia Satir war bekannt dafür, daß sie zu ihren Klienten sehr subtilen Körperkontakt hielt und dadurch kontinuierlich den Rapport überprüfte.

Um die Realisierung der Wünsche zu sichern, wird abschließend ein kleines Ritual durchgeführt. Es dient als Future Pace für den Verhaltensentwurf. Dabei führt der Coach die Partner an Ressourcen der gemeinsamen Beziehung. Er läßt sie eine Vereinbarung suchen, die in der Vergangenheit getroffen und eingehalten wurde. Dann modelliert er diese Vereinbarung und läßt die beiden Partner dadurch die Wunscherfüllung besiegeln. Zum Schluß testet der Coach die Vereinbarung. Er spielt des Teufels Advokat. Dabei verwendet er die Colombo-Technik und stellt beiläufige Fragen: „Ach so, da fällt mir ein – was würde passieren, wenn ... ?!" Diese Vorgehensweise entspricht dem Öko-Check. Wenn der Rapport stimmt, kann der Anwalt des Teufels bereits in früheren Phasen des Prozesses die Ökologie überprüfen. Ein guter Coach entwickelt eine Intuition für ökologische Zukunftsentwürfe. Sobald Inkongruenzen oder Einwände auftauchen, werden diese in Form von neuen Bedingungen in den Prozeß integriert. Auch in der Schule des Wünschens gilt die Denkweise des Reframing– hinter jedem Einwand verbirgt sich eine positive Absicht. Jeder Einwand und jede Form von Kritik kann mit Hilfe des Reframing in einen Wunsch verwandelt werden.

Sekundärer Gewinn

Metaphorisch gesprochen ist der sekundäre Gewinn eine versteckte Gewinnausschüttung. An ein bestimmtes Problemverhalten sind oft unbewußte Vorteile geknüpft, die der Klient verlieren würde, wenn er sein Problemverhalten einfach aufgibt. Deshalb ist es bei gewünschten Veränderungen hilfreich, solche versteckten Gewinne bewußt zu erkennen und sicherzustellen, daß sie erhalten bleiben. Falls die sekundären Gewinne nicht in der erarbeiteten Problemlösung berücksichtigt werden, wird sie vermutlich nicht wirklich funktionieren, da sie keine ökologische Alternative darstellt. Deshalb ist die Überprüfung der sekundären Gewinne im Öko-Check bei allen gewünschten Veränderungen ein wichtiger Schritt zur Transfersicherung.

Ein Mensch versucht seit Jahren vergeblich, sich das Rauchen abzugewöhnen, doch alle Bemühungen schlagen fehl. Solange er nur die schädlichen und unerwünschten Effekte des Rauchens wahrnimmt, kann er nicht verstehen, warum er die ungeliebte Gewohnheit beibehält. Erst in Anbetracht der sekundären Gewinne, die er durch das Rauchen bekommt, wird sein Verhalten verständlich: Zigaretten geben ihm einen willkommenen Anlaß für kleine Pausen während seines anstrengenden Arbeitstages, nach dem Essen wird seine Verdauung durch die Zigarette angeregt, er mag das gesellige Gefühl, wenn er kurz vor Feierabend gemeinsam mit seinen Kollegen, die ebenfalls Raucher sind, Zigaretten, Kaffee und Cognac genießt, und wenn er am Wochenende auf eine Party geht, bietet die Zigarette ihm einen unbewußten Halt, um seine Unsicherheit bei Gesprächen mit Fremden zu verbergen.

Das Teile-Modell hilft, innere Widersprüche zu verstehen. Ein Teil, der dem Bewußtsein zugänglich ist, wünscht eine Veränderung. Gleichzeitig besteht ein anderer, unbewußter Teil der Persönlichkeit darauf, die alte Verhaltensweise beizubehalten, weil er versteckte Gewinne aus dem problematischen Verhalten zieht. Solange der Mensch den verborgenen Nutzen seines problematischen Verhaltens nicht erkennt, befinden sich die Teile im Konflikt miteinander. In solchen Fällen hilft die Frage nach der positiven Absicht weiter. Wenn es gelingt, die versteckten Gewinne zu erkennen, zu würdigen und auf anderen, besseren Wegen zu realisieren, wird sein Unbewußtes das problematische Verhalten aufgeben, weil es nicht mehr benötigt wird.

Selektive Wahrnehmung

Die selektive Wahrnehmung ist ein nützlicher Mechanismus der menschlichen Psyche, der jedoch auch unnötige Einschränkungen erzeugen kann. Die menschliche Wahrnehmung entwickelte sich im Laufe der Evolution. Sie wurde so konzipiert, daß sie uns die besten Überlebenschancen in einer natürlichen Umwelt bietet. Deshalb dürfen wir nicht vergessen, daß die Lebensumstände, unter denen sich die Muster unserer Wahrnehmung entwickelten, anders waren als die heutigen. Unsere Wahrnehmung funktioniert nicht unter der Prämisse, die Realität zu erkennen, sondern unser Überleben zu sichern. Unsere Wahrnehmung unterliegt einer eigendynamischen Steuerung. Auf dem Weg ins Bewußtsein werden die meisten Informationen weggefiltert. Sie wirken unterschwellig und werden vom Unbewußten verarbeitet. Der Zensor läßt aus der unermeßlichen Vielfalt der Eindrücke nur sehr wenige ins Bewußtsein vordringen. Dieser Tilgungsprozeß erzeugt eine selektive Wahrnehmung. Die unbewußten Sensoren werden auf Frequenzen, Objekte, Ereignisse und Abläufe kalibriert, die bestimmte Merkmale aufweisen. Sie lenken unsere Aufmerksamkeit und sorgen dafür, daß nur die Wahrnehmung der markierten Objekte in unser Bewußtsein dringt.

Die selektive Wahrnehmung kann auch als Projektion verstanden werden. Wenn bestimmte Themen aktuelle Relevanz besitzen, projiziert der Mensch diese Themen in die Geschehnisse seiner Umwelt hinein. Dafür programmiert das Unbewußte die selektive Wahrnehmung, um relevante Gestalten zu entdecken. Wenn jemand zum Beispiel ein neues Auto kaufen möchte und dabei mit einer bestimmten Marke liebäugelt, wird seine selektive Wahrnehmung im Straßenverkehr plötzlich gehäuft diese Automarke entdecken. Das gleiche Phänomen setzt ein, wenn in der Familie oder im Freundeskreis jemand schwanger wird – plötzlich stellt man fest, daß es enorm viele schwangere Frauen gibt. Der selektive Charakter der menschlichen Wahrnehmung ist eine mächtige Ressource, die aber auch zu Einschränkungen führen kann. Bei der sich selbst erfüllenden Prophezeiung sorgt das Unbewußte dafür, daß ein bestimmter Zukunftsentwurf realisiert wird – auch dann, wenn der Mensch ihn eigentlich vermeiden möchte. Unser Unbewußtes kann nicht negieren! Egal, ob wir etwas wollen oder nicht wollen, das Unbewußte aktiviert die entsprechenden Wahrnehmungsfilter, um die Vorstellung, die wir in unseren Köpfen tragen, zu realisieren. Deshalb ist es so wichtig, erwünschte Ziele positiv zu formulieren.

Separator

Ein Separator ist ein plötzlicher Reiz, der den bisherigen Zustand verändert. Ein Separator State-Manöver führt den Menschen gezielt in einen anderen Zustand. Dabei wird das bisherige Wahrnehmungsmuster unterbrochen. Der Separator fungiert als trennendes Element zwischen zwei Zuständen. Er gibt der Wahrnehmung einen frischen Impuls und bewirkt einen Wechsel der Physiologie. Der Moment, in dem dieser Wechsel geschieht, wird Separator State genannt. In der Hypnose kann der Hypnotiseur einen Separator State des Klienten bewirken, indem er beispielsweise plötzlich mit den Finger schnippt, die Stimme erhebt und ernüchternde Fragen stellt. Dadurch kommt der Klient aus seinem Trance-Zustand zurück ins Hier und Jetzt. Ein Separator kann auf allen Sinneskanälen wirken:

V.: Blickwinkel wechseln, Sonnenbrille aufsetzen, neue Tapeten, Friseurbesuch
A.: Sprechtempo und Tonlage verändern, Musik einschalten, das Telefon klingelt
K.: Duschen, Spaziergang, Yoga, Sitzplatz wechseln, Krawatte abnehmen
O.: tief durchatmen, neues Parfum, Fenster öffnen, Riechsalz, Luft anhalten
G.: Kaffee und Kuchen, Kaugummi, ungewohnte Nahrungsmittel, Zähne putzen

Die Beispiele beziehen sich jeweils auf den Sinneskanal, der von dem Separator vermutlich am stärksten beeinflußt wird. Darüber hinaus wirkt zum Beispiel ein Spaziergang natürlich auch visuell, indem wir unseren Blick über die Landschaft schweifen lassen; ebenso auditiv, wenn wir die Vögel zwitschern hören; außerdem riechen wir die frische Luft, und falls wir an der Küste entlangwandern, können wir das Salz auf den Lippen schmecken. Separator können auch einen willkommenen Anlaß bieten, sich zu verändern. Die Veränderung von Gewohnheiten wird oft durch einen Separator ausgelöst. Die Ebene, auf der ein Wechsel stattfindet, kann unterschiedliche Dimensionen aufweisen. Während eines Gespräches, das von einem kurzen Telefonanruf unterbrochen wird, verbringt der wartende Gesprächspartner nur wenige Sekunden oder Minuten im Separator State. Ein Wohnungswechsel hingegen kann Separator States erzeugen, die über Tage oder Wochen andauern. Separator wirken der Gewöhnung entgegen. Sie wecken unsere bewußte Aufmerksamkeit und re-orientieren uns in in die aktuelle Situation. Der gezielte Umgang mit Separatoren ist eine Kunst, die enorm nützlich ist, um in der Kommunikation präsent zu sein und um festgefahrene Situationen wieder zu beleben.

Siebte Himmel-Physiologie

Die Siebte Himmel-Physiologie ist ein Zustand, der erfüllt ist von Freude, Glück und Erfolg. Es ist die Physiologie einer intensiv phantasierten Erfüllung der für die eigene Person kritischen Bedürfnisse. Sie erwächst aus dem Erlebnis, einen sehnlichen Wunsch erfüllt zu bekommen; einen Wunsch, der das Herz berührt und auf wunderbare Weise wahr wurde. Der Begriff Siebte Himmel-Physiologie wurde von Thies Stahl im Rahmen der Schule des Wünschens entwickelt. Sie wird vom Coach induziert, um den Klienten in Kontakt mit seinen Bedürfnissen zu bringen. Es ist eine Form der Als-Ob-Methode und kann helfen, etwas zu tun, von dem man bisher annahm, das es unmöglich sei: „Was müßte passieren, damit es möglich wird? Was würden Sie brauchen, damit Sie es können? Unter welchen Bedingungen würden Sie es tun?" Im Konflikt-Management können solche Fragen dazu führen, daß eine ins Stocken geratene Verhandlung wieder lebendig wird. Mit Hilfe derartiger Fragen können selbst massive Einwände in Wünsche verwandelt werden. Es entsteht eine Vision, die der weiteren Arbeit eine konstruktive Richtung gibt.

In der Schule des Wünschens wird die Siebte Himmel-Physiologie induziert, indem sich der Coach an einen der wünschenden Partner wendet und folgende Prozeßinstruktion gibt: „Stellen Sie sich bitte einmal vor, diese Verhandlung wäre ganz im Sinne Ihrer eigenen Position zu einem Abschluß gebracht worden. Ihre Bedürfnisse wären hundertprozentig erfüllt und auf überraschende, vielleicht sogar magische Weise wäre die Lösung auch für die andere Seite akzeptabel ... doch in erster Linie möchte ich Sie jetzt bitten, eine Lösung zu formulieren, die für Sie persönlich die denkbar beste Möglichkeit darstellt ..." Der Coach stimuliert den Klienten, seiner Phantasie freien Lauf zu lassen und mit einer Lösung Kontakt herzustellen, die ihn wirklich glücklich machen und sein Herz erfreuen würde. Dafür induziert er einen Trance-Zustand, der den Klienten die üblichen Beschränkungen seines Alltagsbewußtseins vergessen läßt: „... wobei Sie sich zunächst gar nicht an die Details der ausgehandelten Lösung erinnern müssen, sondern nur daran, daß die Lösung hundertprozentig Ihren eigenen Bedürfnissen entspricht ... Sie finden in der Zukunft eine Situation, wo Ihnen plötzlich bewußt wird, welche Lösung sie wirklich begeistern würde ... in völlig überaschender Weise ... geradezu genial ... und noch viel schöner, viel besser ... fast ein kleines Wunder ..." Jetzt zeigt der Klient die Siebte

Himmel-Physiologie. Der Coach kann den Klienten noch konkreter in die totale Wunscherfüllung hinein hypnotisieren und dann einen Anker setzen, um diesen powervollen Zustand als Ressource für die weitere Vorgehensweise verfügbar zu machen. Der Anker sollte im Peak der Physiologie, also im intensivsten Moment installiert werden. Vorher kann der Coach die Wahrnehmungskanäle abfragen (V.A.K.O.) und sich dabei auf die Physiologie als Ziel-Erkennungsphänomen kalibrieren. Der Klient hat durch diese Reise in die Zukunft wertvolle Informationen erschlossen. Je nach Beschaffenheit des Wunsches können weitere Informationen auf verschiedenen Ebenen gewonnen werden. Dies entspricht dem Prinzip des Chunking. Beim Chunking Down stimuliert der Coach den Klienten, die konkreten Details und die entscheidenden Complex Equivalences zu finden. In der Paartherapie könnte die Prozeßinstruktion folgendermaßen lauten: „Während Sie die Vorstellung genießen, achten Sie genau darauf, wie Ihr Partner dabei aussieht, was er tut und was er sagt und welche Gefühle er bei Ihnen auslöst ... wie er seinen Körper bewegt, seine Gesten, seine Mimik, seine Stimme, welche Worte er wählt ... was ist es im einzelnen, dieses gewisse Etwas, was das Erlebnis erst zu dem macht, was es ist ... (ideomotorisches Nicken des Klienten abwarten) ... und dann kommen Sie langsam, in Ihrem eigenen Tempo wieder zurück hierher, in die Gegenwart ..."

Die andere Richtung ist das Chunking Up. Hier wird das Meta-Ziel erforscht, das sich hinter dem geäußerten Wunsch verbirgt. Der Coach stimuliert den Klienten, den Nutzen zu erkennen, den die Erfüllung seines Wunsches mit sich bringt: „Während Sie Ihre Vorstellung von der Zukunft genießen, machen Sie sich bitte deutlich, in welcher Weise sich Ihre Situation verändert hat ... und jetzt, da Sie dort in der Zukunft sind, wissen Sie, warum es damals so wichtig war, daß die Verhandlung in Ihrem Sinne ausgegangen ist ... denn Sie bemerken, daß etwas Bestimmtes für Sie als Person gewährleistet ist ... (ideomotorisches Nicken des Klienten abwarten) ... und mit dieser Antwort im Sinn kommen Sie, in Ihrem eigenen Tempo, wieder zurück in die Gegenwart ..." Das Erzeugen der Siebte Himmel-Physiologie entspricht einer phantasierten Heldenreise. Das Unbewußte kommt in Kontakt mit der Erfüllung von tiefen Bedürfnissen. Diese Erfahrung erzeugt Glauben, Inspiration und Motivation. Dafür macht der Mensch eine Reise zum inneren Orakel. Wenn das Orakel die benötigte Information offenbart, hat der Mensch etwas gelernt. Mit diesem Wissen kommt er zurück in die Gegenwart. Das Wissen ist der Schatz, den der Held von seiner Reise mitbringt, um danach besser zu leben. In der Schule des Wünschens ist es wichtig, daß der Klient nach seiner Reise in den Siebten Himmel zurückkommt auf die Erde, in die Gegenwart, in die aktuelle Situation Hier und Jetzt. Denn nun beginnt die eigentliche Arbeit – der Klient muß Wege finden, um seine Wünsche zu realisieren.

Six Step-Reframing

Das Six Step-Reframing ist ein komplexes Interventionsmuster, das auf dem Teile-Modell der menschlichen Persönlichkeit basiert. Seinen Namen bekam es, weil Richard Bandler und John Grinder diesen Prozeß ursprünglich in sechs Schritte aufteilten. Inzwischen sind jedoch verschiedene Varianten bekannt, die vom Six Step-Reframing in sieben, acht oder gar neun Schritten sprechen. Gemeinsam ist allen Varianten die gezielte Kommunikation mit dem Unbewußten des Klienten. Der Coach hilft dem Klienten, seine Wahrnehmung zu erweitern, indem nicht nur die Ebene des Verhaltens, sondern auch die der Absicht berücksichtigt wird. Das Bewußtsein des Klienten lernt, die positiven Absichten der unbewußten Teile in den bisher abgelehnten Verhaltensweisen zu erkennen.

Eingesetzt wird das Six Step-Reframing, wenn der Klient ein Symptom oder Verhalten hat, das sein Bewußtsein gern abstellen möchte. Beispiele sind Fingernägelkauen, Waschzwänge, unerwünschte Gefühle, Anfälle von Jähzorn, Konzentrationsschwächen oder depressive Zustände. Ein geübter Coach braucht die problematischen Inhalte nicht zu kennen. Er kann das Six Step-Reframing als inhaltsfreies Strukturmodell verwenden, während er sich an der Physiologie des Klienten orientiert. Der Ablauf beginnt mit der Integration dissoziierter Physiologien. Dadurch wird Kontakt zwischen bisher voneinander abgeschnittenen Zuständen hergestellt. Alle Persönlichkeits-Teile, die in die aktuelle Problematik involviert sind, sollen für die Interaktion mit dem Coach kontaktierbar sein. Für die Arbeit mit einem Alkoholiker bedeutet dies zum Beispiel, daß sowohl die nüchterne als auch die alkoholisierte Seite des Menschen aktiviert wird. Dies geschieht, indem der Coach den Klienten in die jeweiligen Zustände hinein hypnotisiert und sie im Moment ihres stärksten Auftretens ankert. Dann werden die Anker gleichzeitig aktiviert. So bekommt der Klient innerlich Kontakt mit allen relevanten Teilen und den damit verbundenen Ressourcen.

Als nächstes wird dem Klienten ein Erklärungsmodell angeboten, warum sich sein Unbewußtes anders verhält, als es das Bewußtsein verlangt. Dafür vermittelt der Coach dem Klienten die NLP-Glaubenssätze über das Unbewußte, so daß sie sich elegant und ökologisch in sein Glaubenssystem einfügen. In der Selbstwahrnehmung des Klienten werden auf diese Weise neue Ideen gesät, die ihm helfen, die positive Absicht, die sich hinter dem Problemverhalten verbirgt, zu erkennen und zu würdigen. Dieses Ziel ist erreicht, wenn er die Versöhnungs-Physiologie zeigt. Als nächstes wird ein Trance-Zustand induziert. Dann werden Signale etabliert, um direkt mit dem unbewußten Teil zu kommunizieren, der für die Aufrechterhaltung des Problemverhaltens verantwortlich ist. Sobald die positive Absicht klar herausgearbeitet ist, wird ein kreativer Teil hinzugezogen. Die Aufgabe des kreativen Teils besteht darin, alternative Wege zur Realisierung der positiven Absicht zu finden. Dabei kann manchmal ein ganzes Symposium von weiteren Teilen entstehen, die alle an der Aufrechterhaltung des Problemverhaltens beteiligt sind. Dies deutet auf komplexe Vernetzung und eine Vielzahl sekundärer Gewinne hin. Die hier entstehende Konferenz von Persönlichkeits-Teilen wird auch als „innere Familientherapie" oder als „innerer Polylog" bezeichnet.

Da es sich beim Six Step-Reframing um ein komplexes Interventionsmuster handelt, das auf verschiedenen Ebenen in die Persönlichkeit des Klienten eingreift, ist ein sauberer Öko-Check notwendig: „Gibt es noch irgendeinen Teil, der einen Einwand gegen die geplante Veränderung hat?" Wenn sich daraufhin einwand-erhebende Teile melden, können Sie eine innere Konferenz mit dem kreativen Teil veranstalten und die bisherige Lösung so verbessern, daß die Einwände integriert werden. Zur Transfersicherung wird ein Future Pace gemacht. Um den Rapport zum ehemals problematischen Teil zu halten, ist es sinnvoll, daß sich das Bewußtsein des Klienten dafür bedankt, daß der Teil in Zukunft bereit ist, mit der Realisierung seiner positiven Absicht auf die vereinbarte Weise zu experimentieren und dafür die Verantwortung zu übernehmen. Diese Bereitschaft ist nicht selbstverständlich und sollte gewürdigt werden, schließlich hat der Klient in der Vergangenheit oft lange Zeit erfolglos versucht, sich zu verändern. Um die Veränderung konsequent zu realisieren, wird der Future Pace möglichst konkret ausformuliert: „Wann wird das neue Verhalten ausprobiert? Mit wem? In welchem Kontext? Wie genau wird das ablaufen?"

Das Six Step-Reframing hat auch eine erzieherische Wirkung für den Umgang mit sich selbst. Wer dieses Prinzip wirklich verstanden hat, weiß, warum man nicht so ohne weiteres irgendwelche Veränderungen herbeiführen kann. Er wird in Zukunft die ökologischen Schutzmechanismen seiner Integrität anerkennen, würdigen und sich dadurch viele unfruchtbare Kämpfe mit den verantwortlichen Teilen ersparen. Wer sich für eine Veränderung im Bewußtsein der ökologischen Konsequenzen entscheidet, kann gezielt alternative Wege entwickeln, um alle sekundären Gewinne auf angemessene Weise zu realisieren.

Strategien

Strategien sind Vorgehensweisen. Das NLP untersucht die internen Strategien von Menschen zum Beispiel bei der Wahrnehmung, bei der Informationsverarbeitung und der Steuerung von Verhalten. Auch zur Entscheidungsfindung benutzen wir Strategien. Ein typisches Beispiel für eine Entscheidungsstrategie ist, sich zuerst über den visuellen Kanal ein Bild zu machen, es dann auditiv zu kommentieren und anschließend anhand des kinästhetischen Gefühls eine Entscheidung zu treffen. Ein Richter, der diese Strategie verfolgt, könnte dann folgendes sagen: „Wenn ich mir das Vorstrafenregister des Angeklagten **ansehe**, dann **frage** ich mich, wie das weitergehen soll. Ich habe fast das **Gefühl**, da müssen wir einen Riegel vorschieben.“ Ein aufmerksamer Beobachter kann lernen, die Strategien anderer Menschen zu erkennen, und sie ihm Sinne von Pacing und Leading nutzbar zu machen. Der Verteidiger des Angeklagten könnte dann folgendermaßen reagieren: „Euer Ehren, **schauen** Sie sich den Angeklagten an, ein wahres Bild der Reue. Man könnte **sagen**, daß er seine kriminelle Vergangenheit hinter sich gelassen hat und daß Sie ihm deshalb mit einem guten **Gefühl** eine milde Strafe geben können.“

Strategien sind von Mensch zu Mensch unterschiedlich, sie können einfach gestrickt oder sehr komplex und differenziert beschaffen sein. Viele Menschen verfügen nur über einige wenige Strategien, auf die sie immer wieder zurückgreifen. In den gewohnten Kontexten kommen sie damit meist gut zurecht, doch falls neue Situationen auftauchen, ist Flexibilität gefordert. Flexibler Einsatz von Strategien führt zur Optimierung des persönlichen Repertoires. Die meisten Strategien sind unbewußt. Selbst wenn Könner und Experten etwas besonders gut können, kennt ihr Bewußtsein oft nicht die Beschaffenheit der eingesetzten Erfolgsstrategie. Im Gegenteil, je besser sie etwas können und je habituierter die Abläufe sind, desto weniger bewußt wissen sie, was sie tatsächlich tun. Das erfolgreiche Verhalten wird von unbewußten Teilen gesteuert. Durch die Arbeit mit dem NLP können Strategien bewußt werden. Sie offenbaren sich durch die sinnliche Metaphorik der Sprache und durch die Abfolge der Augenbewegungen. Im Coaching können innere Strategien aufgedeckt, auf ihre Zweckmäßigkeit hin untersucht und bei Bedarf verbessert werden. So entsteht eine neue Programmierung. Nach der Intervention wird die erfolgreiche Realisierung der verbesserten Strategien an die verantwortlichen Teile im Unbewußten delegiert, denn Gelerntes wird vom Bewußtsein oft sehr schnell wieder vergessen.

Stuck State

Der Stuck State ist ein Zustand des Feststeckens. Der Mensch ist blockiert, in der Sackgasse, nichts geht mehr. Es ist eine sehr intensive Problem-Physiologie. Im Stuck State hat der Mensch keinen Zugriff auf seine Ressourcen. Er verliert alle Wahlmöglichkeiten. Er hat keine adäquaten Verhaltensoptionen zur Verfügung und kann nur noch hoffen, daß der Zustand sich verändert. Damit einher geht eine Verengung der Wahrnehmung. In solchen Momenten ist es hilfreich, einen Separator zu setzen! Der Wechsel eines Zustandes kann gezielt aktiviert werden, indem durch einen Separator plötzlich Bewegung in das aktuelle Wahrnehmungsmuster gebracht wird. Die gezielte Unterbrechung bewirkt, daß die Wahrnehmung wieder mit neuen Eindrücken gespeist wird. Der Mensch gewinnt dabei innerlich an Flexibilität und kann wieder in Kontakt mit seinen Ressourcen gelangen.

Im Coaching wird der Klient durch ein Separator State-Manöver aus einem Stuck State befreit. Ein guter Coach erkennt, welchem Wahrnehmungskanal er einen Impuls geben kann, um den Klienten auf möglichst elegantem Wege aus dem Stuck State herauszuholen. Dafür braucht der Coach Flexibilität und Präsenz, denn sein Manöver ist gleichzeitig ein Beziehungsangebot. Es muß so attraktiv sein, daß der Klient sich darauf einlassen kann. Falls selbst massive Separator State-Manöver keinen Wechsel des Zustandes bewirken und das Unbewußte des Menschen es bevorzugt, im Stuck State zu verweilen, sind vielleicht sekundäre Gewinne im Spiel. Dann könnte die Frage nach der positiven Absicht weiterhelfen: „Was ist gut daran, jetzt in diesem Zustand zu sein?“ Manchmal hilft auch das Prinzip der Akzeptanz. Der Stuck State wird beobachtet und erlaubt. Meditierenden Mönchen wird von ihren Lehrern empfohlen, jede Form von Zustand einfach zu akzeptieren. Jedes Lebewesen befindet sich in einem lebendigen Fluß. Genaugenommen fließt der Mensch auch im Stuck State, nur etwas langsamer. In der Meditation lernen die Mönche, ihre Zustände gleichmütig zu beobachten und abzuwarten, bis der Wind die Wolken am Himmel vertreibt. Durch derartige Manöver läßt sich ein blockierter Stuck State in einen fruchtbaren Trance-Zustand überführen. Sie erfordern jedoch sehr viel Geduld und Gelassenheit. Im Alltagsleben ist ein gezielter Separator oft der elegantere Weg, um den Stuck State zu verlassen. Sich selbst und andere Menschen aus dem Stuck State in einen ressourcevollen Zustand führen zu können, ist eine nützliche Fähigkeit, die in entscheidenden Situationen echte Wunder bewirken kann.

Submodalitäten

Im NLP sind die Modalitäten die Sinnessysteme und die dazugehörigen Repräsentations-Systeme. Die Submodalitäten sind die Untereigenschaften dieser Systeme. Sie helfen dabei, innere Differenzierungen vorzunehmen. Die Wahrnehmungen in den Sinneskanälen können durch Erfragen von Submodalitäten näher untersucht werden. Oft sind es sehr feine Unterschiede, die die Qualität der Wahrnehmung und der damit verbundenen Zustände ausmachen. Ein Beispiel für die Arbeit mit Submodalitäten ist die Verwandlung von Verwirrung in Klarheit. Dabei werden die genauen Kriterien herausgearbeitet, die einen Menschen wissen lassen, daß er sich im Zustand der Verwirrung oder im Zustand der Klarheit befindet. Bei visuellen Typen können dies beispielsweise die Farben, Kontraste und Größen der inneren Bilder sein. Anschließend werden die Kriterien der Verwirrung so verändert, bis sie dem Zustand der Klarheit entsprechen.

Im Coaching wird die gezielte Veränderung von Submodalitäten auch als Drehen an den Parametern bezeichnet. Richard Bandler spricht sogar von der Programmiersprache des Gehirns. Er tendierte in den letzten Jahren verstärkt zur Veränderung von Submodalitäten, wie auch das Buch „Bitte verändern Sie sich ... jetzt!" dokumentiert. In der NLP-Literatur gibt es inzwischen einige Bücher, die sich mit Submodalitäten beschäftigen, beispielsweise „Gewußt wie" von Connirae und Steve Andreas. Richard Bandler und Will MacDonald haben mit „Der feine Unterschied" ein NLP-Übungsbuch zu den Submodalitäten verfaßt. Im Vorwort gibt Thies Stahl wichtige Hinweise zum ökologischen Verständnis der verführerischen Submodalitäten. Das gekonnte Verändern von Submodalitäten setzt ein tiefes Verständnis der historisch älteren NLP-Techniken voraus. Beim Drehen an den Parametern darf nicht vergessen werden, daß die bisherige Organisation der Submodalitäten dem ökologischen Gleichgewicht entspricht. Es ist eine Kunst, mit Hilfe der Submodalitäten dauerhafte Veränderungen ohne Nebenwirkungen zu erreichen. Dabei braucht der Coach neben technischem Geschick auch ein sicheres Gespür für die ökologischen Zusammenhänge.

Auf den folgenden Seiten finden Sie eine Auflistung der Submodalitäten in den drei meistgenutzten Wahrnehmungskanälen. Die aufgeführten Fragen dienen als Orientierungshilfe für den Coach, um die relevanten Kriterien systematisch zu erforschen.

Visuelles Repräsentations-System

Farbe: Ist das Bild farbig oder schwarz-weiß? Ist das ganze Farbspektrum vorhanden? Sind die Farben leuchtend, intensiv oder pastellartig, verwaschen?

Helligkeit: Welche Helligkeit hat das Bild? Ist es heller oder dunkler als es normalerweise wäre? Gibt es besonders helle oder besonders dunkle Ausschnitte? Gibt es bestimmte Lichtquellen im Bild?

Kontrast: Gibt es starke Kontraste im Bild oder ist es eher blaß? An welchen Stellen sind die Kontraste besonders ausgeprägt?

Schärfe: Ist das Bild gestochen scharf oder eher unscharf? Gibt es bestimmte Stellen, die verschwimmen?

Oberfläche: Ist die Oberfläche des Bildes glatt oder rauh? Ist sie matt oder glänzend? Hat sie eine bestimmte Struktur?

Komplexität: Gibt es besondere Details? Im Vordergrund oder im Hintergrund? Sehen Sie die Einzelheiten als Teil des Ganzen oder müssen Sie neu fokussieren, um sie zu erkennen?

Proportionen: Stehen die Inhalte des Bildes im richtigen Verhältnis zueinander? Oder sind einige kleiner oder größer als im wirklichen Leben? Gibt es Verzerrungen?

Rahmen: Gibt es einen Rahmen um das Bild oder wird es an den Rändern undeutlich? Falls ja, wie ist der Rahmen beschaffen? Wie dick ist er? Welche Form und welche Farbe hat er?

Größe: Wie groß ist das Bild? Schätzen Sie die Maße in Zentimetern!

Form: Welche Form hat das Bild? Ist es vielleicht rund, quadratisch, oval oder sternförmig?

Position: Welche Position hat das Bild in Ihrem Gesichtsfeld? Wo sehen Sie es? Zeigen Sie die genaue Position mit Ihren Händen! Ist das Bild gekippt oder geneigt? In welchem Winkel? Falls es mehrere Bilder gibt, wie sind sie angeordnet?

Bewegung: Ist es ein stillstehendes Bild oder ein Film? Wie schnell bewegt es sich? Bewegen sich die Inhalte im Bild oder bewegt sich das ganze Bild im Raum? In welche Richtung bewegt es sich?

Perspektive: Sehen Sie die Ereignisse so, als wenn Sie dort wären (assoziiert), oder sehen Sie sich selbst als Person im Bild (dissoziiert)? Aus welcher Perspektive sehen Sie sich? Von vorn, von hinten, von rechts oder von links?

Dimensionen: Ist das Bild flach oder mehrdimensional? Gibt es bestimmte Stellen, die besondere Dimensionen aufweisen? Umschließt es Ihr ganzes Panorama?

Anzahl: Gibt es ein Bild oder mehrere? Sehen Sie eines nach dem anderen oder alle zur gleichen Zeit?

Auditives Repräsentations-System

Lautstärke: Wie laut hören Sie das Geräusch? Empfinden Sie die Lautstärke als angenehm und stimmig?

Dynamik: Ist das Geräusch schnell oder langsam? Ist es stetig oder intermittierend? Hat es einen festen Rhythmus oder eine Kadenz?

Position: Hören Sie es von Innen oder von Außen? Von wo kommt das Geräusch? Hören Sie es auf einer Seite (mono), oder ist das Geräusch überall um sie herum (stereo)?

Tonlage: Ist das Geräusch in einer niedrigen oder in einer hohen Tonlage? Ist die Tonlage höher oder niedriger als normalerweise?

Tonalität: Wie ist die Tonalität? Nasal, heiser, dünn oder volltönend und klangvoll?

Melodie: Ist es monoton oder gibt es melodische Variationen? Welche Melodien tauchen auf?

Modulation: Welche Teile sind betont? Ändert sich die Modulation oder ist sie gleichbleibend?

Nebengeräusche: Ist die Wahrnehmung klar oder gibt es Nebengeräusche?

Sprache: Gibt es Worte und Sätze? Wie sind diese beschaffen? Wessen Stimme spricht? Wie klingt die Stimme?

Kinästhetisches Repräsentations-System

Qualität: Wie würden Sie die Körperwahrnehmung beschreiben? Ist es zum Beispiel warm, kalt, prickelnd, entspannt, gespannt, verkrampft, diffus?

Intensität: Wie stark ist die Empfindung?

Position: Wo genau spüren Sie die Wahrnehmung in Ihrem Körper?

Bewegung: Gibt es Bewegung in der Empfindung? ist sie kontinuierlich oder kommt sie in Wellen? Gibt es abrupte Sprünge? Wie schnell sind die Bewegungen?

Richtung: Wo ist die Quelle der Empfindung? Wie kommt sie von dort zu der Stelle, wo sie Ihnen am meisten bewußt ist?

Dauer: Ist die Wahrnehmung stetig oder intermittierend? Seit wann ist sie vorhanden?

Temperatur: Empfinden Sie die Körperwahrnehmung als heiß, warm oder kalt?

Lust-Schmerz-Spektrum: Ist die Empfindung lustvoll? Oder spüren Sie eher Unlust oder Schmerzen? Wie genau ist die Wahrnehmung von Lust oder Schmerzen beschaffen?

Spannung: Welchen Spannungstonus hat die Empfindung? Ist sie locker, angespannt oder verkrampft?

Direktheit: Ist es eine direkte Körperempfindung? Oder ist es ein Meta-Gefühl zu oder über etwas?

Symptom

Das NLP versteht Gesundheit als Zustand der Balance. Jedes Symptom ist Ausdruck einer Störung der inneren Balance. Symptome werden von unserem Unbewußten erzeugt. Sie können als nützliche Signale verstanden werden. Oft weiß das Bewußtsein des Menschen nicht, was der Organismus benötigt, um das systemische Gleichgewicht wiederherzustellen. Deshalb gehen wir zum Arzt oder zum Psychotherapeuten. Der Mensch kann jedoch lernen, die Signale frühzeitig zu erkennen und sich daraufhin so zu verhalten, daß er sich aus eigener Kraft wieder in ein gesundes, harmonisches Gleichgewicht bringt. Das NLP geht davon aus, daß sich hinter jedem Symptom eine positive Absicht verbirgt. Wenn wir diese erkennen, können wir alternative Wege finden, um sie zu realisieren. Das Six Step-Reframing ist ein Weg, Symptome als Botschaften zu verstehen. Wird die Information in aktives Lernverhalten umgesetzt, wird das Symptom als Signalgeber nicht mehr benötigt und kann verschwinden. Falls bestimmte Symptome über längere Zeit vorhanden waren, haben sie oft verschiedene systemische Funktionen im Leben des Menschen übernommen. Dann sind sie ökologisch eingenetzt und können allerlei sekundäre Gewinne mit sich bringen.

Ein Symptom kann zum Beispiel Funktionen im Sozialverhalten des Menschen erfüllen. So kann ein Kind gelernt haben, daß es nur dann Aufmerksamkeit von seinen Eltern erhält, wenn es krank ist. Wenn das Unbewußte diese Erfahrung generalisiert, wird der Mensch vielleicht auch als Erwachsener krank werden, um die Aufmerksamkeit seiner Bezugspersonen, Ehepartner oder Kinder zu gewinnen. Die positive Absicht des Symptoms ist dann der Gewinn von Aufmerksamkeit. ("I need Attention!") Wenn der Mensch gelernt hat, die Aufmerksamkeit seiner Mitmenschen auf andere Weise zu gewinnen, braucht er das Symptom nicht mehr. Das Kranksein verliert seinen Sinn. Symptome lassen sich auch über die Arbeit mit Beliefsystemen verändern. Hier gelten sie als Ausdruck von erworbenen Einschränkungen oder von Konflikten zwischen mehreren Glaubenssätzen. Robert Dilts berichtet in seinen Büchern ausführlich über das Erkennen und Verändern von Glaubenssystemen. Dieser Ansatz bietet eine andere Herangehensweise als das Six Step-Reframing. Die unterschiedlichen Ansätze im NLP können flexibel kombiniert werden; sie stellen dem Coach ein breites Repertoire zur Behandlung von Symptomen zur Verfügung.

Synästhesien

„Schreiende Farben – sie springen Dir ins Gesicht!" Das Zusammenspiel von verschiedenen Sinneskanälen bei der Repräsentation einer Erfahrung nennt man Synästhesien. Dabei erlebt der Mensch die Phänome der Realität auf mehreren Wahrnehmungskanälen gleichzeitig. Die innere Landkarte wird zum multidimensionalen Repräsentations-System. Synästhesien erzeugen eine enge Verkopplung von verschiedenen Sinnessystemen. Sie wirken als Schnittstellen zwischen den Informationsträgern und ermöglichen Flexibilität in der Wahrnehmung. Den Begriff der Synästhesien gibt es auch in der Poesie. Hier sind es Wortschöpfungen oder sprachliche Bilder, die Sinneseindrücke aus verschiedenen Repräsentations-Systemen miteinander vermischen, wie zum Beispiel ein „knallendes Gelb" oder„malende Sänger in lautstarken Bildern". Menschen haben die Tendenz zur ganzheitlichen Wahrnehmung. Jeder Mensch hat unzählige Synästhesien in seinem Gehirn codiert. Wenn wir versuchen, bewußt einen Kanal auszuschalten, bemerken wir, wie sehr wir daran gewöhnt sind, alle Kanäle gleichzeitig einzusetzen. Wer mit einem Walkman im Ohr Auto fährt, wird sich auf eine neue Weise orientieren müssen. Das Fahren ohne auditive Rückmeldeschleifen erfordert weitaus mehr Konzentration, weil das Unbewußte sowohl das eigene Motorengeräusch als auch die unterschwelligen Geräusche der anderen Verkehrsteilnehmer vermißt. Obgleich das Autofahren in erster Linie eine visuell-kinästhetische Tätigkeit darstellt, geben die Synästhesien zum auditiven Kanal im Straßenverkehr eine wichtige Orientierungshilfe.

Das Overlapping ist eine Technik, um eine Erfahrung möglichst vollständig zu aktivieren. Der Coach führt seinen Klienten mit Hilfe des Overlapping von einem Sinnessystem in ein anderes. Dabei fungiert die Synästhesie als Schnittstelle. Prägende Lebenserfahrungen oder Glaubenssätze können als Synästhesien repräsentiert sein. Dadurch sind sie stabiler in der inneren Landkarte verankert. Wenn der Klient zum Beispiel durch negative Gedanken gequält wird und keinen Zugang findet, um diesen Zustand zu verändern, kann der Coach nach Bildern oder Gefühlen fragen. Wenn diese mit den Gedanken verknüpft sind, besteht eine Synästhesie. Sie kann genutzt werden, um eine vollständige interne Repräsentation herzustellen. Jetzt braucht der Coach nicht mehr direkt mit den hartnäckigen Gedanken zu arbeiten, sondern kann bei den Bildern oder Gefühlen ansetzen, um die benötigten Ressourcen zu organisieren.

T

Tanz der Physiologien

Teile-Modell

Teufels Advokat

Tiefen- und Oberflächenstruktur

Tilgung

Time Line

T.O.T.E.

Trance

Trauma

Tanz der Physiologien

Eine gelungene Kommunikation ist wie ein gemeinsamer Tanz. Wenn Menschen miteinander kommunizieren, bewegen sie sich in einem sehr feinen und komplexen Schwingungsfeld. Videoaufzeichnungen, die im Zeitraffer abgespielt werden, zeigen deutlich, wie die Bewegungen der Partner aufeinander abgestimmt sind. Auch Lachen, Gähnen, sich Strecken, der Griff zur Kaffeetasse oder kleine ideomotorische Bewegungen sind bei gutem Rapport synchronisiert. Menschen befinden sich immer in einem Schwingungszustand. Selbst im Zustand der Meditation ist ein Mensch nicht hundertprozentig in Ruhe, seine Schwingungen bewegen sich lediglich etwas ruhiger als in anderen Zuständen. Diese Tatsache wurde in wissenschaftlichen Untersuchungen bestätigt, bei denen hochempfindliche Videokameras eingesetzt wurden. Bei Experimenten mit autistischen Kindern wurde festgestellt, daß ihre feinen Schwingungen eine andere Frequenz als die von normalen Kindern aufwiesen. Ihre Unfähigkeit zur Kommunikation drückte sich also auch auf dieser Ebene aus.

Das Pacing ist eine subtile Methode, um mit anderen Menschen in den Gleichschritt zu kommen. Gelungenes Pacing erzeugt Rapport. Wenn Menschen im Rapport miteinander kommunizieren, synchronisiert sich der Tanz ihrer Physiologien. Professionelle Tänzer offenbaren dieses Phänomen auf beeindruckende Weise. Ihre Bewegungen wirken so homogen aufeinander abgestimmt, als wenn ein einziger Organismus sich bewegen würde. Musiker nennen dieses Phänomen den Groove – gemeinsames Grooven ist lustvolles Tanzen. Kalibrierte Schleifen hingegen sind erstarrte Schrittfolgen im Tanz der Physiologien. Ein auslösender Reiz im Verhalten des einen Partners bringt den anderen Partner in eine Problem-Physiologie. Ist dieses Reiz-Reaktions-Muster erst einmal etabliert, wird es sich ständig wiederholen. Mit Hilfe des Reanchoring Couples oder des Reframing Couples werden kalibrierte Schleifen aufgelöst und der Tanz der Physiologien wieder fließend gemacht. Im Konflikt-Management sagt man, die beteiligten Konfliktpartner müssen ihren Konflikt austanzen, um zu einer gemeinsamen Verständigung zu kommen. Die Physiologien der Beteiligten zeigen, wann der Konflikt für alle wirklich ökologisch gelöst wurde. Der Tanz der Physiologien ist ein sinnlicher Ausdruck der Beziehungsebene. Ein geübter Beobachter versteht es, diesen feinen Seismographen zu interpretieren und Hinweise zum aktuellen emotionalen Erleben der Tänzer zu gewinnen.

Teile-Modell

Das NLP bietet ein pragmatisches Modell zum Verständnis der menschlichen Persönlichkeit. Es entspringt der Verbindung von Gestaltpsychologie, der hypnotischen Arbeit von Milton Erickson und dem systemischen Ansatz der Familientherapie. Das Teile-Modell wird besonders im Six Step-Reframing und seinen Varianten nutzbar gemacht. Dabei wird angenommen, daß der Mensch nicht durch ein souveränes Ich gesteuert wird, sondern durch viele kleine Ichs – die sogenannten Teile innerhalb einer Persönlichkeit. Die verschiedenen Teile sind untereinander vernetzt. Sie können miteinander in Dialog treten, Koalitionen bilden und Konflikte austragen. Die Teile symbolisieren bestimmte Strebungen innerhalb der Gesamtpersönlichkeit. Sie können auch Einwände, Ängste, Zweifel oder Glaubenssysteme repräsentieren. Teile können sich in Bildern, Klängen, Worten, Geschmäckern, Gerüchen oder Gefühlen äußern. Die Ursprünge der Teile sind Impulse, Wünsche oder Ziele. Bandler und Grinder erläutern im Reframing-Buch, wie Teile entstehen und wie neue Teile geschaffen werden. Teile definieren sich durch ihre Absichten. Jedes menschliche Verhalten läßt sich mit Hilfe des Reframing auf eine positive Absicht zurückführen. Im Six Step-Reframing werden die Teile direkt nach ihren positiven Absichten befragt und gewürdigt. Dann können alternative Wege zur Realisierung der positiven Absicht entwickelt werden. Dieses einfache Prinzip ist die Grundlage jeder erfolgreichen Verhaltensänderung: „Wenn Sie in Zukunft auf die unerwünschte Verhaltensweise verzichten – wie werden Sie sich stattdessen verhalten? Was werden Sie tun, um die positive Absicht des bisherigen Verhaltens auf besseren Wegen zu realisieren?"

Jede Verhaltensweise erfüllt seine Funktionen innerhalb des psychischen Systems. Wenn wir uns verändern wollen, müssen wir unserem Unbewußten alternative Verhaltensweisen anbieten, damit die Teile auch weiterhin ihre Absichten verwirklichen können. Falls keine echten Alternativen angeboten werden, bleibt dem verantwortlichen Teil keine andere Wahl, als weiterhin auf das bisherige Verhalten zurückzugreifen. Das Unbewußte strebt nach Funktionalität. Es bemüht sich, dem Menschen ein optimales Überleben zu gewährleisten. Im Falle von Traumata oder in als ausweglos erlebten Situationen werden einzelne Teile vom Bewußtsein abgespalten, damit der Mensch nicht von der Erfahrung überwältigt wird. Durch diese Abspaltung spürt der Mensch die Ängste, Schmerzen oder Widersprüche nicht mehr.

Dabei verliert er jedoch den Kontakt zu seinen Wurzeln und entfernt sich von seinen wahren Bedürfnissen. Die ursprüngliche positive Absicht kann nur noch über sekundäre Gewinne realisiert werden. Der Preis dafür sind unerwünschte Verhaltensweisen, die von anderen Teilen und oft auch vom Bewußtsein als problematisch erlebt werden. Die Vernetzungen verschiedener Teile innerhalb der menschlichen Psyche sind sehr komplex und für ungeübte Beobachter nicht immer leicht zu durchschauen. Viele Teile arbeiten unbewußt. Sobald die positive Absicht eines Teils vom Bewußtsein erkannt wurde, ändert sich seine Position innerhalb des psychischen Systems. Jetzt braucht der verantwortliche Teil nicht mehr um seine Berechtigung zu kämpfen. Es fällt bewußtes Licht auf psychische Prozesse, die über Jahre im Dunkeln stattfanden. Die positiven Absichten brauchen nicht mehr auf verschlungenen Wegen über sekundäre Gewinne realisiert werden. Der Mensch kann dem Teil nun freiwillig den nötigen Raum in seiner Lebensführung geben, der seiner positiven Absicht gerecht wird. Durch Kontakt zwischen den verschiedenen Teilen und dem Bewußtsein können innere Konflikte gelöst werden. Zur Unterstützung kann ein kreativer Teil als Lieferant für neue Ideen hinzugezogen werden. Die kreative Versöhnung der inneren Dämonen bringt Synergie-Effekte. Blockierte Energien werden freigesetzt und können in Zukunft sinnvoll eingesetzt werden. Der Mensch gewinnt an Anmut, Kongruenz und Überzeugungskraft.

In dem Buch „MULTIMIND" erläutert Robert Ornstein auf originelle Weise, in welcher Form das Teile-Modell die wissenschaftlichen Konzepte vom Geist des Menschen beeinflußt. Auch mystische Systeme zur spirituellen Entwicklung arbeiten mit dem Teile-Modell, zum Beispiel der tibetanische Buddhismus oder die magische Schule von Gurdjieff und Ouspensky. Derartige Systeme bieten Wege zur wachsenden Bewußtheit. Um den Weg zu gehen, muß der Mensch zunächst erkennen, wie die vielen kleinen Teile in ihm wirken und sie dann im Laufe seiner Entwicklung zu einer harmonischen Einheit verschmelzen. Manchmal bemerken wir unsere verschiedenen Teile in Form von inneren Widersprüchen, insbesondere dann, wenn wir unsere Gewohnheiten ändern wollen. Die verschiedenen Teile haben sich im Laufe unseres Lebens miteinander arrangiert. Sie bilden alle gemeinsam ein einzigartiges, ausbalanciertes und aufeinander abgestimmtes System, das sich selbst im Gleichgewicht hält. In der Anwendung des NLP wird dieses Gleichgewicht durch die Frage nach der Ökologie überprüft. Erfolglose Versuche der persönlichen Veränderung scheitern meist daran, daß sie nicht ökologisch sind und deshalb von einigen Teilen bekämpft werden. Nur ökologisch verträgliche Veränderungen werden von allen Teilen begrüßt und unterstützt.

Teufels Advokat

Um einen Zukunftsentwurf zu testen, wird ein Öko-Check gemacht. Der Öko-Check überprüft die systemische Verträglichkeit einer Intervention. Er sollte bei jeder geplanten Veränderung in irgendeiner Form durchgeführt werden. Falls die ökologische Überprüfung eine besonders gründliche Vorgehensweise verlangt, kann der gewissenhafte Coach den Anwalt des Teufels spielen: „Gibt es noch irgendwelche Einwände oder Zweifel? Wenn ja, welche? Falls Ihnen jetzt keine Einwände einfallen, dann erfinden Sie bitte welche!" Oft ist der Klient in der Ressource-Physiologie so begeistert von den anvisierten Zielen, daß er mögliche Einwände aus dem Bewußtsein verdrängt. Trotzdem werden die ökologischen Kräfte bei der Realisierung im täglichen Leben ihren beschützenden Einfluß geltend machen und eine als Bedrohung empfundene Veränderung boykottieren, auch wenn das Bewußtsein die vermeintliche Bedrohung noch nicht bemerken kann. Deshalb ist es in jedem Falle sinnvoll, sich vorbeugend mit möglichen Einwänden auseinanderzusetzen und sie in die Zielvorstellungen zu integrieren.

Im konsequenten Öko-Check kann der Coach den Teufel an die Wand malen und weitere unbequeme Fragen stellen: „Was würde passieren, wenn ...?!" Jeder Zukunftsentwurf beinhaltet ein gewisses Risiko. Der Advokat des Teufels konfrontiert den Klienten mit der schlechtesten aller Möglichkeiten (the worst case) und überprüft dabei die Reaktion des Klienten. Falls der Zukunftsentwurf ökologisch ist und der Klient mit ganzem Herzen an seine Realisierung glaubt, wird er kongruente und ressourcevolle Antworten auf die kritischen Fragen geben. Falls die Fragen des Advokaten des Teufels den Klienten verunsichern oder verängstigen, deutet dies darauf hin, daß der Zukunftsentwurf noch nicht hundertprozentig ökologisch ist oder daß der Future Pace noch nicht sorgfältig genug operationalisiert wurde. In solchen Fällen wechselt der Coach wieder seine Rolle. Er beendet die Provokation und wirkt wieder unterstützend. Er reagiert auf die beobachteten Inkongruenzen und hilft dem Klienten, die positive Absicht der Einwände zu erkennen und in den Zukunftsentwurf zu integrieren. Dabei organisiert der Klient seine Ressourcen auf eine bessere Weise, um die vermeintlichen Schwierigkeiten optimal bewältigen zu können. Jetzt kann der Coach erneut den Anwalt des Teufels spielen – solange, bis der Klient den Öko-Check kongruent und ressourcevoll durchlaufen kann.

Tiefen- und Oberflächenstruktur

Jede Botschaft in der Kommunikation hat sowohl eine Tiefen- als auch eine Oberflächenstruktur. Die Tiefenstruktur ist die vollständige sprachliche Repräsentation einer Erfahrung. Die Oberflächenstruktur ist ein reduziertes Abbild der Tiefenstruktur; es sind die Worte, die ein Mensch wählt, um seine Erfahrung mitzuteilen. Wenn wir über eine bestimmte Erfahrung berichten möchten, wäre die Tiefenstruktur also die vollständige Botschaft. Der Empfänger unser Botschaft wird jedoch nur mit der Oberflächenstruktur konfrontiert. Diese interpretiert er dann gemäß seiner eigenen inneren Landkarte, indem er seine eigenen Erfahrungen in unsere Worte hinein projiziert. Die Aussage „Ich bin glücklich!" hat eine sehr einfache Oberflächenstruktur. Die entsprechende Tiefenstruktur wird hingegen viel komplexer beschaffen sein. Wieso ist der Mensch glücklich? Seit wann? War er vorher unglücklich? Wie empfindet er sein Glücksgefühl? Möchte der Empfänger die Botschaft tatsächlich verstehen, müßte er viele Fragen stellen, um die vollständige Tiefenstruktur gänzlich zu erfassen.

Bei der Umsetzung einer Information von der Tiefen- zur Oberflächenstruktur gehen zwangsläufig Informationen verloren. Würden wir versuchen, die vollständige Tiefenstruktur zu kommunizieren, so würde unsere Äußerung enorm lang werden. Sie müßte geeignet sein, unzählige Details, Facetten und auch unterschwellige Assoziationen darzustellen. Deshalb existiert die Tiefenstruktur nur im Gehirn des Kommunikators. Um unsere Botschaften zu kommunizieren, wählen wir eine Oberflächenstruktur, von der wir glauben, daß unser Empfänger die Bedeutung versteht. Die gewählten Worte sollen sowohl die Tiefenstruktur des Senders repräsentieren, als auch den Sprachgebrauch des Empfängers pacen. Worte sind lediglich auditive Anker, die bei jedem Menschen individuelle Assoziationen bewirken. Nur wenn die verwendeten Worte im Kopf des Empfänger, ähnliche Assoziationen wie im Kopf des Senders auslösen, funktioniert die Kommunikation. Je unterschiedlicher die Assoziationen beschaffen sind, desto größer ist der Informationsverlust. Da gesprochene Worte bei jedem Menschen mit anderen Erfahrungen verknüpft sind, ist das gegenseitige Verstehen nur bedingt möglich. Das Meta-Modell der Sprache wurde geschaffen, um die Botschaften anderer Menschen besser zu verstehen. Es ist ein nützliches Instrument, um die Oberflächenstruktur systematisch zu untersuchen und die fehlenden Informationen durch Fragen gezielt zu ergänzen.

Tilgung

Die Tilgung (Deletion) ist einer von drei wesentlichen Gestaltungsprozessen bei der Entstehung der inneren Landkarte. Die Gestaltungsprozesse bestimmen darüber, wie unsere innere Landkarte beschaffen ist und was darauf abgebildet wird. Nur Informationen, die für den Menschen eine Bedeutung haben, werden abgebildet, alle anderen Informationen werden getilgt. Der Prozeß der Tilgung beeinflußt unsere Wahrnehmung in jedem Moment – wir können nicht nicht tilgen! Die Kapazität unseres Bewußtseins ist begrenzt, ein Großteil der wahrgenommenen Informationen wird permanent getilgt. Die Fähigkeit zur Tilgung ist außerordentlich nützlich, denn sie ermöglicht Konzentration. Durch die Tilgung von Informationen können wir unsere Aufmerksamkeit selektiv bestimmten Dimensionen unserer Erfahrung zuwenden und dabei störende Eindrücke ausschließen. Dieser Prozeß erlaubt es, das Bewußtsein zu fokussieren und uns auf einen bestimmten Auschnitt unseres Erlebens zu konzentrieren. So kann man sich zum Beispiel auf einer lauten und hektischen Party trotzdem auf ein Gespräch konzentrieren, weil die übrige Geräuschkulisse automatisch getilgt wird. Erst wenn ein Schlüsselreiz, wie zum Beispiel der eigene Name, an das Ohr dringt, wird die automatische Tilgung unterbrochen und die Aufmerksamkeit neu ausgerichtet.

Auch die Fähigkeit ein Buch zu lesen, während der Fernsehapparat läuft, ist ein Beispiel für eine nützliche Tilgung. Die selektierende Funktion der Tilgung ermöglicht es, in unserer hektischen Welt zu bestehen und nicht von Außenreizen überwältigt zu werden. Ohne die Fähigkeit zur Tilgung von Informationen wären wir Menschen der heute allgegenwärtigen Reizüberflutung hoffnungslos ausgeliefert. Nützlicherweise wählt der Zensor diejenigen Informationen aus, die für uns relevant sein könnten. Doch die Tilgung von Informationen kann auch zu Problemen und Einschränkungen führen. Oft werden auch Anteile unseres Erlebens getilgt, die für ein volles, reiches und funktionales Modell der Welt nötig sind. Dies ist zum Beispiel dann der Fall, wenn wir unsere Eigenanteile am Zustandekommen eines Konfliktes tilgen und die Verantwortung gänzlich dem anderen zuschieben. In der Oberflächenstruktur der Sprache offenbaren sich Tilgungen durch fehlende Informationen. Das Meta-Modell hilft, Tilgungen zu erkennen und im Falle von problematischen Einschränkungen die Abbildung der Wirklichkeit auf der inneren Landkarte durch weitere Informationen zu ergänzen.

Time Line

Jeder Mensch erlebt die Zeit auf seine eigene Weise. Dieses Phänomen kann man mit Hilfe der Time Line symbolisch darstellen. Die Time Line repräsentiert das Erleben der Zeit auf der inneren Landkarte. Sie prägt die individuelle Abbildung der Wirklichkeit im Gehirn des Menschen, indem sie darüber bestimmt, wo ein Erlebnis zeitlich einzuordnen ist; ob es in die Vergangenheit, in die Gegenwart oder in die Zukunft gehört. Die Anordnung der Time Line entscheidet, aus welcher Richtung ein erinnertes oder vorgestelltes Erlebnis in den Sinn kommt. Wenn sich ein Mensch sein Leben als einen zeitlichen Ablauf vorstellt, ist die Time Line der rote Faden, der seiner erlebten Vorstellung ihre individuelle Richtung gibt. Im Coaching wird der Verlauf dieser virtuellen Linie durch geeignete Fragen bewußt gemacht und mit konkreten Erlebnissen verknüpft. Wie bei einer Perlenkette können die einzelnen Ereignisse auf der Zeitlinie zugeordnet werden. So entsteht ein Instrument, um komplexe neurologische Prozesse auf einfache Weise zu erkennen und zu beeinflussen. Der Klient kann auf seiner Zeitlinie in die Vergangenheit reisen und dort mit Hilfe des Change History nachträgliche Veränderungen vornehmen. Er kann auch in seine Zukunft reisen und diese kreativ gestalten, indem die Erreichung von erwünschten Zielen auf der Time Line installiert wird. Dieses magische Ritual programmiert die unbewußten Kräfte. Es entspricht dem Prinzip des Future Pace und führt zur Magie des Wünschens.

Es gibt zwei Prinzipien, nach denen Menschen ihre Zeit repräsentieren: In-Time und Through-Time. Bei Menschen, die ihre Zeit In-Time repräsentieren, liegt die Vergangenheit hinten und die Zukunft vorne. Dies entspricht einer analogen Darstellung. Der In-Time-Typus ist mit seiner Zeitlinie assoziiert. Er versteht es meistens, seine Zeit zu genießen, doch oft kann er sie nur schwer kontrollieren. Bei Menschen, die ihre Zeit Through-Time repräsentieren, liegt die gesamte Time Line vor ihnen, wobei sich die Vergangenheit meist links und die Zukunft rechts befindet. Dies entspricht der digitalen Repräsentation. Der Through-Time-Typus ist von seiner Zeitlinie dissoziiert. Erfahrungsgemäß ist ein durchorganisiertes Zeitmanagement für Through-Time-Typen sehr viel leichter zu realisieren als für In-Time-Typen. In der Regel mögen Through-Time-Typen Zeitplanbücher. Sie können Termine einhalten und neigen dazu, auch Wochenenden und Urlaube zu verplanen. Sie verstehen oft nicht, warum In-Time-Typen ein Viertelstündchen nicht als Verspätung betrachten, sondern als

Ausdruck von Großzügigkeit und Lebensqualität. In vielen südlichen Ländern ist In-Time der Normalzustand. Je angenehmer das Lebensgefühl, desto stärker wächst die Tendenz, sich zu assoziieren und sich der Zeit hinzugeben. Das Erleben von Zeit ist eine interessante Angelegenheit. Manchmal schleppt sie sich dahin, und wenige Minuten erscheinen wie lange Jahre. Manchmal vergehen Wochen und Monate wie im Flug. Physikalisch definiert sich die Zeit aufgrund der Bewegungen der Gestirne. Zeit entspricht der vierten Dimension. Spirituelle Meister bezeichnen Zeit als Illusion. Im praktischen Leben repräsentiert sich die Zeit durch Uhren und Terminkalender. Für unsere archetypischen Gehirne ist das komplexe Phänomen Zeit kaum faßbar. Die Time Line ist ein nützliches Werkzeug, um das subjektive Erleben der Zeit bedürfnisgerecht zu gestalten.

Wenn es einschneidende Erlebnisse in der persönlichen Geschichte eines Menschen gab, können sie eine seltsame Anordnung der Ereignisse auf der Time Line verursachen. Es gibt zum Beispiel Menschen, bei denen die Zukunft klein und dunkel neben ihnen liegt, während die Vergangenheit groß und strahlend vor ihnen liegt. Eine derartige Anordnung sollte zu denken geben. Die persönliche Geschichte eines Menschen bedingt die Gestalt seiner Zeitlinie. Es ist kein Zufall, daß Menschen ihre Linie zum Beispiel als schützenden Tunnel, als steinigen Weg oder als pulsierenden Lichtstrahl empfinden. Die Vorstellung der individuellen Zeitlinie ist eine Metapher für den Lebensweg des Menschen. Veränderungen der Linie im Coaching können die Lebensführung nachhaltig beeinflussen. Durch Induktion eines Trance-Zustandes können prägende Schlüsselerlebnisse identifiziert und auf bessere Weise integriert werden. Sie sind lerngeschichtlich auffindbar. Ebenso können traumatische Erlebnisse, die oft als dunkle Stellen in der Time Line repräsentiert werden, herausgenommen und bearbeitet werden. Wichtig dabei ist eine ökologische Integration. Wertvolle Lernerfahrungen und andere Ressourcen sollen explizit gesichert werden. Ereignisse in der Zukunft können mit Hilfe der Time Line so vorbereitet werden, daß die Wahrscheinlichkeit ihrer erfolgreichen Realisierung drastisch steigt. Als Metapher formuliert: Es werden Samenkörner in das Unbewußte des Menschen gepflanzt, die sich im Laufe der Zeit manifestieren. Diese Intervention entspricht dem Ideen-Säen von Milton Erickson. Das gezielte Gestalten der Time Line ist ein nützliches Ritual bei der Magie des Wünschens. Tad James gibt dazu in seinem Buch „Time Coaching“ einige Empfehlungen. Das schriftliche Ankern der eigenen Zukunft in Form einer Zeitlinie kann erstaunliche Ergebnisse zeitigen. Es ist eine wirkungsvolle Methode, um die verschiedenen Teile der eigenen Persönlichkeit auf eine gemeinsame Zukunftsvision einzustimmen.

T.O.T.E.

Die vier Buchstaben T.O.T.E. stehen für Test-Operate-Test-Exit. Das T.O.T.E.-Konzept besagt, daß alle Verhaltensprogramme auf der Existenz eines festgelegten Zieles und variabler Mittel zum Erreichen dieses Zieles basieren. Die vier Elemente des T.O.T.E. symbolisieren bestimmte Funktionen. Es sind Schritte innerhalb der Programme, die zusammen eine grundlegende Strategie bilden. Jedes Verhaltensprogramm braucht als Starter einen Schlüsselreiz, der das Programm aktiviert. Zur Erkennung des Schlüsselreizes werden die aktuellen Sinneseindrücke überprüft (Test). Dann erfolgt Aktivität, um das aktuelle Geschehen so zu verändern (Operate), daß die Überprüfung beim nächsten Mal befriedigend verläuft (Test), um dann das Programm zu verlassen (Exit). In dem Buch „Strukturen subjektiver Erfahrung" wird das T.O.T.E.-Konzept in ausführlicher Form beschrieben. In „Einstein" zeigt Robert Dilts Parallelen des Modells zur Philosophie des Albert Einstein. Das T.O.T.E.-Konzept kann man in vielen Kontexten entdecken. Durch intensives Studium besonders erfolgreicher Menschen aus verschiedenen Lebensbereichen konnte Robert Dilts einige Kriterien identifizieren, die für viele erfolgreiche und kreative Menschen charakteristisch sind:

TEST: Ein festes Ziel bestimmt ihr Handeln. Die Zielformulierung entspricht den Kriterien der Wohlgeformtheit. Oftmals sind erwünschte Ziele libidinös besetzt.

OPERATE: Erfolgreiche Menschen verfügen über genügend Flexibilität im Verhalten, um ihre Aktivitäten so variieren zu können, daß sie ihre Ziele mit maximaler Effizienz und möglichst elegant erreichen können.

TEST: Sie haben kurze Feedbackschleifen mit den relevanten Sinnerfahrungen geschaffen, um so die Fortschritte in Richtung auf das Ziel fortwährend zu erkennen und zu überprüfen.

EXIT: Sie bemerken, wenn Sie Ihr Ziel erreicht haben. Erfolgreich sein bedeutet, die gesteckten Ziele zu erreichen und dies auch zu bemerken! Das Prinzip des Feierns nach vollbrachter Leistung ist nicht nur ein angenehmes, sondern auch ein nützliches und magisches Ritual. Libidinöse Belohnungen motivieren unsere unbewußten Kräfte für zukünftige Erfolge.

Trance

Das Fremdwörterbuch beschreibt Trance als schlafähnlichen Dämmerzustand. Im NLP wird die Trance jedoch als ein sehr fruchtbarer Zustand verstanden, in dem eine besondere Form von innerer Arbeit verrichtet werden kann. Das Verständnis der Trance im NLP wurde durch den großen Hypnotherapeut Milton Erickson geprägt. Demnach ist Trance ein Zustand, bei dem sich der Fokus der Aufmerksamkeit nach innen richtet. Dieser Zustand kann durch geschickte Fragen oder Prozeßinstruktionen eingeleitet werden. Sie bewirken im Gehirn innere Suchprozesse und stellen Kontakt zu normalerweise unbewußten Teilen her. Trance kann verschiedene Intensitätsgrade aufweisen. Eine leichte Trance kennen viele Menschen beim Fahren auf der Autobahn – die Gedanken schweifen, und plötzlich stellt man fest, daß man viele Kilometer zurückgelegt hat, ohne es bemerkt zu haben und ist jetzt fast am Ziel angelangt.

Im NLP geht es darum, den Trance-Zustand zu nutzen. Ein guter Coach erkennt spontane Trance-Zustände seines Klienten. Er integriert sie in den Lernprozeß, indem er sie verstärkt und in eine konstruktive Richtung lenkt. Im NLP gibt es eine ganze Reihe von Veränderungstechniken, bei denen sich der Klient in einer heilsamen Trance befindet. Die gezielte Nutzung von Trance-Zuständen nennt man Hypnose. Durch hypnotische Instruktionen bringt der Coach seinen Klienten in Kontakt mit inneren Prozessen, die normalerweise im Dunkeln ablaufen. Eine Trance kann zum Beispiel durch geschickte Fragen induziert werden: „Welcher Teil des Unbewußten entscheidet, was das Bewußtsein von Moment zu Moment wahrnimmt? Jetzt! ... Während Sie tiefer und tiefer in Trance gehen ..." In der Trance können auch Signale mit dem Unbewußten vereinbart werden. Dies können zum Beispiel ideomotorische Bewegungen der Finger sein. Auch der kataleptische Arm dient als Medium für das Unbewußte. Die damit verbundene Starrheit des Armes ist ein bekanntes hypnotisches Phänomen, bei dem ein Arm als Seismograph des Unbewußten in der Luft gehalten wird. Bei derartigen Manövern wird das Bewußtsein, salopp gesprochen, in Urlaub geschickt, und der Coach gibt die Instruktionen direkt ans Unbewußte: „... Ich möchte dem Unbewußten dafür danken, daß Du bereit bist, mir aufmerksam zu folgen und als Botschafter des Unbewußten Signale zu senden ... und ich respektiere Deine Funktion als Wächter der Integrität ... während ich Dich bitte, mir mitzuteilen, was Du noch brauchst, damit Du die geplante Veränderung voll unterstützen kannst."

Im NLP gilt die Trance als Zustand der Selbstheilung. Eine Metapher für Trance-Zustände ist der antike Tempelschlaf. Es ist ein heiliges Ritual und entspricht dem altgriechischen Orakel. Dabei pilgert der suchende Mensch an einen heiligen Ort und gelangt in einen Tempel. Dort wartet ein Priester, der den Suchenden segnet und versorgt. Der Priester ist jedoch nicht die Lösung für das Problem des Pilgers, sondern lediglich sein Zeremonienmeister. Er inszeniert ein Setting, in dem der Pilger sich geborgen fühlt. Nun kann der Zensor die bewußte Kontrolle aufgeben. Er wird durchlässiger und das unbewußte Wissen darf sich ausdrücken. Der Pilger begibt sich in den heiligen Tempelschlaf und träumt einen heilsamen Traum. Ähnlich wie der Tempelschlaf, ermöglicht die Trance dem Klienten im Coaching, Kontakt zur Weisheit seines Unbewußten herzustellen.

Im Moment der Re-Orientierung, wenn der Klient gerade aus einem veränderungswirksamen Trance-Zustand zurückkommt, ist die Symmetrie des Körpers ein wichtiges Kriterium für den Erfolg der Trance-Intervention. In der Veränderungsarbeit gilt die Regel, das Kriterium der Körpersymmetrie spätestens durch den Öko-Check zu erfüllen. Dahinter steht die Annahme, daß ein entspannter Mensch in einem kongruent positiven Zustand eine symmetrische Körperhaltung einnimmt. Dann ist der Mensch ausbalanciert und zeigt dies auch im Ausdruck. Die persönliche Integrität verlangt eine balancierte Ökologie, Störungen offenbaren sich oft über die Physiologie. Im Regelfall weist eine asymmetrische Körperhaltung darauf hin, daß die Intervention noch nicht stimmig ist, sondern daß hier noch etwas Wichtiges fehlt. Nicht selten gibt es unterschwellige Einwände, die noch in den zukünftigen Verhaltensentwurf integriert werden möchten, damit die Veränderung dann tatsächlich geschehen kann.

Auch das Reframing kann in tiefer Trance eingesetzt werden. In ihrer Logik ähnelt diese Technik dem Six Step-Reframing, sowohl im Ablauf als auch in der Verwendung des Teile-Modells. Der Unterschied besteht darin, daß das Bewußtsein nicht als Makler fungiert. Der Coach spricht direkt mit dem Unbewußten. Das Trance-Reframing hat den Vorteil, daß Veränderungen schneller zu erreichen sind. Allerdings generalisiert die Denkweise des Reframings nicht automatisch auf das bewußtes Verhalten des Klienten, da das Bewußtsein nicht explizit über die Veränderungen informiert wird. In „Therapie in Trance" berichten Bandler und Grinder ausführlich über die Bedeutung von Trance-Zuständen für die Arbeit mit NLP.

Trauma

Ein Trauma ist der Versuch des Unbewußten, die psychische Integrität des Menschen zu schützen. Durch eine traumatische Erfahrung wird der Mensch von einem Teil seines Erlebens abgespalten. Ein Trauma entsteht, wenn ein Mensch eine Erfahrung macht, die er nicht integrieren kann, weil sie zu schmerzhaft, zu furchterregend oder zu überwältigend ist. Das Trauma fungiert als schützender Puffer zwischen dem Schrecken der Erfahrung und dem Bewußtsein des Menschen. Der Mensch spürt sein Erlebnis sehr viel weniger intensiv oder gar nicht mehr. Die Erfahrung wird betäubt. Selbst wenn er versuchen sollte, wieder Kontakt mit der Erfahrung herzustellen, halten unbewußte Kräfte die schützende Abspaltung aufrecht. Metaphorisch ausgedrückt, verliert das Bewußtsein die Zugriffsberechtigung auf den entsprechenden Teil der inneren Landkarte.

Die Auslöser von Traumata können generalisiert werden und Vermeidungsmanöver verursachen. Zum Beispiel wird ein Mann von einem Hund angefallen und gebissen. Um sich vor ähnlichen Erfahrungen zu schützen, meidet der Mensch die Konfrontation mit vermeintlich gefährlichen Kontexten. Vielleicht kann er keine Parks mehr betreten, weil sein Unbewußtes dort freilaufende Hunde vermutet. Die meisten Vermeidungsmanöver geschehen unbewußt, zumal der Mensch sich im Laufe der Zeit daran gewöhnt und sie als normal erachtet. Doch sie verbrauchen Energie und beeinträchtigen die Lebensqualität. Oft entsteht ein sich selbst verstärkender Effekt, weil sich der Mensch die Chance nimmt, eine neue positive Erfahrung zu machen. Falls dem Mann doch einmal ein Hund begegnet, erzeugt sein Unbewußtes eine phobische Reaktion. Auf seiner inneren Landkarte werden alle Hunde, auch die harmlosesten, in die Kategorie „gemeingefährlich" eingeordnet. Dies ist als Sicherheitsmaßnahme des Unbewußten zu verstehen. Der Mann soll auf keinen Fall noch einmal in eine derart schreckliche Situation geraten. Deshalb werden Complex Equivalences als Früherkennungsmerkmale markiert. Sobald derartige Schlüsselreize wahrgenommen werden, schlägt das Unbewußte Alarm. Es gibt im NLP verschiedene Wege zur Heilung von Traumata. Zum Beispiel kann der Mensch mit Hilfe des Change History die traumatische Situation noch einmal erleben, doch dieses Mal mit genügend Ressourcen zur Bewältigung. Auch die visuell-dissoziierten Puffer der Phobie-Technik können hilfreich sein. Wichtig bei der Behandlung von Traumata sind ein gründlicher Öko-Check und ein gesunder Future Pace.

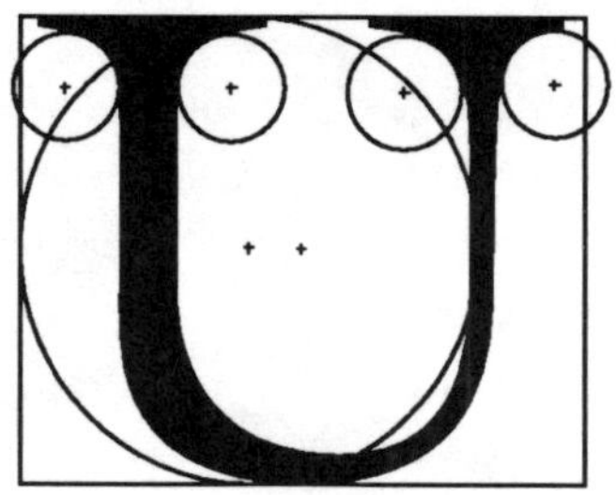

Übertragung

Übungsgruppen

Unser Unbewußtes

Übertragung

Die Übertragung ist eine besondere Form der Projektion. Der Begriff stammt ursprünglich aus der Psychoanalyse von Sigmund Freud. Übertragungen spielen dort eine wichtige Rolle für den Heilungsprozeß. Wir finden Übertragungen jedoch in fast jeder Situation, in der Menschen miteinander kommunizieren. Wir neigen dazu, unsere Erfahrungen zu verallgemeinern und sie als Referenzen für zukünftige Situationen zu nutzen. Unsere psychogenetische Ausstattung von Wahrnehmungsfiltern wurde für Sippschaften und überschaubare Menschengruppen konzipiert, nicht für die Anonymität der derzeitigen Massengesellschaft. Wir haben psychische Erkennungsprogramme für eine begrenzte Anzahl von Bezugspersonen. Im Kontakt mit neuen Menschen werden die bereits erworbenen Programme von unserem Unbewußten nach dem Prinzip der Ähnlichkeit in die aktuelle Situation übertragen. Wenn neue Personen ähnliche Schlüsselreize wie die ursprünglichen Bezugspersonen aufweisen, werden die damals gelernten Beziehungsmuster wieder aktiviert. Die Schlüsselreize wirken als unbewußte Anker für komplexe innere Reaktionen und entsprechendes Verhalten.

Wer von einem anderen Menschen eine Übertragung bekommt, fungiert als Projektionsfläche. Er wird mit Gefühlen und Verhaltensweisen konfrontiert, die nicht wirklich ihm gelten, sondern einer Person aus der Vergangenheit des anderen. Zum Beispiel könnte ein Mann einen autoritären Vater gehabt haben, der einen dunklen Bart und eine randlose Brille trug. Jetzt bekommt er einen neuen Chef, der ebenfalls einen dunklen Bart und eine randlose Brille trägt. Vermutlich wird sein Unbewußtes dazu tendieren, gewisse Gefühle, die er seinem Vater als Autoritätsperson entgegenbrachte, auf den Chef zu übertragen. Derartige Übertragungen sind normal und an der Tagesordnung. Meistens wirken sie unbewußt. Sie beeinflussen unser Kommunikationsverhalten, ohne daß wir etwas davon bemerken. Dieser Mechanismus kann sowohl nützliche als auch störende Effekte bringen. Positive Übertragungen können die Kontaktaufnahme erleichtern und spontanen Rapport erzeugen. Im Laufe des gemeinsamen Kontaktes wird das Unbewußte vermutlich neben den vorhandenen Ähnlichkeiten auch eine wachsende Zahl von Unterschieden erkennen. Dadurch verliert der Übertragungs-Mechanismus seine Kraft, und die Kommunikationspartner erhalten die Chance, sich wahrhaftig zu begegnen.

Negative Übertragungen können den zwischenmenschlichen Kontakt erheblich beeinträchtigen. In solchen Fällen ist es ratsam, die vorliegende Übertragung aufzudecken und durch Hervorheben der tatsächlichen Unterschiede gezielt zu entkräften. Besonders im Coaching sollte sich der Coach über den Mechanismus einer möglichen Übertragung bewußt sein; sie könnte eine Störung des Rapport verursachen. Der Zustand einer andauernden Übertragung ähnelt einem Stuck State, denn er bewirkt eine Verengung der Wahrnehmung und führt zu eingeschränkten Verhaltensmöglichkeiten. Um diesen festgefahrenen Zustand aufzulösen, probiert der Coach systematisch Verhaltensvariationen aus. Er verändert Stimme, Mimik, Gestik, Körperhaltung und räumliche Position solange, bis ein Reiz in der Wahrnehmung des Klienten als Separator fungiert und die Übertragung auflöst. Ein gelungenes Separator State-Manöver bedeutet, daß sich der Coach durch Flexibilität im Verhalten von den Ankern lösen konnte, die negative Übertragungen beim Klienten aktivierten. Wenn all diese Manöver nicht geeignet sind, um die Übertragung zu beenden, kann es sinnvoll sein, sie offen anzusprechen und sie auf der Meta-Ebene zu erforschen. Dabei können Gemeinsamkeiten und Unterschiede zur originalen Übertragungsperson systematisch untersucht werden. Dies ist oft für alle Beteiligten mit interessantem Feedback verbunden. Die Übertragung wird dann abgestellt, wenn das Unbewußte des Projizierenden lernt, daß es sich hier tatsächlich um zwei verschiedene Menschen handelt. Dafür ist es wichtig, die Unterschiede zu betonen.

Eine Gegenübertragung liegt vor, wenn der Coach eine Übertragung auf den Klienten hat. Hier sollte sich der Coach fragen, wie stark er durch diesen Wahrnehmungsfilter beeinflußt wird und ob er seinem Klienten unter diesen Bedingungen gerecht werden kann. Im Sinne der Psychohygiene kann es ratsam sein, Gegenübertragungen anzusprechen und den Klienten in einem geeigneten Moment auf elegante Weise zu konfrontieren: „Sie erinnern mich an Gottfried Maier. Mit Gottfried habe ich damals ein ungewöhnliches Erlebnis gehabt. Es geschah folgendes ..." Der Klient wird auf seine eigene Weise auf die Konfrontation reagieren. Dadurch bekommt der unbewußte Teil des Coach, der die Gegenübertragung projizierte, die Chance, zu erleben, daß der Klient sich ganz anders verhält als Gottfried Maier es tun würde. Die Tönung der szenischen Konstellation und ihre Dramaturgie wird vermutlich einen anderen Charakter bekommen. Das Unbewußte des Coach erfährt auf diese Weise, daß dies nicht Gottfried ist, sondern eine andere einzigartige Person, und es kann den irrtümlich projizierten Wahrnehmungsfilter korrigieren.

Übungsgruppen

Beim Einüben von Interventions-Techniken bilden drei Personen eine Übungsgruppe, wobei alle Teilnehmer eine bestimmte Funktion erfüllen. Die Positionen werden im Rotationsverfahren gewechselt. Der Teilnehmer auf der Position A ist der Klient. Er stellt sich für die Übung als Testperson zur Verfügung. Dabei hat er die Erlaubnis, völlig spontan zu sein. Er darf regredieren und hat jederzeit das Recht, Grenzen zu setzen. Von A wird lediglich erwartet, daß er das Beziehungsangebot seines Coach annimmt und mit ihm kooperiert.

Der Teilnehmer in der Position B ist der Coach von A. Er ist der aktiv Übende und trainiert seine Anwenderkompetenz als Coach. Dabei sollte er bereits zu Beginn der Übung eine ungefähre Vorstellung vom technischen Ablauf auf seiner inneren Landkarte abgebildet haben, damit A den Prozeß der Intervention fließend durchlaufen kann. Ist diese Vorstellung lückenhaft, sollte er vor Beginn der Intervention gemeinsam mit den anderen Teilnehmern den Ablauf noch einmal kurz durchsprechen. B ist verantwortlich für die Steuerung der inneren Prozesse von A. Er soll dafür Sorge tragen, daß es sowohl seinem Klienten als auch ihm selbst in der Rolle als Coach gut geht.

Der Teilnehmer in der Position C ist der Beobachter. Er schult seine Wahrnehmung auf allen Kanälen. Zum Beispiel beobachtet er den Tanz der Physiologien und achtet auf feine Veränderungen in der Stimme des Klienten. Nach der Übung ist er der Moderator der anschließenden Feedbackrunde. C sorgt dafür, daß B und A konstruktives Feedback erhalten. Dabei fragt er zuerst A und dann B nach ihrem Erleben. Sobald beide berichtet haben, teilt er ihnen seine eigenen Wahrnehmungen mit. Wenn sich daraus eine lebhafte Reflexion entwickelt, moderiert C den Austausch und lenkt die Gesprächsinhalte immer wieder zurück zu den relevanten Themen. Durch das Rotationsverfahren sammelt jeder Teilnehmer Erfahrungen in den verschiedenen Funktionen. Sind mehr als drei Personen in einer Übungsgruppe, wird die C-Position von mehreren Teilnehmern besetzt. Dabei können spezielle Beobachteraufträge wahrgenommen werden. Zum Beispiel könnte C1 den peripheren Blick üben und kalibrierte Schleifen identifizieren, während C2 nach sprachlichen Zugangshinweisen sucht und Strategien aufdeckt. So wird die Wahrnehmung gezielt trainiert und die anschließende Feedbackrunde bekommt eine systematische Struktur.

Unser Unbewußtes

Die verschiedenen Schulen der Psychologie bieten unterschiedliche Modelle zur Erklärung des sogenannten Unbewußten. Im NLP wird der Begriff situativ verwendet. Zum Unbewußten gehören alle Informationen, auf die das Bewußtsein des Menschen jetzt im Moment keinen direkten Zugriff hat. Metaphorisch gesprochen ist es all das, was sich jetzt nicht im Licht des Bewußtseins befindet. So wie ein Streifenpolizist in seinem Revier für Ruhe und Ordnung sorgt, so kontrolliert das Bewußtsein unseren psycho-physiologischen Zustand. Es soll besondere Auffälligkeiten, Störungen und Gefahren entdecken und dann situatives Verhalten ermöglichen. Doch es gibt viele Vorgänge in einer nächtlichen Stadt, die nicht registriert werden, weil die Polizeistreife gerade woanders weilt. Ebenso gibt es im Menschen viele Prozesse, die unbemerkt ablaufen, weil andere Reize unsere bewußte Aufmerksamkeit beanspruchen. Das gewöhnliche Bewußtsein hat eine sehr begrenzte Fassungskapazität. In jedem Moment strömen überwältigend viele Informationen auf uns ein. Nur einige wenige gelangen in den Fokus unserer bewußten Aufmerksamkeit. Die meisten Reize werden getilgt bevor sie das Bewußtsein erreichen, und von unbewußten Instanzen verarbeitet.

Die Instanz des menschlichen Bewußtseins ist evolutionsgeschichtlich noch relativ jung, die unbewußten Steuerungszentren haben sich hingegen seit Millionen von Jahren erfolgreich bewährt. Deshalb repräsentiert das gewöhnliche Bewußtsein nur wenige Bereiche der menschlichen Psyche. Die überwältigende Mehrheit unserer physiologischen, emotionalen und kognitiven Prozesse läuft unbewußt ab. Einige davon können durch reflektierende Auseinandersetzung bewußt werden, die meisten werden jedoch vermutlich ein Leben lang unbewußt bleiben. Unser Alltagsbewußtsein wäre hoffnungslos überfordert, wenn es alle Prozesse, die ständig mit rasanter Geschwindigkeit in unserer Psyche ablaufen, wahrnehmen und lenken müßte. Das kleine Licht des menschlichen Bewußtseins kann noch nicht überall gleichzeitig leuchten. Im Gegenteil, ein enorm großer Teil der möglichen Bewußtseinsinhalte schlummert in tiefer Dunkelheit. In Form einer Metapher könnte man sagen, daß alle Menschen fast überall auf dem Planeten Erde Ausländer sind. Nur wenn ein Mensch sich zufällig in seinem eigenen Land befindet, ist er kein Ausländer. Genauso sind alle potentiellen Bewußtseinsinhalte fast immer unbewußt. Nur wenn das Licht des Bewußtseins gerade auf einen bestimmten Eindruck fällt, wird er für einen kurzen Moment bewußt.

Da das Fassungsvermögen unseres Bewußtseins noch sehr begrenzt ist, sind viele Teile unserer Psyche meist unbewußt. Es gibt jedoch zwei Arten von unbewußten Teilen. Dabei lautet die entscheidende Frage: „Jetzt unbewußt oder immer unbewußt?" Es gibt erstens solche Teile, die jetzt nicht bewußt sind, weil das Licht des Bewußtseins gerade woanders weilt, und zweitens solche Teile, die jetzt nicht bewußt sein können, weil das Bewußtsein sie nicht erreichen kann. Es gibt also einerseits Teile, die nur jetzt im Moment nicht bewußt sind, wie zum Beispiel der eigene Atem, und andererseits auch Teile, die bisher noch nie bewußt waren, wie zum Beispiel das Wissen um bestimmte tiefenpsychologische Prozesse. Die unbewußten Teile der ersten Art können jederzeit wieder ins Bewußtsein gelangen. Sie gehören zu dem Bereich des menschlichen Systems, für den das Bewußtsein eine Zugriffsberechtigung hat. Die unbewußten Teile der zweiten Art können noch nicht bewußt werden, weil der Mensch dafür noch nicht die nötigen Voraussetzungen geschaffen hat.

Im Unbewußten schlummert das Wissen um die systemische Vernetztheit der menschlichen Existenz. Das Unbewußte weiß, daß alle Verhaltensweisen nützliche Elemente im menschlichen System darstellen und sich dabei wechselseitig beeinflussen. Dieses Wissen ist die Voraussetzung für eine ökologische Lebensweise. Es kann mit Hilfe der Denkweise des Reframing ins Bewußtsein kommen. Im NLP gilt die Annahme, daß das Unbewußte im Leben jedes Menschen unzählige Funktionen gewährleistet. Zum Beispiel werden Atmung, Verdauung, Herzschlag und aufrechter Gang vom Unbewußten reguliert. In vielen Fällen werden auch Autofahrten, morgendliche Rituale im Badezimmer, berufliche Routineangelegenheiten und Reaktionen in Konfliktsituationen durch unbewußte Verhaltensprogramme gesteuert. Außerdem schützen unbewußte Filter das Bewußtsein davor, mit zuviel Informationen zum falschen Zeitpunkt überflutet zu werden. Diese Funktion des Unbewußten entspricht dem Zensor. Im NLP wird der Zensor jedoch anders verstanden als in der Psychoanalyse, denn hier geht es nicht um Verdrängung, sondern um Kooperation. Jede Form der Hypnose erfordert eine Kooperation mit dem Zensor. Der Zensor ist der Wächter der persönlichen Ökologie. Er läßt gewisse Inhalte nicht ins Bewußtsein, um die persönliche Integrität zu schützen. Erst wenn eine bestimmte Arbeit getan wurde und entsprechende Lernprozesse durchlaufen wurden, wird er bereit sein, seine Kontrollfunktion mit dem Bewußtsein zu teilen. Für die Arbeit mit dem Six Step-Reframing wird das Unbewußte personifiziert. Dabei gelten Axiome zum Unbewußten, die auf der Arbeit von Milton Erickson basieren. Sie werden auf den folgenden Seiten kurz dargestellt.

Axiome zum Unbewußten

§1 – Jeder Mensch hat ein Unbewußtes

Neben dem Bewußtsein gibt es in jedem Menschen etwas anderes, das einen wesentlichen Bestandteil seiner Psyche darstellt – das Unbewußte. Es äußert sich zum Beispiel in Träumen, in Krankheitssymptomen und in sogenannten Freud'schen Versprechern.

§2 – Das Unbewußte besteht aus verschiedenen Teilen

Die einzelnen Teile können kooperieren, konfligieren und auch miteinander in Dialog treten. Das Teile-Modell symbolisiert eine Grundannahme im NLP. Mit seiner Hilfe können viele Widersprüche innerhalb der menschlichen Psyche erklärt werden.

§3 – Alle Teile haben eine positive Absicht

Alle Teile der Persönlichkeit versuchen prinzipiell etwas zu erreichen, was dem ganzen Menschen in irgendeiner Form nutzt. Die Erkenntnis der positiven Absicht erleichtert den ökologischen Umgang mit den Teilen enorm. Sie führt zu einem ausgesöhnten Verständnis, sowohl bei der Beurteilung der eigenen Person, als auch bei Konflikten mit anderen Menschen.

§4 – Trennung von Absicht und Verhalten

Die positive Absicht muß nicht im Verhalten deutlich werden. Nicht immer werden die Wege, die das Unbewußte zur Realisierung seiner positiven Absicht wählt, vom Bewußtsein als adäquat erlebt. Doch auch inadäquates Verhalten kann mit Hilfe des kreativen Teils in eine bessere Form gebracht werden.

§5 – Das Unbewußte ist kreativ und intelligent

Das Unbewußte kann intelligentes Verhalten auf kreative Weise ermöglichen. Es findet Wege zur Durchsetzung seiner Absichten. Wenn ein Mensch zum Beispiel zur Erhaltung seiner Gesundheit eine Ruhepause benötigt und er dies nicht wahrhaben möchte, sorgt das Unbewußte für eine zwangsverordnete Pause, indem es den Menschen körperlich krank werden läßt.

§6 – Das Unbewußte ist mächtig

Die unbewußten Kräfte sind meist mächtiger als das Bewußtsein. Im Falle einer Phobie oder einer Allergie produziert das Unbewußte unerwünschtes Verhalten oder körperliche Symptome, und das Bewußtsein kann nicht regulierend eingreifen, selbst wenn der Mensch sich noch so sehr bemüht.

§7 – Kooperationsbereitschaft

Das Unbewußte ist prinzipiell bereit, mit dem Bewußtsein zu kooperieren, da es seine Aufgabe ist, dem ganzen Menschen zu dienen, sein Überleben zu sichern und seine Bedürfnisse so gut wie nur irgendmöglich zu erfüllen. Deshalb wird es Veränderungen bereitwillig unterstützen, sofern sie ökologisch verträglich sind.

§8 – Eigendynamik des Unbewußten

Eine wichtige Annahme ist die selbstheilende Eigendynamik des Unbewußten. Damit ist gemeint, daß in jedem Menschen selbsttätig unbewußte Kräfte wirken, die für Integrität, Heilung und Selbstverwirklichung sorgen. Im Coaching geht es darum, mit diesen Kräften Kontakt herzustellen und sie optimal auszurichten. Die Eigendynamik bewirkt eine stärkere Unabhängigkeit des Klienten gegenüber dem Coach. Sofern eine gewünschte Veränderung ökologisch ist, wird sie durch die Dynamik der eigenen unbewußten Kräfte auf natürliche Weise realisiert werden.

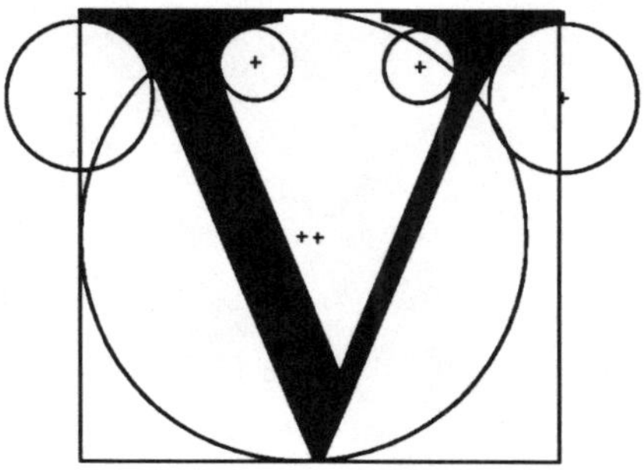

V.A.K.O.

Validieren

Veränderung

Verhandlungs-Modell

Versöhnung

Verzerrung

Visuell

V.A.K.O.

Diese Abkürzung wird auch als Quadrupel bezeichnet. Die vier Buchstaben stehen für Visuell, Auditiv, Kinästhetisch und Olfaktorisch-Gustatorisch. Gemeint sind die menschlichen Sinnessysteme. Über diese Systeme wird die Wahrnehmung organisiert. Eindrücke werden aufgenommen, verarbeitet, bewertet, eingeordnet und abgespeichert. Die gesamte innere Repräsentation unserer Wahrnehmung der Welt geschieht in den Sinnessystemen. Die innere Landkarte im Kopf jedes Menschen ist auf V.A.K.O. codiert. Der Mensch hat fünf Sinne – man könnte sich fragen, warum sie denn nicht alle in dem Kürzel aufgeführt sind? Warum nicht V.A.K.O.G.? Der Grund liegt darin, daß dem gustatorischen Sinnessystem bei der Repräsentation von Erfahrungen eines erwachsenen zivilisierten Menschen eine untergeordnete Bedeutung zugemessen wird. Deshalb werden gustatorische und olfaktorische Repräsentationen als ein gemeinsames System betrachtet. Diese Zusammenfassung liegt nahe, denn der Geruchs- und der Geschmackssinn sind tatsächlich eng miteinander verbunden.

V.A.K.O. steht auch für die Prozeßinstruktion zum systematischen Abfragen der Wahrnehmungskanäle: „Was sehen Sie? Was hören Sie? Was fühlen Sie? Was riechen Sie? Was schmecken Sie?" Beim Einsatz von hypnotischer Sprache ist es sinnvoll, die Wahrnehmungen durch das Wort „während" zu verbinden, um eine gleichzeitige und ganzheitliche Repräsentation zu erreichen: „... und während Sie all das sehen, hören Sie vielleicht auch etwas ... und während Sie hören, fühlen Sie Ihren Körper ..." Je ganzheitlicher eine Erfahrung repräsentiert wird, desto intensiver ist die Wirkung auf unsere Befindlichkeit. Multidimensionale Erlebnisse erzeugen Synästhesien im Gehirn der Menschen.

V.A.K.O. symbolisiert sinnliche Intelligenz. Im zwischenmenschlichen Kontakt begünstigen offene Sinneskanäle einen guten Rapport. Kommunikation geschieht immer auf allen zur Verfügung stehenden Sinneskanälen. Nicht selten fixieren sich Menschen nur auf ihren bevorzugten Kanal und vergessen dabei die anderen Kanäle. Dies kann unnötige Probleme erzeugen, falls der Kommunikationspartner einen anderen Kanal bevorzugt. Um das Prinzip von Pacing und Leading gezielt anwenden zu können, lehrt das NLP größtmögliche Flexibilität auf allen Sinneskanälen. Der flexible Einsatz sinnlicher Intelligenz schafft die Basis einer optimalen Orientierung.

Validieren

Validieren bedeutet, die Gültigkeit von Informationen zu bestätigen. Menschen streben danach, die eigene innere Landkarte zu validieren. Wir möchten unsere Glaubenssätze, Werte, Kriterien oder Entscheidungen validiert wissen. Validierte Informationen geben Sicherheit. Die Wahrnehmungen anderer Menschen zu validieren, ist eine effektive Form des Pacing. Menschen suchen Bestätigung. Wenn wir einem Menschen seine Realität bestätigen, entsteht Rapport. Zur Induktion von Trance ist es sinnvoll, dem Klienten zunächst seine Wahrnehmungen zu validieren. So gewinnt der Hypnotiseur an Glaubwürdigkeit und der Klient wird geneigt sein, den Instruktionen zu folgen. „Während Du wahrnimmst, was Du jetzt wahrnimmst, hörst Du meine Stimme ... und während Du meine Stimme hörst, spürst Du, wie Du entspannen kannst ... und während Du Deinen Körper wahrnimmst, spürst Du Deinen Atem ..." Das Wörtchen „während" ist eine wichtige Formulierung im NLP. Es validiert die Realität des anderen auf einfache und wirkungsvolle Weise. Durch das verbale Aufgreifen der bestehenden Sinnesreize wird die aktuelle Wahrnehmung des Klienten für gültig erklärt. Gleichzeitig ist es ein Ausdruck von Akzeptanz – das was jetzt hier ist, ist okay.

In zwischenmenschlichen Beziehungen gibt es oft Schwierigkeiten, weil die Partner auf ihren inneren Landkarten ein Bild des anderen geschaffen haben, das mit dessen eigenem Selbstkonzept kollidiert. Implizite Urteile über die eigene Person werden meist nur unterschwellig wahrgenommen. Da die meisten Menschen nicht darin geübt sind, die Beziehungsebene offen zu thematisieren, werden derartige Konflikte dann auf der Sachebene ausgetragen. Das kann zu einer Generalisierung des verdeckten Konfliktes führen. Die Partner sind dann prinzipiell nicht mehr bereit, sich ihre inneren Landkarten gegenseitig zu validieren. Wenn wir uns weigern, die Realität eines anderen Menschen zu bestätigen, entsteht eine Form von Glaubenskrieg. Ehestreit dreht sich häufig um das Validieren der inneren Landkarten. Menschen empfinden es nicht selten als Provokation, wenn ihre Realität nicht wie erwartet validiert wird. Sie erzeugen dabei das Gefühl, der andere denkt sie seien im Unrecht. Dieses Mißverständnis resultiert aus der Verwechslung der eigenen Landkarte mit der Realität selbst. Das Wissen um die natürliche Verschiedenheit der individuellen Realitäts-Tunnel kann helfen, unnötige Konflikte zu vermeiden und Respekt, Wertschätzung und Toleranz für die Wahrnehmung anderer Menschen zu gewinnen.

Veränderung

Die Taoisten sagen, das einzig Beständige am Leben sei der ewige Wandel. Tatsächlich ist unser Leben ein Prozeß, der sich ständig verändert. Der Körper verändert sich kontinuierlich, von der Geburt bis zum Tod. Unsere psychische Verfassung, unsere Wahrnehmung der Welt und unsere Bedürfnisse verändern sich ebenfalls im Laufe der Zeit. Die innere Landkarte wird neurologisch zunehmend komplexer vernetzt. Einige Aspekte der Realität werden ständig näher differenziert, während andere Aspekte mehr und mehr ins Unbewußte abrutschen und der Zensor über ihnen den Schleier des Vergessens ausbreitet. Derartige Prozesse sind uns häufig nicht bewußt, da die Veränderungen langsam und schrittweise vor sich gehen. So können sie von unserem Unbewußten Stück für Stück verdaut und integriert werden. Wenn jedoch drastische Veränderungen bevorstehen, gibt es oft Teile in uns, die sich gegen den Schock der Veränderung wehren und die Innovation bekämpfen. Diese Teile sind verantwortlich für die Integrität unseres Systems. Wenn Veränderung gewünscht wird, darf nicht vergessen werden, daß jeder Mensch, jedes Team und jede Organisation ein sich selbst erhaltendes System darstellt. Viele Verhaltensweisen oder Gewohnheiten lassen sich erst dann ändern, wenn die gewünschte Innovation auf ihre ökologische Verträglichkeit hin überprüft wurde.

Da das NLP effektive Methoden zur Veränderung bereitstellt, muß es sich auch mit der Wahrung der Stabilität eines Systems auseinandersetzen. Stabilität steht oft im scheinbaren Gegensatz zur Veränderung. Ein lebendes System ist dann stabil, wenn es sich im Gleichgewicht befindet. Das Gleichgewicht spiegelt sich wieder in der Frage nach der Ökologie. Jede Veränderung, die das bestehende Gleichgewicht stört oder gar in Frage stellt, gefährdet die Stabilität des Systems. Nicht-ökologische Veränderungswünsche werden oft von unbewußten Kräften verhindert, deren Aufgabe darin besteht, die Stabilität zu wahren. Um eine gewünschte Veränderung auf ihre ökologische Verträglichkeit hin zu überprüfen, wird ein gründlicher Öko-Check gemacht. Dabei wird gefragt, ob es innerhalb des betroffenen Systems irgendwelche Teile gibt, die gegen die geplante Veränderung Einwände erheben. Falls ja, wird die positive Absicht hinterfragt und in die Zieldefinition integriert. Abschließend erfolgt ein Future Pace, um sicherzustellen, daß der Lernprozeß ins reale Leben übertragen wird.

Mit Hilfe des NLP können schnelle und nachhaltige Veränderungen erreicht werden. Im Coaching wird eine gewünschte Veränderung gezielt und systematisch erarbeitet. Eine saubere, kreative und lustvolle Zieldefinition gibt der Veränderungsarbeit die gewünschte Richtung. Der nötige Motivationsschub entsteht, wenn das Ziel für den Klienten wahrhaft attraktiv ist oder wenn zuvor ein Leidensdruck bestand. Falls sich der Klient im Problem-Zustand befindet, hilft ein Separator State-Manöver, um ihn in einen besseren Zustand zu führen. Den Treibstoff für die Realisierung der Veränderung erzeugt die Kraft der Wünsche. Die wünschenden Teile werden verstärkt durch den Kontakt zu den benötigten Ressourcen. Im NLP gilt die Annahme, daß jeder Mensch alle für eine Veränderung benötigten Ressourcen zur Verfügung hat. Wir müssen lediglich lernen, Kontakt zu ihnen herzustellen und sie so zu organisieren, daß wir sie als Kraftquellen gezielt nutzen können. Auch die Vergangenheit kann verändert werden. Das Interventionsmuster Change History bietet die Möglichkeit, die persönliche Geschichte eines Klienten im Nachhinein zu verändern. Dabei durchläuft der Klient eine gezielte Regression und erlebt die problem-erzeugende Situation der Vergangenheit in seiner Phantasie noch einmal. Diesmal wird er jedoch von seinem Coach so vorbereitet, daß er die problematische Situation erfolgreich meistern kann. Dafür nimmt er neue Ressourcen mit in den alten Kontext. Diese nachträgliche Aufarbeitung kann dazu führen, daß ähnliche Situationen in der Zukunft angemessen bewältigt werden.

Veränderung bedeutet für den Menschen, seine Ressourcen neu zu organisieren und dabei vielleicht alte Gewohnheiten aufzugeben. Das menschliche Wahrnehmen, Erleben und Verhalten ist sehr stark an die individuellen Gewohnheiten gebunden. Durch unsere Gewohnheiten wird unsere Identität aufrecht erhalten. Sie sind tragende Säulen unserer persönlichen Ökologie. Der Versuch einer Veränderung von Gewohnheiten führt zur Frage nach der ökologischen Funktion des bisherigen Verhaltens. Viele Gewohnheiten bringen einen mehrfachen sekundären Gewinn mit sich, auch wenn das damit verbundene Verhalten anderen Teilen der Persönlichkeit nicht gefallen mag und das Bewußtsein den Gewinn nicht zu würdigen weiß. Deshalb besitzen Gewohnheiten oft eine hartnäckige Stabilität. Falls sie sich leicht verändern lassen, kann dies bedeuten, daß sie keinen oder nur geringen sekundären Gewinn mit sich brachten. Es kann auch bedeuten, daß die stattdessen eingeführten Verhaltensweisen wirklich ökologisch sind und daß der Mensch flexibel genug ist, um die sekundären Gewinne auch auf anderen Wegen zu erlangen.

Verhandlungs-Modell

Das Verhandlungs-Modell ist eine Reframing-Technik, ähnlich dem Six Step-Reframing. In beiden Interventionsmustern bekommt ein störendes Symptom einen neuen Rahmen. Die Störung wird als Folge eines inneren Konfliktes verstanden. Zur Konfliktlösung werden Trance-Zustände induziert, positive Absichten herausgearbeitet und verschiedene Teile miteinander in Kontakt gebracht. Der Unterschied zum Six Step-Reframing besteht darin, daß es im Verhandlungs-Modell nicht nur einen Teil gibt, dem adäquate Wege fehlen, um seine positive Absicht zu realisieren, sondern daß zwei Teile sich gegenseitig stören. Das Herzstück des Verhandlungs-Modells ist die sogenannte Shuttle-Diplomacy, oder auf deutsch die Köfferchen-Diplomatie. Das Bewußtsein des Klienten spricht abwechselnd mit beiden Teilen: „Wie wir herausgefunden haben, verfolgst Du, genauso wie der andere Teil auch, eine positive Absicht. Die Realisierung ist Euch beiden sehr wichtig; so wichtig, daß Ihr bereit seid, miteinander zu verhandeln. Wenn der andere Teil Dich nicht mehr stört, wärst Du dann bereit, den anderen auch nicht mehr zu stören?" Das Bewußtsein wechselt dann wie ein Botschafter solange von einem Teil zum nächsten, bis beide Teile bereit sind, sich nicht mehr zu stören. Dabei geht es darum, einen Vertrag auszuhandeln, von dem beide Seiten profitieren, da sie dann ungestört ihre Absichten realisieren können. So können Bedingungen ausgehandelt und eine Synthese der Absichten in Form eines Gewinner-Gewinner-Modells erschaffen werden.

Das Verhandlungs-Modell kann zum Beispiel bei Schlafstörungen sinnvoll eingesetzt werden. Dabei werden zwei Teile identifiziert, die sich gegenseitig stören. Beide Teile haben positive Absichten, die sich noch nicht miteinander vereinbaren ließen. Im Falle einer Schlafstörung könnte es einen Teil geben, der mit der Absicht der Erholung den Menschen schlafen lassen möchte, und einen anderen Teil, der mit der Absicht, eine Problemlösung zu überdenken, den Menschen geistig wach hält. Der Konflikt besteht darin, daß beide Teile gleichzeitig aktiv sind. Er könnte gelöst werden, indem die Teile nacheinander ihre positive Absicht realisieren. Vielleicht wäre der nachdenkende Teil zufrieden, wenn der Mensch eine halbe Stunde lang Notizen in ein Tagebuch einträgt, bevor er ins Bett geht. So wird bewußter Raum geschaffen, um aktuelle Problemlösungen zu entwickeln. Jetzt braucht der Denk-Teil nicht mehr um sein Recht zu kämpfen, und sobald der Mensch im Bett liegt, kann der Schlaf-Teil seine Absicht ungestört realisieren.

Versöhnung

Das Prinzip der Versöhnung spielt eine wichtige Rolle im NLP. Es ist unmittelbar mit der Idee des Reframing und der positiven Absicht verbunden. Wenn ein Klient im Reframing erkennt, welche positive Absicht hinter einer bisher bekämpften Verhaltensweise steht, geschieht eine innere Versöhnung. Der bisher ungeliebte Teil wird als nützlich erkannt. Dabei gelangt der Mensch in einen entspannten Zustand, den man an der entsprechenden Physiologie erkennt. Die Idee der Versöhnungs-Physiologie wurde von Thies Stahl entwickelt. Dabei modellierte er das Vorgehen von Virginia Satir und verfeinerte das ursprüngliche amerikanische NLP-Verständnis. Richard Bandler und John Grinder unterschieden nur zwischen Para-Sympatikus- und Sympatikus-aktivierten Zuständen.

Die Versöhnung ist eine Form der Re-Integration. Als Metapher ausgedrückt: Wenn ein Kind sein Elternhaus im Streit verläßt, ist es von der Familie getrennt. Damit sind für alle Beteiligten negative Emotionen verbunden. Wenn die Streitenden bereit sind, wieder miteinander zu reden und dem anderen eine Chance zu geben, kann ein Weg gefunden werden, um das abtrünnige Kind wieder in die Familie zu integrieren. Wenn der Vater (oder die Mutter) einen verlorenen Sohn (oder eine Tochter) zurückbekommt, findet eine Versöhnung (oder Vertöchterung) statt. Ein ähnlicher Prozeß geschieht beim Reframing in der Psyche des Klienten. Durch die Erkenntnis der positiven Absicht entsteht Verständnis für den ehemals abgelehnten Teil. Ein innerer Konflikt kann gelöst werden. Die Gesamtpersönlichkeit empfindet plötzlich wieder Elternliebe für den abtrünnigen Teil und ist bereit, ihn wieder zu integrieren.

Innere Konflikte binden Energie; durch die Versöhnung werden oftmals ungeahnte Energien freigesetzt. Dabei entspannt sich die Psyche. Der Klient entwickelt zu sich selbst eine neue positive Einstellung. Dies kann dazu führen, daß eine zuvor angestrebte Veränderung nicht mehr notwendig erscheint oder zumindest das alte Verhalten in bestimmten Situationen beibehalten werden soll. Die Versöhnung bietet in vielen Fällen eine echte Alternative zur Veränderung. Sofern sie ökologisch ist, kann viel Zeit und Energie gespart werden. Eine Versöhnung ist oft eine elegante Lösung für energieverbrauchende Konflikte. Der anstrengende Kampf ist beendet, und alle Beteiligten genießen den Frieden.

Verzerrung

Die Verzerrung (Distortion) ist neben der Generalisierung und der Tilgung einer von drei Gestaltungsprozessen der inneren Landkarte. Durch die Verzerrung wird bei der Abbildung sensorischer Einzelheiten eine Umgestaltung vorgenommen. Die verzerrte Gestalt ist zwar auf der Landkarte abgebildet, jedoch nicht so, wie sie tätsächlich in der Realität beschaffen ist, sondern in veränderter Form. Die Fähigkeit zur Verzerrung von sinnlichen Eindrücken bildet eine wichtige Voraussetzung zur Entstehung von Kreativität. Jede Form von Kunst basiert auf einer gekonnten Verzerrung. Wir verfälschen die Realität in der fiktionalen Literatur, in den Künsten und sogar in der Wissenschaft. Romane und Gemälde sind schöpferische Werke, wo die Realität vorsätzlich verzerrt wurde. Auch Mikroskope oder Fernrohre wurden von den Menschen erfunden, um die Realität auf eine beabsichtigte Weise verzerrt abzubilden. Prinzipiell bewirkt jeder Einsatz der menschlichen Phantasie eine Verzerrung der Wirklichkeit. Unsere Vorstellungskraft ermöglicht es, die realen Sinneseindrücke im Geiste neu zu formieren. Genaugenommen geschehen im Gehirn des Menschen ständig kreative Prozesse, denn die begrenzte Frequenz, auf der unsere Sinnesorgane Informationen empfangen, nötigt uns Menschen dazu, die tatsächliche Realität in unseren Köpfen anhand von fragmentierten Reizen zu konstruieren. Dieses kreative Konstrukt ist unsere innere Landkarte.

Unsere Fähigkeit zur Verzerrung ist eine wertvolle Ressource. Sie kann aber auch zu Problemen führen. Negative Verzerrungen können die eigene Lebensqualität einschränken. Ein extremes Beispiel ist der Verfolgungswahn. Dabei wird jedes Ereignis so interpretiert, daß die Wahnidee, von Feinden beobachtet und verfolgt zu werden, erhärtet wird. Auch mangelndes Selbstwertgefühl kann zu problematischen Verzerrungen führen. Ein Mensch, der sich selbst für nicht liebenswert hält, verzerrt alle kritischen Rückmeldungen zu seiner Person durch diesen Filter. Dadurch kann er den konstruktiven Informationsgehalt der Kritik nicht nutzen, um sich zu verändern und zu wachsen. Stattdessen fühlt er sich ungeliebt und frustriert. Verzerrungen der inneren Landkarte drücken sich durch sprachliche Muster aus. Das Meta-Modell dient dazu, die Verbindung zwischen Sprache und der repräsentierten Erfahrung wieder herzustellen. Es bietet Möglichkeiten, einschränkende Verzerrungen zu erkennen, zu hinterfragen und zu korrigieren.

Visuell

Der Begriff Visuell bezieht sich auf die Orientierung über den Wahrnehmungskanal des Sehens. Der visuelle Kanal bezeichnet die Orientierung über die gesamte optische Wahrnehmung, sowohl nach außen als auch nach innen. Es gibt prinzipiell vier Dimensionen des Sehens: Farbe, Struktur, Raum und Bewegung. Sehen kann viele Informationen zur gleichen Zeit erfassen, doch besonders die Aufnahme von visuellen Eindrücken unterliegt der selektiven Wahrnehmung. Menschen sehen die Welt durch individuelle Wahrnehmungsfilter, die im Laufe der persönlichen Entwicklung entstanden sind. Ein Künstler sieht die Welt mit anderen Augen als ein Manager oder ein Arzt. Unsere moderne Welt ist stark visuell ausgerichtet; wir leben im Maya der visuellen Erscheinungen. Die verbreitetste Freizeitbeschäftigung ist das Fernsehen. Das Konsumverhalten wird in erster Linie über das Sehen gesteuert. Wenn wir schlafen, wird der externe visuelle Kanal geschlossen. Beim Träumen sehen Menschen innere Filme; visuelle Eindrücke werden kreativ verarbeitet. Auch bei der Verwendung von Sprache gibt es Formulierungen, die Prozesse visuell beschreiben. Wenn ein Mensch bevorzugt solche Formulierungen gebraucht, hat er eine Vorliebe für das visuelle Repräsentations-System. Er ist für visuelle Reize besonders empfänglich und kodiert viele Wahrnehmungen auf der inneren Landkarte durch visuelle Prozeßworte.

Beispiele für sinnlich-visuelle Sprache

Ich blicke voll durch, ich habe den Überblick verloren, sie sieht den Silberstreifen am Horizont, ihm geht ein Licht auf, das ist klar, sie ist eine strahlende Schönheit, bei Licht besehen, durchsichtige Argumentation, übersichtliche Raumaufteilung, dunkle Gestalten, das kann man ja nicht mit ansehen, sich die eigenen Probleme ansehen, Licht am Ende des Tunnels sehen, das ist unübersehbar, Einblick gewähren, das kann ich nicht einsehen, er sieht rot, da seh ich schwarz, er ist ein Schwarzmaler, sie sieht ihn durch die rosarote Brille, er trägt Scheuklappen, im Angesicht von, in Aussicht auf, ich sehe kein Land, das kann sich sehen lassen, das bringt Farbtupfer ins Bild, eine neue Perspektive, eine klare Linie, es fällt wie Schuppen von den Augen, es in einem anderen Licht betrachten, etwas schön ausmalen, ins Zwielicht geraten, etwas verschleiern, das paßt nicht ins Bild, einen Augenblick warten, es wurde überschattet von, seinen eigenen Augen nicht trauen, im Rampenlicht stehen, das sind ja schöne Aussichten, schau'n wir mal.

Wahlmöglichkeiten

Wahrnehmung

Wahrnehmungs-Typen

Walt Disney-Technik

Wohlgeformt

Würdigung

Wahlmöglichkeiten

Das Schaffen von Wahlmöglichkeiten ist grundlegendes Ziel des NLP. Richard Bandler und John Grinder wollten Umweltvariable in Entscheidungsvariable verwandeln. Alle NLP-Interventionen in der Veränderungsarbeit zielen darauf ab, das Repertoire des Klienten um neue Möglichkeiten zu bereichern. Gleichzeitig gilt es, die alten Verhaltensweisen als Ressourcen zu erhalten, auch wenn das Bewußtsein sie im unpassenden Kontext als problematisch erlebt. Ein Reframing kann helfen, bisher unbewußte Ressourcen zu würdigen. Sie werden nützlich, sobald sie in einem passenden Kontext eingesetzt werden. Jede Wahlmöglichkeit im Verhalten erhöht unsere Flexibilität. Je mehr Wahlmöglichkeiten zur Verfügung stehen, desto größer wird die Wahrscheinlichkeit, daß wir über ein Verhalten in unserem Repertoire verfügen, das ein wahrhaft angemessenes Reagieren auf unsere Umwelt erlaubt und unsere Handlung zum gewünschten Erfolg führt.

Im NLP gilt die Zahl drei als Beginn der Freiheit. Falls ein Mensch in einer bestimmten Situation nur über eine Möglichkeit des Verhaltens verfügt, besteht Zwang, und er ist ebenso unfrei wie ein Roboter. Bei zwei Alternativen befindet er sich im Dilemma – entweder oder? Erst bei drei Möglichkeiten beginnt die menschliche Freiheit, und er kann kreativ entscheiden. Die dritte Möglichkeit entspricht dem Prinzip der Synthese. Sie verbindet Gegensätze. Eine gelungene Synthese symbolisiert eine optimale Wahlmöglichkeit, weil sie alle Interessen integriert. Die Fähigkeit, scheinbar gegensätzliche Betrachtungsweisen, Meinungen, Standpunkte, Interessen oder Persönlichkeitsanteile miteinander zu verbinden, gehört im NLP zum Handwerkszeug. So können kreative Synthesen und neue Wahlmöglichkeiten geschaffen werden. Die Idee der Wahlfreiheit gilt sowohl für das externe Verhalten als auch für das interne Erleben. Ein Mensch kann als Gemeinschaft von verschiedenen Persönlichkeits-Teilen verstanden werden. Das Bewußtsein entspricht der Regierung. Sie wird von denjenigen Teilen unterstützt, deren Interessen sie erfolgreich vertreten kann. Innere Wahlfreiheit bedeutet, die verschiedenen Teile an der Regierungsbildung angemessen zu beteiligen. Das Six Step-Reframing ist ein geeignetes Werkzeug, um die dafür nötigen Synthesen zu erzeugen. Es schafft ein Forum, in dem alle konfligierenden Teile ihre Absichten äußern können. Dabei lernen die Teile, ihre Interessen als mündige Bürger auf konstruktive Weise zu vertreten. Als Resultat werden die unterschiedlichen Ziele von der Regierung in einen realistischen Zukunftsentwurf integriert.

Wahrnehmung

Die Wahrnehmung spielt im NLP eine wichtige Rolle. Sie geschieht mit Hilfe unserer Sinnessysteme (V.A.K.O.). Die Sinne versorgen uns mit Informationen und schaffen die Grundlage unserer Orientierung. Wir nehmen über das Sehen, Hören, Fühlen, Riechen und Schmecken permanent Informationen auf. Die meisten Informationen werden jedoch weggefiltert, bevor sie das Bewußtsein erreichen. Nur wenige ausgewählte Informationen gelangen tatsächlich in den Fokus unserer bewußten Aufmerksamkeit, um dort von dem Menschen als aktuelle Wahrheit erkannt zu werden. Ohne Bewußtsein gäbe es keine Instanz, die etwas für wahr befinden könnte; niemand würde etwas bemerken. Neben den wenigen bewußten Eindrücken gibt es jedoch eine Vielzahl unbewußter Sinneseindrücke, die als Auslöser für unsere Zustände fungieren. Um innere Zustände ressourcevoll zu gestalten, ist es wichtig, die Wahrnehmung intelligent zu steuern.

Der Mensch nimmt die Realität nicht direkt wahr. Das Unbewußte organisiert die aktuellen Erfahrungen gemäß der inneren Landkarte. Während wir die Welt um uns herum sinnlich erfassen, ordnet unser Gehirn die Reize blitzschnell in Kategorien ein. Dies geschieht durch permanentes Abgleichen der aktuellen Reize mit den relevanten Referenzerfahrungen. Die menschliche Wahrnehmung vermischt sich ständig mit der Projektion der eigenen inneren Landkarte auf die externe Realität. Unsere Wahrnehmung reflektiert die aktuelle Situation vor dem Hintergrund unseres bisherigen Erfahrungshorizontes. Wir erfassen nicht das volle Ausmaß der Realität, sondern beschränken uns auf einige wenige Aspekte. Sie werden durch die Wahrnehmungsfilter bestimmt. Unsere Wahrnehmungsfilter bedingen eine selektive Wahrnehmung. Sie sind sehr nützlich, weil sie uns helfen, in der komplexen Vielfalt genau die Gestalten zu entdecken, die für uns eine Bedeutung haben. Dem Coach helfen sie bei der Arbeit mit Klienten, indem er z.B. mit Hilfe der Meta-Programme wiederkehrende Strukturen erkennen kann. Andererseits können die Filter unnötige Probleme erzeugen, weil sie unsere Wahrnehmung der Welt einschränken. Wenn jemand die Welt z.B. durch den Filter wahrnimmt, daß die anderen Menschen ihn nicht mögen, wird er alle seine Erfahrungen entsprechend interpretieren. Die Signale der anderen Menschen werden unabhängig von ihrer wahren Bedeutung als Ablehnung und Mißachtung gedeutet. So entsteht eine sich selbst erfüllende Prophezeiung. Mit Hilfe des Meta-Modells können derartig einschränkende Filter erkannt und verändert werden.

Wahrnehmungs-Typen

Jeder Mensch hat individuelle Strategien und Gewohnheiten, die Realität wahrzunehmen und auf seiner inneren Landkarte zu repräsentieren. Dabei läßt sich bei jedem Menschen ein bevorzugter Wahrnehmungskanal erkennen. Obgleich wir Synästhesien erschaffen und das Unbewußte Informationen aus allen Kanälen empfängt, läßt sich jeder Mensch schwerpunktmäßig einem bestimmten Wahrnehmungs-Typ zuordnen. Die Typen entsprechen den drei wichtigen Kanälen: Visuell, Auditiv und Kinästhetisch. Kriterien für die Diagnose liefert das Modell der Augenbewegungen. Außerdem zeigt die sinnliche Metaphorik der Sprache die bevorzugten Repräsentations-Systeme. Die drei Wahrnehmungs-Typen können auch anhand von allgemeinen Kennzeichen intuitiv erkannt werden. Die folgenden Beschreibungen sind keine zuverlässigen Diagnostika, sondern Erfahrungswerte. Robert Dilts formulierte seine Beobachtungen dazu folgendermaßen: „Auditive Typen lesen gern Bücher, oft auch interessante und komplizierte Sachbücher. Sie haben Freude daran und können die Informationen leicht verstehen. Kinästhetische Typen brauchen Übungen. Sie wollen die Information in Handlungen umsetzen und Erfahrungen machen, die bei ihnen Gefühle auslösen. Visuelle Typen brauchen Demonstrationen. Sie wollen mit ihren eigenen Augen sehen, wie eine Technik funktioniert und was sie beim anderen bewirkt."

Menschen, die sich bevorzugt im visuellen System orientieren, können oft bereits an ihrem gestylten Outfit erkannt werden. Sie haben meist einen ausgeprägten Sinn für die farbliche Zusammenstellung ihrer Kleidung und beachten auch kleinste Details. Schlampige Kinästhetiker können ihnen ein Dorn im Auge sein, nüchterne Auditive sind ihnen oft zu farblos in der Gestaltung ihrer Erscheinung. Visuelle Typen sind meist fotogen und mögen Magazine mit vielen Bildern. Sie sind besonders empfänglich für die hypnotische Wirkung des Fernsehens. Sie haben guten Zugang zu inneren Bildern und blicken dementsprechend oft nach oben. Visuell besonders geübte Menschen können auch mit offenen Augen innere Filme sehen und blicken dabei wie in Trance nach vorn. Im NLP können bei der Arbeit mit Submodalitäten bei visuellen Menschen oft sehr gute Ergebnisse erzielt werden, da hier im visuellen Bereich die meisten Möglichkeiten bestehen. Auch die Phobie-Technik und der New Behavior Generator sind für visuelle Typen besonders geeignet, während das Six Step-Reframing eher die auditiven Typen anspricht: Was sagen die Teile?

Menschen, die sich bevorzugt über den auditiven Kanal orientieren, achten in der Kommunikation darauf, was sie hören – was sagt der andere und wie sagt er es? Für sie ist auch wichtig, was sie sich selbst sagen hören und was sie denken. Sie denken weniger in Bildern oder Gefühlen, sondern in Form von verbalen Gedanken. Die Phänomene der Realität sind auf ihren inneren Landkarten überwiegend durch Worte und Töne abgespeichert. Auditive Menschen sind oft anspruchsvolle Gesprächspartner und verfügen meist über einen großen Wortschatz. Sie achten auch auf einzelne Formulierungen und deren konnotative Bedeutung. Man kann den auditiven Wahrnehmungs-Typus noch näher differenzieren – in auditiv-tonale und auditiv-digitale Typen. Die auditiv-tonalen Typen hören besonders auf den Klang und den Tonfall der Sprache. Gute Musiker oder Musikliebhaber verfügen oft über ein tonal erstaunlich geschultes Gehör. Die auditiv-digitalen Typen hingegen achten weniger auf den Klang, sondern eher auf die Bedeutung von Worten. Diese Menschen haben sich darauf spezialisiert, ein hochdifferenziertes Modell der Welt in Form von auditiven Ankern zu entwickeln. Ihre innere Landkarte bildet die Welt in sehr subtilen und zugleich komplexen sprachlichen Zusammenhängen ab. Erfahrungen werden konsequent benannt und verwörtert. Die Ausbildung von digital-auditiven Spezialisten findet verstärkt an den Universitäten statt. Wer lernt, wissenschaftlich zu denken, lernt automatisch, seine Wahrnehmungen extrem zu digitalisieren.

Menschen, die sich bevorzugt über den kinästhetischen Kanal orientieren, haben guten Kontakt zu ihrem Körper, ihren Empfindungen und Gefühlen. Sie erinnern Situationen oft anhand von gefühlsmäßigen Zuständen. Sie interessiert weniger, was andere Menschen sagen oder wie sie aussehen, sondern welche Gefühle sie ihnen vermitteln. Sie wollen Dinge in die Hand nehmen und berühren, um sie zu begreifen. Häufig haben sie einen Sinn für Sport oder Bequemlichkeit oder für beides. Kinästhetische Typen tragen Kleidung, in der sie sich wohlfühlen. Sie möchten sich frei bewegen können und verstehen oft nicht, warum visuelle Menschen sich in manchmal hochgradig unbequeme Outfits zwängen und wieso auditive Zeitgenossen den dreifachen Preis für ein Kleidungsstück zahlen, nur weil ein kleiner Schriftzug Markenqualität verspricht. Kinästhetische Typen kann man auch an der Körpersprache erkennen. Ihre Art, sich zu bewegen, strahlt eine körperliche Präsenz aus. Sie benutzen ihre Hände, um Sachverhalte darzustellen. Sie erleben die Welt durch ihren Körper. Wenn kinästhetische Typen von etwas überzeugt werden sollen, müssen sie den handfesten Nutzen am eigenen Leibe erfahren können.

Walt Disney-Technik

Die Walt Disney-Technik dient dem Entwickeln von neuen Fähigkeiten. Sie wurde von Robert Dilts entwickelt, indem er das Verhalten des kreativen Genius Walt Disney modellierte. Die Technik entspricht dem Prinzip des New Behavior Generators. Dabei werden drei imaginäre Kreise als Bodenanker verwendet. Der Klient wechselt im Rotationsverfahren von einem Kreis in den nächsten und verfeinert sein zukünftiges Verhalten dabei solange, bis es hundertprozentig ressourcevoll, ökologisch-verträglich und präzise beschrieben ist. Ausgangspunkt ist eine Situation, in der der Klient sich nicht so verhalten hat, wie er es gern tun würde. Die drei Kreise entsprechen drei Funktionen der menschlichen Psyche: Kritiker, Träumer und Realist.

Der Kritiker arbeitet auf dem auditiven Kanal. Er hört seine kritischen Stimmen, formuliert Einwände und fragt sich, was noch verbessert werden kann. Er verfolgt seinen inneren Dialog und richtet seine Augen dabei nach links unten. Er analysiert die Erfahrungen der Vergangenheit. Der Träumer entwickelt Ziele. Er ist visuell und sieht sich selbst in der Zukunft neues Verhalten ausprobieren. Er sucht nach den dafür nötigen Fähigkeiten und stellt sich vor, was er vielleicht noch benötigt. Er kann bereits vorhandene Ressourcen aktivieren, neue Ressourcen synthetisieren oder die Fähigkeiten einer anderen Person modellieren. Dabei ist er dissoziiert und richtet seine Augen nach rechts oben, um Bilder zu konstruieren.

Der Realist erlebt dann im assoziierten Zustand, was sich der Träumer in der Zukunft dissoziiert tun sah. Der Realist ist kinästhetisch und überprüft gefühlsmäßig den Zukunftsentwurf des Träumers. Er richtet seine Augen nach rechts unten. Der Realist macht Erfahrungen in der Gegenwart, die anschließend vom Kritiker reflektiert und verarbeitet werden. So kann der Träumer im nächsten Schritt einen noch besseren Zukunftsentwurf visionieren, der dann wiederum vom Realisten überprüft wird. Dieser Prozeß der gegenseitigen Befruchtung wird solange fortgesetzt, bis alle drei Funktionen hundertprozentig zufrieden sind. Aufgabe des Coach ist es, Inkongruenzen zu bemerken und das Rotationsverfahren solange fortzuführen, bis sich der Klient in einem kongruent ressourcevollen Zustand befindet. Abschließend wird ein kleines Ritual vollzogen, um sicherzustellen, daß die neu erworbenen Fähigkeiten gut geankert sind und daß alle Teile wieder in die Gesamtpersönlichkeit integriert werden.

Wohlgeformt

Für das Formulieren von Zielen gelten im NLP bestimmte Kriterien der Wohlgeformtheit. Sie wurden im Rahmen des PeneTRANCE-Modells entwickelt und dienen einer optimalen Zielerreichung. Wenn alle Kriterien erfüllt sind, ist die Wahrscheinlichkeit der Realisierung am größten, da das Ziel eine enorm starke Sogwirkung bekommt. Während eine Zieldefinition hinsichtlich der Kriterien untersucht wird, entwickelt sich die Formulierung des angestrebten Zieles Schritt für Schritt weiter. Dabei durchläuft die Definition einen dynamischen Prozeß der Informationsverdichtung. Die letztlich erarbeitete Version beinhaltet die vorherigen Versionen und fungiert als symbolische Repräsentation des gesamten Prozesses. Die Kriterien der Wohlgeformtheit lauten folgendermaßen:

§ 1 – Eigeninitiative

Der Klient soll das Ziel selbst initiieren und aufrecht erhalten können. Falls dieses Kriterium nicht erfüllt ist, fragt der Coach seinen Klienten, was er selbst dazu beitragen kann, damit sein Wunsch in Erfüllung geht. So entsteht ein neues, selbst-initiierbares Ziel.

§ 2 – Klarer Kontext

Das Zielverhalten soll gut kontextualisiert sein. Der Klient soll angeben, Wann und Wo, in Welcher Situation er sich Wem gegenüber Wie verhalten möchte.

§ 3 – Sinnesspezifisch konkret

Der Ziel-Zustand soll anhand von konkreten sinnlichen Wahrnehmungen (V.A.K.O.) erkennbar sein. Der Klient soll genau sehen, hören, fühlen, riechen und schmecken können, wann er sein Ziel erreicht hat. Diese Wahrnehmungen können durch Abfragen der Submodalitäten noch spezifiziert werden.

§ 4 – Keine Negation

Die Zieldefinition soll keine Verneinung (nicht, kein, ohne) enthalten, sondern positiv formuliert sein. Falls Negationen enthalten sind, fragt der Coach konsequent, was der Klient stattdessen wahrnehmen wird und führt ihn so zu einer positiven Entsprechung.

§ 5 – Kein Vergleich

Die Zieldefinition soll keinen Vergleich (besser als, schöner als) enthalten, sondern sich aus sich selbst heraus erklären. Falls Vergleiche vorhanden sind, fragt der Coach, was genau der Klient wahrnehmen wird, wenn er den angestrebten Ziel-Zustand erreicht hat und woran er dies bemerkt.

§ 6 – Kurzer Feedbackbogen

Die Zeitspanne, die verstreicht, bis der Klient bemerkt, daß er sich auf dem richtigen Weg befindet und dabei eine Rückmeldung durch ein Erfolgserlebnis bekommt, soll möglichst kurz sein. Dadurch erfolgt eine schnelle positive Verstärkung. Falls der Feedbackbogen lang ist, stimuliert der Coach den Klienten, ein wahrnehmbares Kriterium zu finden, um schon früher zu bemerken, daß er sich seinem Ziel nähert.

§ 7 – Hier und Jetzt

Der Zielzustand soll vom Klienten im Hier und Jetzt demonstrierbar sein. Der Wechsel von der Problem-Physiologie zur Ziel-Physiologie muß wahrnehmbar sein.

§ 8 – Ökologie

Das Ziel soll ökologisch verträglich sein. Nur unter dieser Bedingung wird es seine volle Sogwirkung entfalten, da es von allen Teilen der Persönlichkeit unterstützt wird.

§ 9 – Ressourcen

Die Zieldefinition soll so formuliert sein, daß der Klient die zur Zielerreichung notwendigen Fähigkeiten leicht in sich finden und aktivieren kann.

Würdigung

Die Menschenwürde gilt vielen Menschen als höchstes Gut. Die Würdigung von Ressourcen und vollbrachten Leistungen ist enorm nützlich, um zu motivieren oder zu versöhnen. Die Würdigung ist auch eine nützliche Maßnahme, um mit einem problem-erzeugenden Teil in positiven Kontakt zu treten. In der Regel lehnen wir unsere problem-erzeugenden Teile ab. Wir mögen sie nicht und wollen am liebsten, daß sie einfach verschwinden. Wir sehen häufig nicht den ökologischen Nutzen und den sekundären Gewinn, den wir durch diesen Teil bekommen. Jeder Teil in der menschlichen Persönlichkeit erfüllt seine Aufgabe so gut er kann. Das Leben innerhalb des psychischen Systems ist für die Teile nicht immer leicht. Wie würden Sie sich fühlen, wenn Sie sich seit Jahren, ja Ihr ganzes Leben bemühen, eine schwierige Aufgabe so gut wie möglich zu erfüllen, und Ihr Chef einfach nicht begreift, was Sie alles für ihn tun. Er würde Sie am liebsten sofort entlassen. Aus rechtlichen Gründen ist ihm das jedoch nicht möglich, aber er beschimpft Sie, verwünscht Sie und erzählt allen Leuten, daß Sie völlig überflüssig sind und ihn nur stören. Doch trotz allem sind Sie ihm auch weiterhin ein treuer Mitarbeiter und bemühen sich selbst im Angesicht all der Ungerechtigkeiten, Ihre Pflicht zu erfüllen.

Durch Würdigung und Anerkennung werden viele Kräfte frei. Wenn positive Absichten und die Kreativität bei der Realisierung bewußt und explizit gewürdigt werden, brauchen die dafür verantwortlichen Teile nicht länger um ihre Existenzberechtigung zu kämpfen. Sie können vertrauen und loslassen. Dadurch entspannt sich die menschliche Psyche. Wenn Menschen verstehen, welche positive Absicht ihre problem-erzeugenden Teile verfolgen, geschieht ein Prozeß der Versöhnung. Nun können die verschiedenen Teile in Ruhe ihre Arbeit tun. Der Mensch würdigt den Nutzen, den er davon hat. Dadurch wird der problem-erzeugende Teil weniger rigide. Wenn ein Teil weiß, daß das Bewußtsein seine Funktion erkannt hat und ihn prinzipiell dabei unterstützt, wächst auch die Bereitschaft zum Experimentieren. Dann können, gemeinsam mit dem Bewußtsein und mit anderen Teilen, neue Wege entwickelt werden, und der ehemals problem-erzeugende Teil wird in vielen Fällen bereit sein, sich darauf einzulassen. Echte Würdigung ist ein Ausdruck von Respekt. So können chronische Kämpfe innerhalb der menschlichen Systeme schlagartig beendet werden.

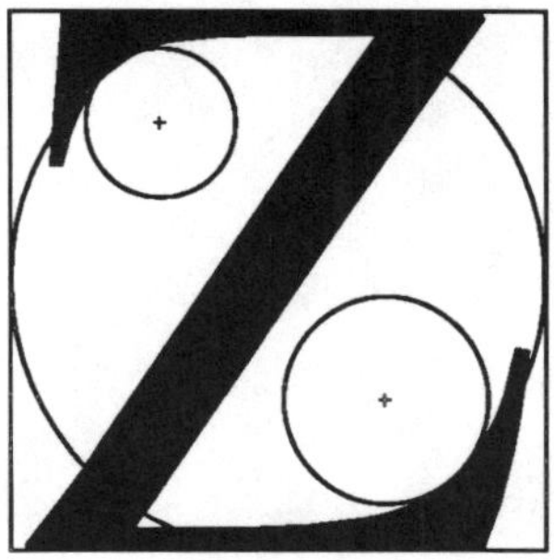

Zensor

Ziel

Zensor

Der Zensor ist eine Metapher für Kräfte im Menschen, die dafür sorgen, daß unsere psychische Integrität gewahrt bleibt. Jede Form von Hypnose bedeutet eine Kooperation mit dem Zensor. Er bewacht die Ökologie des Menschen und stellt sicher, daß unbewußte Prozesse so ablaufen, wie es aufgrund der bisherigen Erfahrung am besten erscheint. Das menschliche Bewußtsein ist evolutionsgeschichtlich noch relativ jung. Viele zum Überleben wichtige Programme wie zum Beispiel Atmung, Verdauung oder Verhalten in Streß-Situationen werden nicht bewußt kontrolliert, sondern von unbewußten Programmen gesteuert. Der Zensor sorgt dafür, daß wichtige psychische Funktionen nicht in das Bewußtsein gelangen, damit ihre Arbeit nicht durch leichtfertige Manipulationen gestört werden kann. Ein großer Teil unseres Verhaltens wird von unbewußten Kräften gelenkt, die teilweise archetypischen Mustern und teilweise individuellen Erfahrungen entspringen. Diese unbewußten Kräfte funktionieren ähnlich wie ein Autopilot im Flugzeug. Alle wichtigen Daten sind programmiert und werden ständig automatisch überprüft. Der Zensor wacht darüber, daß der Autopilot ordnungsgemäß funktioniert. Wenn das eigene Bewußtsein oder womöglich sogar ein fremdes Bewußtsein in die programmierten Steuerungsprozesse eingreifen möchte, überprüft der Zensor die Intervention unter ökologischen Gesichtspunkten. Falls sie nicht ökologisch erscheint, wird er sich dagegen wehren. Dies geschieht vielleicht nicht zur Freude des Bewußtseins, aber es dient unserem Überleben und hat sich in langen Jahren bewährt – immerhin hat der Mensch bis heute erfolgreich überlebt!

Das Modell des Zensors ist eine Vereinfachung und dient als Erklärungshilfe für Zusammenhänge, die in der Realität natürlich sehr viel komplexer sind. Auf der Ebene des Teile-Modells könnte man sagen, daß die einwand-erhebenden Teile ein Ausdrucksmedium des Zensors sind. Wenn ein Teil auftaucht und einen Einwand vorbringt, meldet sich durch ihn der Zensor zu Wort. Würde der Teil sich nicht melden, hätte der Zensor hier kein adäquates Sprachrohr zur Verfügung. Dann würde er, wie er es meist tut, heimlich im Untergrund wirken und vielleicht die Umsetzung des neuen Verhaltens aus ökologischen Gründen sabotieren. Der Zensor geht kein Risiko ein – das wichtigste Kriterium ist Sicherheit. Seine Aufgabe ist es, die Integrität des Menschen zu beschützen. Dafür sind ihm alle verfügbaren Mittel recht. Deshalb ist es in jedem Fall ratsam, den Zensor zu respektieren und sich mit ihm anzufreunden.

Ziel

„Die Alten aber wußten etwas, das bei uns in Vergessenheit geraten ist. Jegliches Mittel erweist sich als ein stumpfes Instrument, solange es nicht vom lebendigen Geiste getragen wird. Wenn aber die Sehnsucht nach dem Erreichen des Zieles leidenschaftlich in uns lebt, dann wird es nicht an Kraft fehlen, die erforderlichen Mittel zu finden und das Vorhaben in die Tat umzusetzen." So formulierte Albert Einstein die Bedeutung von wirklich attraktiven Zielen. Er war davon überzeugt, daß ein intensiv erlebter Wunsch seine zukünftige Realisierung impliziert. Je mehr Libido-Energie ein Wunsch zu aktivieren vermag, desto stärker wächst unsere Motivation, das damit verbundene Ziel zu verwirklichen. Die Architektur unseres Gehirns ähnelt der eines Zielfluggerätes. Nachdem man ihm ein Ziel vorgegeben hat, fliegt es mittels einer sich selbst korrigierenden Feedbackschleife auf dieses Ziel zu. Das Unbewußte ist darauf geeicht, unsere mentalen Vorstellungen in der Außenwelt zu verwirklichen. Selbst gänzlich unbewußte Ziele werden oft erstaunlich konsequent realisiert, wenn sekundäre Gewinne im Spiel sind. Indem wir uns programmgemäß verhalten, validieren wir unsere innere Landkarte. Was der Denker denkt, beweist der Beweisführer. Dieser psychische Mechanismus beeinflußt unser Leben, ob wir es wollen oder nicht. Externe Bestätigung der inneren Konzepte vermittelt dem Unbewußten ein Gefühl von Sicherheit. Die Erkenntnis solcher Prinzipien führt zur Magie des Wünschens.

Je attraktiver wir unsere Ziele gestalten und den verantwortlichen Teilen darbieten, desto intensiver wirkt der libidinöse Schub (Animal Magnetism). Ebenso wirkt der Mechanismus in die andere Richtung. Auch Befürchtungen und Vermeidungsmänover prägen unsere innere Landkarte. Je mehr Energie wir negativen Zielen geben, desto größer wird auch hier die Wahrscheinlichkeit ihrer Realisierung. Das Unbewußte kann nicht negieren! Denken Sie jetzt bitte nicht an eine kleine schwarze Katze, die zusammengerollt auf der Fensterbank liegt. Was geschieht in Ihrem Kopf, wenn Sie nicht an die kleine schwarze Katze denken? Das Unbewußte versteht Sprache sehr wörtlich und es hört jedes Wort. Auch wenn wir ein „nicht" davor setzen – unser Unbewußtes assoziiert zunächst die kleine schwarze Katze. Bevor wir etwas nicht denken können, müssen wir zunächst damit Kontakt aufnehmen, um es dann bewußt zu negieren. Deshalb sind positive Sprachgewohnheiten so wichtig, sowohl bei der Formulierung von erwünschten Zielen als auch im Kontakt mit anderen Menschen.

Jedes gelernte Verhalten ist neurologisch in unserem Nervensystem verankert. Wenn wir statt des alten, problem-erzeugenden Verhaltens ein neues, besseres Verhalten zeigen wollen, muß dafür in unserem Gehirn eine neurologische Struktur angelegt werden. Wir können solche Strukturen erzeugen, indem wir zunächst in unserer geistigen Vorstellung ein Modell von dem neuen Verhalten erschaffen. Dieses innere Modell wird ein magnetisches Ziel, sobald die libidinösen Kräfte es auf eine wohlgeformte Weise präsentiert bekommen. Das NLP arbeitet konsequent zielorientiert. Eine saubere Zielformulierung bildet die Grundlage jeder Veränderungsarbeit. Das erwünschte Ziel wird so formuliert, daß es eine starke Sogwirkung bekommt und mit größtmöglicher Wahrscheinlichkeit verwirklicht wird. Dafür ist das PeneTRANCE-Modell ein geeignetes Werkzeug. Wenn wir unsere Veränderungswünsche konsequent realisieren wollen, brauchen wir wohlgeformte Ziele. Sie geben den unbewußten Kräften eine klare Richtung. Ein Mensch, der ein Problem hat und es einfach loswerden möchte, ohne stattdessen ein alternatives Ziel zu formulieren, verstärkt sein Problem. Charakteristisch für das NLP ist, daß der Klient möglichst kurze Zeit im Problem-Zustand verbringt, da er hier keinen Zugang zu seinen Ressourcen findet. Stattdessen führt ihn der Coach so schnell wie möglich in den Ziel-Zustand. Von hier aus kann er wunderbar Ressourcen kontaktieren, modellieren oder kreativ synthetisieren. Sobald ein Mensch in der Veränderungsarbeit innerlich Kontakt zu seinen Zielen herstellt, zeigt er seine Ziel-Physiologie. Wenn der Coach sich darauf kalibriert, dient sie ihm wie ein sinnlicher Kompaß im anschließenden Wechsel der Physiologien. So kann er seinen Klienten auf dem schnellsten Weg zu einer ökologischen Problemlösung führen.

Dieser konsequent zielorientierten Vorgehensweise verdankt das NLP den Ruf, sowohl eine effektive Kurzzeittherapie zu sein, als auch im Management-Coaching exzellente Erfolge zu erzielen. Die sogenannten positiven Absichten der verschiedenen Teile im Six Step-Reframing sind ebenfalls Ziele. Wenn wir mit unseren inneren Teilen einen fruchtbaren Kontakt herstellen wollen, müssen wir die positive Absicht würdigen und adäquate Wege zur Realisierung erlernen. Dies führt zu einer ökologischen Lebensweise und impliziert jede erwünschte Veränderung. Ein wohlgeformtes Ziel ist wie ein fruchtbares Samenkorn, das in den Garten unseres Unbewußten gepflanzt wird. Jeder Mensch hat dieTendenz zur Selbstverwirklichung. Die Ideen, Träume, Wünsche und Visionen, die in jedem Menschen schlummern, wollen sich entfalten und manifestieren. Je wohlgeformter diese Samenkörner beschaffen sind, desto höher wächst die Wahrscheinlichkeit ihrer Realisierung.

Index

!

A – Z

Das kleine 1 x 1 des NLP

A

Als-Ob-Methode – bezeichnet ein mentales Manöver, wo mit Hilfe der Phantasie ein imaginärer Bezugsrahmen geschaffen wird, um Ziele und kreative Ressourcen zu kontakten.

Anker – sind auslösende Reize für bestimmte innere Reaktionen, die meist unbewußt wirken; Anker können im NLP gezielt installiert und bei Bedarf aktiviert werden.

Anmut – bezeichnet einen geschmeidigen und natürlichen Ausdruck des Körpers; Anmut gilt im NLP als Kriterium für Kongruenz und gelungene Interventionen.

Arbeitsvereinbarung – ist eine wichtige Voraussetzung, um bei der ökologischen Anwendung von Interventionstechniken den notwendigen Rapport zu gewährleisten.

Assoziiert – bezeichnet einen Wahrnehmungsmodus, der eine unmittelbare Verknüpfung mit sinnlichen Eindrücken und entspechend hohe Erlebnisintensität bewirkt.

Auditiv – bezeichnet das Sinnessystem des Hörens, es codiert sowohl analoge Geräusche, Klänge und Töne als auch digitale Information in Sprache und Zahlen.

Augenbewegungen – fungieren als Indikator zur Erkennung von bevorzugten Repräsentations-Systemen und zur Gewinnung von Zugangshinweisen zu inneren Strategien.

Axiome des NLP – sind grundlegende Glaubenssätze im NLP, die von jedem Anwender im Laufe seiner Praxis überprüft und durch eigene Erfahrungen verifiziert werden.

B

Beliefs – sind Glaubenssätze oder Glaubenssysteme, die meist auf unbewußte Weise das menschliche Erleben und Verhalten entscheidend beeinflussen.

Berater-Modell – ist ein Interventionsmuster, durch das Widersprüche, Einwände und Zweifel integriert und mit Hilfe des Reframing in nützliche Ratgeber verwandelt werden.

Bewußtsein – ist eine psychische Instanz des Menschen, die Orientierung, Kontrolle und Wertschätzung ermöglicht, jedoch nur eine begrenzte Fassungskapazität besitzt.

Brainstorming – ist eine bekannte Kreativitätstechnik, wo ein freier Fluß der Gedanken zunächst viele Ideen produziert, die anschließend qualitativ ausgewertet werden.

C

Change History – ist ein Interventionsmuster zur Veränderung der persönlichen Geschichte, wobei der Klient mit neuen Ressourcen mental in seine Vergangenheit reist.

Chunking – bezeichnet den Wechsel der logischen Ebene und kann nach oben oder nach unten vollzogen werden: Up = allgemein, abstrakt; Down = speziell, konkret.

Coaching – bezeichnet ein archetypisches Beziehungsmuster, wo ein Coach einen Klienten bei der Erreichung von Zielen mit psychologischem Know How unterstützt.

Colombo-Technik – ist eine Strategie des getarnten Understatements, um zielstrebig Informationen zu sammeln und um NLP-Werkzeuge auf unauffällige Weise einzusetzen.

Complex Equivalence – ist ein Erkennungsmerkmal für bekannte Situationen, das dem Unbewußten signalisiert, als Reaktion ein konditioniertes Verhaltensprogramm zu aktivieren.

D

Digital und Analog – sind verschiedene Arten der Informationsdarstellung, wobei digitale Abbildung eine Abstraktion verlangt, während analoge Informationen sich selbst erklären.

Dissoziiert – bedeutet: nicht in direktem Kontakt befindlich und bezeichnet im NLP einen Wahrnehmungsmodus, der innere Distanz erzeugt und das Erleben relativiert.

E

Einwände – können an Inkongruenzen frühzeitig erkannt und auf ihre positive Absicht hin untersucht werden, um sie mit Hilfe des Reframing in Wünsche zu verwandeln.

Eleganz – ist ein wichtiges Kriterium zur Optimierung von Strategien, wobei ein gewünschtes Resultat mit minimalem Aufwand und maximaler Effizienz erzielt wird.

Evolution – bezeichnet die Entwicklungsgeschichte des organischen Lebens; sie prägt sowohl den Prozeß der Menschwerdung als auch unser tägliches Verhalten.

F

Feedback – meint jede Form von Rückmeldung unserer Umwelt zur persönlichen Außenwirkung und dient als Basis der Orientierung beim Lernen und Kommunizieren.

Flexibilität – ist eine wünschenswerte Fähigkeit und wird mit Hilfe des NLP kontinuierlich optimiert, um bessere Wahlmöglichkeiten im Verhalten und Erleben zu gewinnen.

Fluff – bezeichnet sprachliche Äußerungen ohne konkreten Inhalt, die in der hypnotischen Kommunikation als verbale Projektionsflächen eingesetzt werden.

Fragen – sind nützliche Werkzeuge im NLP, die z.B. zur Informationsgewinnung, zur Trance-Induktion, zur Zielfindung und als verbales Pacing eingesetzt werden.

Framing – bezeichnet die Kunst, innere Prozesse zu steuern, indem einer Situation, einem Prozeß oder einer Information ein angemessener Rahmen gegeben wird.

Future Pace – bezeichnet das gezielte Gestalten der Zukunft, indem Ideen, Ziele oder Pläne konkret benannt und zur Transfersicherung neurologisch verankert werden.

G

Gedankenlesen – bezeichnet entweder die konsequente Orientierung des Coach an Zugangshinweisen oder die unbewußte Verwechslung von Spekulation und Realität.

Generalisierung – bedeutet Verallgemeinerung und gestaltet neben der Tilgung und der Verzerrung unsere innere Landkarte, indem Erfahrungen unbewußt generalisiert werden.

Gewinner-Gewinner-Modell – bezeichnet eine kooperative Konfliktlösung, wobei auf kreative Weise eine optimale Synthese der Ziele aller beteiligten Personen oder Teile geschaffen wird.

Gustatorisch – bezeichnet unser Sinnessystem des Schmeckens; es wird teilweise mit dem olfaktorischen und dem kinästhetischen System zusammengefaßt.

H

Halluzinieren – bezeichnet im NLP den lebhaften Einsatz imaginativer Vorstellungskraft und kann im Coaching mit Hilfe der Als-Ob-Methode zielgerichtet eingesetzt werden.

Hypnose – bezeichnet das Steuern von Trancezuständen; Hypnose braucht nicht unbedingt einen offiziellen Rahmen, sondern geschieht oft unbemerkt im Alltag.

I

Ideomotorische Bewegungen – sind kleine unwillkürliche Bewegungen des Körpers, die von geübten NLP-Anwendern als subtiler Ausdruck von inneren Prozessen verstanden werden.

Implizit und Explizit – bezeichnen den Modus der Informationsvermittlung, wobei implizite Informationen andeutungsweise und explizite Informationen ausdrücklich vermittelt werden.

Imprints – sind prägende Erfahrungen und Schlüsselerlebnisse, die als unbewußte Wahrnehmungsfilter unser Erleben und unsere Reaktionen auf die Umwelt beeinflussen.

Informationsverlust – geschieht zwangsläufig in jeder Kommunikation und kann durch Pacing, gezieltes Fragen und geistige Präsenz reduziert, aber nicht gänzlich vermieden werden.

Inkorporieren – bedeutet aufnehmen oder eingliedern und meint im NLP das verbale Aufgreifen und Nutzbarmachen von Störungen oder körpersprachlichen Signalen.

Innere Landkarte – ist eine Metapher für die Tatsache, daß jeder Mensch in seinem Gehirn ein einzigartiges Modell der Welt zu seiner individuellen Orientierung erschaffen hat.

Innerer Dialog – bezeichnet interne verbale Aktivität im auditiv-digitalen Sinneskanal, die pausenlos und meist unbemerkt in unseren Köpfen stattfindet, um die Welt zu ordnen.

Integration dissoziierter Physiologien – bezeichnet eine Technik, um einen neuen Zustand zu erzeugen, indem zwei bisher getrennte Zustände geankert und gleichzeitig aktiviert werden.

Intervention – bezeichnet im NLP das Verändern psychischer Strukturen und sollte nur bei gutem Rapport inklusive Arbeitsvereinbarung auf ökologische Weise erfolgen.

Intuition – bedeutet Erkennen ohne Überlegung und ermöglicht spontan gezieltes Handeln, wobei die Weisheit des Unbewußten alle benötigten Ressourcen organisiert.

K

Kalibrieren – bedeutet, die Wahrnehmung auf bestimmte Aspekte der Realität einzustellen oder zu eichen, um sie konzentriert zu beoachten und später wiederzuerkennen.

Kalibrierte Schleife – ist ein konditioniertes Reiz-Reaktions-Muster zwischen zwei Partnern und erzeugt eine erstarrte, sich wiederholende Schrittfolge im Tanz der Physiologien.

Kinästhetisch – bezeichnet das Sinnessystem des Fühlens; dazu zählen äußere und innere Wahrnehmungen des Körpers und die analoge Repräsentanz der Emotionen.

Kognitive Dissonanz – bezeichnet widersprüchliche Gedanken, die innere Spannungen verursachen und von dem Unbewußten durch Reframing oder Tilgung reduziert werden.

Kongruenz – bedeutet Übereinstimmung aller gesendeten Signale und gilt als Ausdruck von innerer Harmonie, die zugleich eine überzeugende Ausstrahlung bewirkt.

Kontext – bezeichnet den Bezugsrahmen, das Umfeld oder den Zusammenhang, in dem ein Ereignis stattfindet; der Kontext bestimmt die Bedeutung jeder Handlung.

Körpersprache – bezeichnet das Senden von Signalen über den kinästhetischen Kanal, die visuell empfangen werden und unsere Kommunikation meist unbewußt beeinflussen.

Kreativität – ist schöpferische Kraft und bezeichnet die Fähigkeit, bestehende Muster zu verändern und neue Strukturen zu schaffen; im NLP gilt jeder Mensch als kreativ.

L

Leading – bedeutet Führen von anderen Menschen durch Appelle, Fragen oder subtile Techniken und erfordert guten Rapport, der durch Pacing hergestellt wird.

Lernen – NLP ist ein Weg des Lernens; es nutzt lebenslange Lernfähigkeit als kreative Ressource, um das eigene Verhalten optimal der aktuellen Situation anzupassen.

Libido – bezeichnet die Lebensenergie des Menschen; das Unbewußte verspürt einen lustvollen Motivationsschub, wenn erwünschte Ziele libidinös geladen sind.

M

Magie des Wünschens – führt zur Kunst, den eigenen Wünschen durch Wohlgeformtheit, libidinöse Aufladung und sinnlichen Future Pace magnetische Anziehungskraft zu verleihen.

Manipulation – wir können nicht nicht manipulieren! Die Kunst der gezielten Beinflussung erfordert Bewußtheit und Respekt, um für alle Beteiligten ökologisch zu sein.

Meditation – bezeichnet Zustände, die eine konzentrierte Form der Trance bewirken; wobei die Aufmerksamkeit nach innen fokussiert und sich ihrer Selbst bewußt wird.

Mental Martial Arts – bezeichnet die Kunst, geistige Entwicklung bewußt zu gestalten und auf dem Weg des Lernens durch Erfahrungen die eigene Meisterschaft zu erwerben.

Meta-Modell – dient als Rüstzeug zur Gewinnung von sprachlichen Informationen durch nützliche Wahrnehmungsfilter und gezielte Fragen zur Struktur der inneren Landkarte.

Meta-Programme – sind unbewußte Wahrnehmungsfilter und prägen die grundlegenden Muster der individuellen Orientierung, die sich in vielen Lebensbereichen offenbaren.

Metapher – bezeichnet eine prägnante Erzählung, die einen Sachverhalt in einen anderen Bezugsrahmen setzt, um Informationen an das Unbewußte zu vermitteln.

Modeling – bezeichnet das Lernen am Modell; es ist ein archetypisches Lernprinzip und wird im NLP systematisch zur Organisation von neuen Ressourcen eingesetzt.

Moment of Excellence – bezeichnet einen sehr ressourcevollen Zustand, der mit Hilfe der gleichnamigen Übung revitalisiert und durch geschicktes Ankern jederzeit verfügbar wird.

N

Negation – ist eine verbale Verneinung (nicht, kein, ohne, un-), die im NLP in eine positive Entsprechung, in einen Wunsch oder ein wohlgeformtes Ziel verwandelt wird.

New Behavior Generator – bezeichnet eine Technik, um neues Verhalten zu synthetisieren und durch mentales Training solange zu üben, bis ein optimaler Verhaltensentwurf vorliegt.

Nominalisierung – bezeichnet die sprachliche Umwandlung von dynamischen Prozessen in statische Ereignisse oder Dinge; sie kann durch gezielte Fragen revitalisiert werden.

O

Ökologie – bezeichnet im NLP das gesunde Gleichgewicht des Menschen als psycho-physiologisches System und als interagierendes Element von sozialen Systemen.

Öko-Check – ist eine Maßnahme zur Überprüfung der ökologischen Verträglichkeit, die in Kombination mit dem Future Pace den Transfer jeder NLP-Intervention sichern sollte.

Olfaktorisch – bezeichnet das Sinnessystem des Riechens; manchmal auch in Verbindung mit dem Schmecken; es beeinflußt unser Leben überwiegend unbewußt.

Organsprache – bezeichnet körperliche Metaphorik im Sprachgebrauch; unbewußte Signale können durch verbales Feedback inkorporiert werden, um innere Prozesse gezielt zu verstärken.

P

Pacing – bezeichnet mehr oder weniger subtiles Verhalten, um durch Angleichen der eigenen Schwingungen im Kontakt mit anderen Menschen Rapport zu erzeugen.

Parts Party – bezeichnet eine kreative Methode, um die inneren Dämonen zu versöhnen, indem verschiedene Teile in Kontakt treten und die Zukunft gemeinsam gestalten.

PeneTRANCE-Modell – bezeichnet ein prozeß-orientiertes Verfahren, um einen Klienten durch konsequentes Nachfragen zur Formulierung von wohlgeformten Zielen zu führen.

Peripherer Blick – bezeichnet eine spezielle Art des Sehens ohne scharfen Fokus, wodurch ein weiches weiträumiges Panorama und sinnliche Sensibilität entstehen.

Phobietechnik – bezeichnet ein Interventionsmuster zur Heilung von heftigen Ängsten, wobei Dissoziationen zur Entkoppelung von Reiz-Reaktions-Mustern erzeugt werden.

Physiologie – bezeichnet die wahrnehmbare äußere Entsprechung des inneren Zustandes und dient dem Coach als Orientierung beim prozeß-orientierten Vorgehen.

Positive Absicht – bezeichnet den ursprünglichen Impuls, auf den sich jede Verhaltensweise, jedes Symptom und jeder Einwand mit Hilfe des Reframing zurückführen läßt.

Präsenz – bezeichnet geistige Aufmerksamkeit im Hier und Jetzt und ermöglicht Flexibilität im Erleben und Verhalten, da vorhandene Wahlmöglichkeiten bemerkt werden.

Projektion – bezeichnet eine psychische Funktion, die unsere Wahrnehmung beeinflußt, da die innere Landkarte ständig auf die Kulisse der Realität projiziert wird.

Prozeßinstruktionen – sind Anweisungen des Coach, um einen Klienten gezielt durch innere Prozesse zu führen; sie können als direkter Appell oder sehr vage gegeben werden.

Psychotherapie – ist eine archetypische Funktion in jeder menschlichen Gesellschaft, deren moderne Erscheinungsformen als kreative Basis für die Entwicklung des NLP dienten.

R

Rapport – ist ein Spontanphänomen, das wie ein magisches Band zwischen interagierenden Menschen wirkt und durch gezieltes Pacing begünstigt werden kann.

Realitäts-Tunnel – ist eine Metapher für die begrenzende Subjektivität der menschlichen Wahrnehmung, denn die Projektion der eigenen Landkarte bedingt das Erleben der Realität.

Reanchoring Couples – ist ein Interventionsmuster aus der Paartherapie, wobei kalibrierte Schleifen aufgelöst werden, indem der Empfänger eine ressourcevolle Reaktion erlernt.

Reframing – bezeichnet die Kunst, Ereignissen, Verhaltensweisen, oder Informationen einen neuen Rahmen zu geben und führt zu innerer Flexibilität und geistiger Freiheit.

Regression – bezeichnet im NLP eine innere Reise durch die Zeit, sowohl zurück in frühere Zustände der Vergangenheit als auch in konstruierte Vorstellungen von der Zukunft.

Repertoire – bezeichnet alle Verhaltensoptionen eines Menschen und möchte ständig optimiert werden; je vielfältiger das Repertoire, desto besser die Wahlmöglichkeiten.

Repräsentationssysteme – sind die Speicher jeder menschlichen Erfahrung und entsprechen den Sinnessystemen (Visuell, Auditiv, Kinästhetisch, Olfaktorisch-Gustatorisch = V.A.K.O.).

Ressourcen – sind das vorhandene Potential für die persönliche Lebensgestaltung; viele Fähigkeiten schlummern im Unbewußten und können gezielt organisiert werden.

Ritual – bezeichnet ein magisches Manöver zur Kommunikation mit dem Unbewußten; es kann im Future Pace als wirkungsvoller Anker zur Transfersicherung dienen.

S

Schule des Wünschens – bezeichnet ein Interventionsmuster aus dem Konflikt-Management, wobei die Konfliktpartner exemplarisch die Kunst des erfolgreichen Wünschens erlernen.

Sekundärer Gewinn – bezeichnet den unbewußten Nutzen eines Verhaltens, der eine versteckte Gewinnausschüttung bewirkt und dadurch viele unserer Gewohnheiten aufrechterhält.

Selektive Wahrnehmung – bezeichnet eine Funktion des Unbewußten, die aus der unermeßlichen Vielfalt der Sinneseindrücke relevante Reize auswählt und ins Bewußtsein leitet.

Separator – bezeichnet einen plötzlichen Reiz, der das bisherige Wahrnehmungsmuster unterbricht und einen Wechsel des psycho-physiologischen Zustandes bewirkt.

Siebte Himmel-Physiologie – kann induziert werden, indem der Coach seinen Klienten mit Hilfe der Als-Ob-Methode in einen Zustand der totalen Wunscherfüllung hineinhypnotisiert.

Six Step-Reframing – ist ein Interventionsmuster zur Integration verschiedener Persönlichkeitsteile, wobei positive Absichten erkannt, gewürdigt und besser organisiert werden.

Strategien – sind Vorgehensweisen zur Zielerreichung oder zur Organisation von inneren Prozessen; sie werden an Augenbewegungen und sinnlicher Sprache erkannt.

Stuck State – ist ein festgefahrener Zustand ohne adäquate Verhaltensoptionen, der eine Verengung der Wahrnehmung bewirkt; kann durch einen Separator verändert werden.

Submodalitäten – sind subtile Unterscheidungen der Sinnessysteme; sie können durch präzisierende Fragen erforscht und auch verändert werden (Drehen an den Parametern).

Symptom – signalisiert eine Störung des gesunden Gleichgewichts; jedes Symptom dient als Ausdruck eines Persönlichkeits-Teils und entspringt einer positiven Absicht.

Synästhesien – bilden Schnittstellen zwischen den Sinnessystemen; sie repräsentieren multidimensionale Erfahrungen und ermöglichen Flexibilität im Wechsel der Systeme.

T

Tanz der Physiologien – ist eine Metapher für die offensichtliche Bezogenheit körperlicher Bewegungen, die in einer gelungenen Kommunikation wunderbar synchronisiert ablaufen.

Teile-Modell – bezeichnet das pragmatische Persönlichkeits-Modell des NLP; es ermöglicht kreativen und ökologischen Umgang mit den vielfältigen Impulsen des Menschen.

Teufels Advokat – dient einer gründlichen Form des Öko-Check, wobei der Coach einen Zukunftsentwurf durch unbequeme Fragen testet, indem er den Teufel an die Wand malt.

Tiefen- und Oberflächenstruktur – bezeichnen die unterschiedlichen Ebenen von Erfahrung versus Sprache; sie können mit Hilfe gezielter Fragen im Sinne des Meta-Modells analysiert werden.

Tilgung – bezeichnet einen Gestaltungsprozeß der inneren Landkarte; Tilgung von Sinneseindrücken ermöglicht Konzentration und schützt uns vor Reizüberflutung.

Time Line – ist eine pragmatische Metapher für die Abbildung der Zeit im Gehirn des Menschen und ermöglicht Integration der Vergangenheit und Gestaltung der Zukunft.

T.O.T.E. – bedeutet Test-Operate-Test-Exit und gilt als grundlegende Strategie für Verhaltensprogramme; wurde im Repertoire vieler erfolgreicher Menschen identifiziert.

Trance – bezeichnet einen fruchtbaren Zustand der Selbstheilung, wo sich die Aufmerksamkeit nach innen richtet; Trance-Zustände werden durch Hypnose gesteuert.

Trauma – bezeichnet ein unbewußtes Manöver zum Schutz der psychischen Integrität; traumatische Erfahrungen werden gepuffert und vom Bewußtsein abgespalten.

U

Übertragung – bezeichnet eine Form der Projektion, wobei auf einen Menschen Einstellungen und Gefühle projiziert werden, die eigentlich einer anderen Person gelten.

Übungsgruppen – zum Einüben von Interventionstechniken bestehen aus drei Personen, wobei jedes Mitglied eine Funktion übernimmt (A = Klient, B = Coach, C = Beobachter).

Unser Unbewußtes – wird im NLP erforscht, respektiert und zur Kooperation eingeladen; es besteht aus vielen verschiedenen Teilen, die unser Leben auf ökologische Weise steuern.

V

V.A.K.O. – bezeichnet unsere Sinnessysteme (Visuell, Auditiv, Kinästhetisch, Olfaktorisch-Gustatorisch) und meint auch das systematische Abfragen der Sinneskanäle.

Validieren – bedeutet, die Gültigkeit zu bestätigen und kann sich sowohl auf stabile Strukturen der inneren Landkarte als auch auf die aktuellen Wahrnehmungen beziehen.

Veränderung – geschieht in jedem Moment und kann mit Hilfe des NLP gezielt beeinflußt werden; entscheidend dabei ist die ökologische Realisierung gewünschter Ziele.

Verhandlungs-Modell – bezeichnet ein Interventionsmuster zur Integration von konfligierenden Teilen; wobei positive Absichten ein Gewinner-Gewinner-Modell bilden.

Versöhnung – ist eine integrative Form des Konflikt-Managements, die mit Hilfe des Reframing gezielt herbeigeführt wird und dabei eine entspannte Physiologie erzeugt.

Verzerrung – bezeichnet einen Gestaltungsprozeß der inneren Landkarte, der sowohl Individualität und Kunst ermöglicht, als auch störende Irritationen bewirken kann.

Visuell – bezeichnet das Sehen; das visuelle Sinnessystem codiert sowohl optische Erscheinungen der externen Realität als auch innere Bilder, Filme und Visionen.

W

Wahlmöglichkeiten – das NLP wurde geschaffen, um Umweltvariable in Entscheidungsvariable zu verwandeln und dadurch die Wahlmöglichkeiten des Menschen zu verbessern.

Wahrnehmung – geschieht über die Sinne (V.A.K.O.); wir nehmen die Welt nicht direkt wahr, sondern projizieren unsere innere Landkarte auf die aktuellen Sinneseindrücke.

Wahrnehmungs-Typen – basieren auf bevorzugten Sinnessystemen; es gibt drei Typen (Visuelle, Auditive und Kinästhetiker), die in der Bevölkerung zu ungefähr gleichen Anteilen vertreten sind.

Walt Disney-Technik – bezeichnet eine kreative Methode, um Fähigkeiten systematisch zu entwickeln; sie basiert auf drei kooperierenden Teilen (Kritiker, Träumer und Realist).

Wohlgeformt – ist eine Zielformulierung, wenn sie gewisse Kriterien erfüllt; wohlgeformte Ziele erzeugen eine starke Sogwirkung, indem unbewußte Kräfte aktiviert werden.

Würdigung – ist eine nützliche Maßnahme zur Kontaktaufnahme mit inneren Teilen; sie bewirkt, daß diese Teile nicht mehr um ihre Existenzberechtigung kämpfen müssen.

Z

Zensor – ist eine Metapher für unbewußte Kräfte im Menschen, die das ökologische Gleichgewicht bewachen und in der Hypnose zur Kooperation eingeladen werden.

Ziel – das NLP arbeitet konsequent zielorientiert; ein wohlgeformtes Ziel wirkt wie ein fruchtbares Samenkorn, das in den Garten des Unbewußten gepflanzt wird.

Literatur-Empfehlungen

- Aivanhov, O. Michael: Auf dem Weg zur Sonnenkultur, Prosveta Verlag, 1982
- Aivanhov, O. Michael: Die spirituellen Grundlagen der Medizin, Prosveta Verlag, 1990
- Andreas, Connirae & Steve: Gewußt wie – Arbeit mit Submodalitäten, Junfermann, 1988
- Bach, Richard: Die Möwe Jonathan, Ullstein, 1972
- Bachmann, Winfried: Das Neue Lernen – Eine systematische Einführung in das Konzept des NLP, Junfermann, 1991
- Bandler, Richard: Bitte verändern Sie sich...jetzt! Junfermann, 1991
- Bandler, Richard & Grinder, John: Kommunikation und Veränderung, Junfermann, 1984
- Bandler, Richard & Grinder, John: Neue Wege der Kurzzeit-Therapie, Junfermann, 1985
- Bandler, Richard & Grinder, John: Metasprache und Psychotherapie, Junfermann, 1981
- Bandler, Richard & Grinder, John: Reframing, Junfermann, 1985
- Bandler, Richard & MacDonald, Will: Der feine Unterschied, Junfermann, 1990
- Bennett, John G.: Gurdijeff. Ursprung und Hintergrund seiner Lehre, Sphinx, 1989
- Besser-Siegmund, Cora: Sanfte Schmerztherapie mit mentalen Methoden, Econ, 1989
- Besser-Siegmund, Cora & Siegmund, Harry: Coach Yourself, Econ, 1991
- Blickhan, Daniela und Claus: Denken. Fühlen. Leben, MVG, 2. Aufl. 1992
- Brinkmann, Manuela: Unterwegs zur Vollkommenheit – Rolfing und NLP, Junfermann, 1989
- Buchner, Dietrich: Manager Coaching – Wie individuelle Ressourcen programmiert werden, Junfermann, 1993
- Cameron-Bandler, Leslie: Wieder Zusammenfinden, Junfermann, 1985
- Castaneda, Carlos: Das Feuer von Innen, Fischer, 1985
- Castaneda, Carlos: Die Kunst des Träumens, Fischer
- Chang, Stephen: Das Tao der Sexualität, Ariston, 1992
- Dawkins, Richard: Das egoistische Gen, Springer, 1978
- DeBono, Edward: Das Sechsfarben-Denken – ein neues Trainingsmodell, Econ, 1989
- Dillman, Bruce: Ziel um Ziel – Der äußere und innere Weg zum Erfolg, Junfermann, 1992
- Dilts, Robert: Einstein – Geniale Denkstrukturen und NLP, Junfermann, 1992
- Dilts, Robert: Identität, Glaubenssysteme und Gesundheit – NLP-Veränderungsarbeit, Junfermann, 1989
- Dilts, Robert: Die Veränderung von Glaubenssystemen – NLP-Glaubensarbeit, Junfermann, 1993
- Dilts, Robert, Bandler, Richard & Grinder, John: Strukturen subjektiver Erfahrung – Ihre Erforschung und Veränderung durch NLP, Junfermann, 1985

- Eschner, Michael D.: Techniken der Bewußtseinserweiterung, Peyn und Schulze, 1989
- Flöther, Eckart: Zehn Schritte zur marktgerechten Firmenkultur, Gabler, 1991
- Fries, Gerhard et al.: Der erleuchtete Bio-Computer – NLP-Betriebshandbuch Basis, Junfermann, 1993
- Gawain, Shakti: Stell dir vor – Kreativ Visualisieren, Rowohlt TB, 1987
- Gordon, David: Therapeutische Metaphern, Junfermann, 1985
- Goossens, Franz: Erfolgreiche Konferenzen und Verhandlungen, Moderne Industrie, 1987
- Grinder, John & Bandler, Richard: Therapie in Trance, Klett, 1984
- Gurdijeff, Georges I.: Beelzebubs Erzählungen für seine Enkel, Sphinx, 1981
- Haley, Jay: Die Psychotherapie Milton H. Ericksons, Pfeiffer, 1978
- Hawking, Stephen: Anfang oder Ende? Junfermann, 1991
- Herrigel, Eugen: Zen in der Kunst des Bogenschießens, O.W. Barth, 1951
- Hill, Napoleon: Denke nach und werde reich, Ariston, 22. Aufl. 1992
- Holler, Johannes; Das neue Gehirn, Verlag Bruno Martin, 1989
- Houston, Jean: Der mögliche Mensch, Sphinx, 1984
- James, Tad & Woodsmall, Wyatt: Time Line – NLP-Konzepte, Junfermann, 1991
- James, Tad: Time Coaching – Programmieren Sie Ihre Zukunft...jetzt! Junfermann, 1992
- Jochims, Inke: Wer trainiert NLP – Die NLP-Trainer und Trainerinnen im deutschsprachigen Raum, Junfermann, 1992
- Jung, Carl Gustav: Psychologische Typen, GW VI, Walter, 1978
- Laborde, Genie Z.: Kompetenz und Integrität – Die Kommunikationskunst des NLP, Junfermann, 1991
- Lange, Volker: Zukunft Sonnenenergie, Freizeit-Verlag, 1989
- Laszlo, Ervin: Globales Denken, Horizonte, 1989
- Lowen, Alexander: Lust. Der Weg zum kreativen Leben, Goldmann, 1991
- Martin, Manfred & Pörner, Gabi: Inner Management, Heyne, 1988
- May, Rollo: Der Mut zur Kreativität, Junfermann, 1987
- Millman, Dan: Der Pfad des friedvollen Kriegers, Ansata, 1987
- Mohl, Alexa: Der Zauberlehrling – Das NLP Lern- und Übungsbuch, Junfermann, 1993
- Naimy, Mikhail: Das Buch des Mirdad, Rozekruis Pers Verlag
- Naisbitt, John & Aburdene, Patricia: Megatrends 2000, Econ, 1991
- Ornstein, Robert: Multimind – Ein neues Modell des menschlichen Geistes, Junfermann, 1989
- Osho: Esoterische Psychologie, Osho Verlag, 3. Aufl. 1991
- Ouspensky, P.D.: Auf der Suche nach dem Wunderbaren, Sphinx, 4. Aufl. 1982
- Ouspensky, P.D.: Die Psychologie der möglichen Evolution des Menschen, Edition Plejaden, 1981

- Pearson, Carol: Der Held in uns, Knaur, 1990
- Peters, Thomas J. & Waterman, Robert H.: Auf der Suche nach Spitzenleistungen, Moderne Industrie, 1986
- Protin, André: Aikido – Ein Weg der Selbstfindung und Lebensführung, Kösel, 1984
- Richardson, Jerry: Erfolgreich Kommunizieren, Kösel, 1992
- Robbins, Anthony: Grenzenlose Energie: das Power-Prinzip, Heyne, 1993
- Rückerl, Thomas: Coaching – Auch als Mensch gefordert; in: Gabler's Magazin 3/90, 1990
- Scheurmann, Erich: Der Papalagi. Die Reden des Südseehäuptlings Tuiavii aus Tiavea, Tanner + Staehelin, 24. Aufl. 1991
- Schulz von Thun, Friedemann: Miteinander Reden I + II, Rowohlt TB, 1981
- Seiwert, Lothar J.: Das 1 x 1 des Zeitmanagements, Gabal, 1984
- Seton, Ernest Thompson: Das Manifest des roten Mannes, Felicitas Hübner Verlag, 1985
- Stahl, Thies: Triffst Du 'nen Frosch unterwegs, Junfermann, 1988
- Stahl, Thies: Neuro-Linguistisches Programmieren, Pal, 1992
- Walsh, Roger: Überleben – Die psychologischen Ursachen der globalen Bedrohung und Wege zu ihrer Überwindung, Knaur, 1987
- Watzlawick, Paul: Wie wirklich ist die Wirklichkeit? Piper, 18. Aufl. 1993
- Weber, Hermann (Hrsg.): Literatur für die Aus- und Weiterbildung in Organisationen, Windmühle, 1988
- Wilson, Robert A.: Der neue Prometheus. Die Evolution unserer Intelligenz, Rowohlt TB, 1987

Falls Sie mehr wissen möchten ...

Das NLP ist ein psychologischer Werkzeugkoffer. Jeder Mensch kann die Kunst des NLP erlernen und die psychologischen Werkzeuge in sein persönliches Verhaltensrepertoire integrieren. Das Erlernen des NLP ist ein Prozeß, der auf Bewußtheit und Übung basiert. Dieser Prozeß kann in Seminaren und im Coaching eingeleitet und dann von jedem Teilnehmer im Alltag selbständig fortgesetzt werden.

Das Know How des NLP wird in verschiedenen Aufgabenfeldern erfolgreich eingesetzt. Der Autor dieses Buches führt zum Erlernen der relevanten Fähigkeiten Seminare mit folgenden Themen durch: Führung, Verkauf, Train The Trainer, Präsentation, Moderation, Konflikt-Management, Frauenförderung, Personal Power. Außerdem können Seminare oder Workshops mit speziellen Inhalten vereinbart werden. Darüber hinaus lehrt er das NLP im Einzel-Coaching und supervidiert Führungskräfte bei der Erreichung von Zielen.

Falls Sie daran interessiert sind, das Know How des NLP zu erlernen oder die Kompetenz Ihrer Mitarbeiter systematisch zu verbessern, können Sie Thomas Rückerl unter folgenden Adressen erreichen:

V.I.E.L. Coaching & Training
Süllbergsterrasse 30
D-22587 Hamburg
Tel.: 040 – 86 82 70

Wagner-Breukel Consulting
Siebenbuchen 27
D-22587 Hamburg

Gesellschaft für Kommunikation
und Weiterbildung mbH (K + W)
Johnsallee 62
D-20148 Hamburg